Jürgen Lodemann

NORA

und die Gewalt- und Liebessachen

Jürgen Lodemann

NORA
und die Gewalt- und Liebessachen

assoverlag

…macht die schwarz-roth-goldene Fahne zur Standarte des freyen Menschthums! … mit der Erklärung der Menschenrechte, den zehn Geboten des neuen Weltglaubens …

Heinrich Heine, 1844

Wir wollen nicht! Wir wollen nicht!
Was hätten wir davon!
Bei solchem kargen Lohn!
Beschlossen ist's, zu Ende sei
die Knechtschaft und die Tyrannei!
Wir werden Recht uns jetzt verschaffen,
wenn nicht mit Worten, dann mit Waffen!
Denn leiden soll kein Mensch auf Erden,
denn frei geboren sind wir alle!
Hinaus mit jedem schlechten Rat,
der nie des Volkes Wohl vertrat!
Der, mit gestohlnem Glanz umhüllt,
nur stets den eigenen Säckel füllt!
Der glaubt, es fang beim Edelmann
nur eben erst der Mensch sich an!
Heil Freiheit dir, du Völkerzier!
Es bricht der Freiheit großer Morgen an
So kommt dem Volk die Herrlichkeit!
Das Volk lässt sich nicht spotten!

Arbeitergesänge 1848 („Arbeiter aus allen Klassen") in der Freiheits-Oper REGINA, geschrieben in Wien, in Europas Aufruhrjahr 1848. Text und Musik von Albert Lortzing, unverändert nie auf einem Tonträger, 2002 zum erstenmal gedruckt. Nach heutigen Begriffen ein Lehrstück. Gegen Terrorismus, gegen Selbstmordterror. In der Handschrift des Komponisten und Librettisten ist „frei" unterstrichen, aber auch „alle".

HEIMLICHE LIEBE

Am zwölften Juni 1980, wenige Tage vor der Entführung von Queen Elizabeth, fiel in Rudolf Langensiepens Wohnkeller ein Lichtstrahl. Kurz nach zwei Uhr nachts wanderte da neben seiner Schlafstelle ein helles Oval, das zitterte über den alten Auslegeteppich, hielt kurz an, wusste offenbar nicht weiter und sprang dann weg, nach draußen.

Sekundenlang wünschte sich Langensiepen, dass er nur geträumt hätte, beugte sich ans Ende seines Matratzenlagers und sah, wie das Licht nun draußen unterwegs war. Ein alter Mann ging da die Wiese hinauf, der trug etwas Silbriges, einen Metallbehälter. Blieb stehen, legte das Silbrige in die Wiese und - Lichtwechsel - jetzt war da eine junge Frau und stach mit einem Spaten in den Boden, und der Alte schaltete die Lampe aus und es bewegten sich Schatten, gut fünf Minuten nur Schatten. Schließlich verschwanden die, nach rechts.

Lag lange wach, der Expolizist Langensiepen. Was vergräbt man um zwei Uhr nachts im hinteren Winkel eines Parks, der dem Krupp-Konzern gehört. Wahrscheinlich Kostbares. Oder Gefährliches.

Typisch für die Südstadt. Im südlichen Essen, hieß es, wohnten die besser Situierten, die sorgten für Undurchsichtigkeit und nannten die Bewohner der Nordstadt die einfachen Leute.

Eigentlich wollte Exkommissar Langensiepen sich nie mehr in irgendetwas einmischen, aber diese nächtlichen Grabschaufler, die hatte er erkannt. Noch am Tag zuvor hatte er die beobachtet, eine junge Frau an der Seite eines sehr alten Mannes, so was fällt schließlich auf, und mit dem Alten hatte er geredet, ausführlich sogar. Fragwürdiges hatte der geredet, auch Politisches, und jetzt hatte der mit der jungen Frau in seinen

Kellerraum geleuchtet, und die Jeansfrau hatte ihm geholfen, etwas zu vergraben.

Kostbares oder Gefährliches. Langensiepen versuchte, sich ins Gedächtnis zu rufen, was der Alte gesagt hatte. Wieso hatte der über Kaiser geredet und über *Kaiserbäume* und über Panzer. Und über obszöne Blumen und *übergroße Schwellkörper*.

Das Gespräch mit diesem Alten, den gestrigen Dienstag musste Langensiepen rekonstruieren. Wenn er nichts ausließe, dann wüsste er mehr über diese junge Frau und den Greis und was die hier vergraben haben könnten.

Überaus angenehm
hatte der Dienstag begonnen, mit einem lustvollen Knack, als hätte Langensiepen in seine Lieblingsschokolade gebissen, in die mit den ganzen Nüssen, im Schlaf hatte er lachen müssen und war vom Lachen erwacht, denn im Traum war er durch eine nächtliche Gasse gegangen, ein riesiger Kerl mit Glatze hatte sich vor ihm aufgebaut und hielt in der Hand was Wuchtiges, aber eine weibliche Stimme hatte gerufen, Vorsicht, hatte die Frauenstimme gerufen, Vorsicht, ein Gassenhauer.

Mit Gelächter war er erwacht, hatte den Dienstag mit guter Laune begonnen, hatte sich eine Musikkassette eingeworfen, seinen persönlichen Gassenhauer, eine alte Trotzmusik unterlegener Freiheitskämpfer, Sehnsucht und Empörung des Andreas Hofer und seiner Tiroler Bauern, umsonst ihr Aufstand, ihre Guerillataten, die Taten dieser einfachen Leute gegen Napoleons Übermacht, die Tiroler waren besiegt worden, und auch diese Musik hatte man verboten, die war längst vergessen, war aber schön, wie pflegte der Kanzler damals zu sagen, vorzüglich, vorzüglich, hatte Kanzler Metternich gesagt, muss man sofort verbieten.

Mit trauernder Freiheitsmusik hatte der Dienstag begonnen, Langensiepen hatte sein Morgenmüsli zu schwermütigen Trotzklängen gelöffelt und im breiten Panoramafenster den Sommerhimmel bewundert, das wolkenlose Himmelsblau über den grünen Wiesenhügeln. Das Fenster in diesem großen leeren Einzimmer-Appartment erstreckte sich über die ganze Südseite, Langensiepen hauste aber nur in der hinteren Ecke, in seiner Schlafnische, in seiner Lesehöhle. Nach Alkoholschock und Invalidität wollte er unauffindbar sein, jenseits der „Remp.w.“, liest man in seinen Notizen, und nach allem, was Langensiepen sonst notierte, hieß das „Rempelwelt“.

Und ausgerechnet er, der mit nichts mehr zu tun haben wollte, bekam nun mit allem zu tun. Mit Freiheitskämpfern. Mit *übergroßen Schwellkörpern* und mit Liebessachen. Und mit jemandem, den er gewiss nie hätte kennenlernen wollen, mit Queen Elizabeth von Großbritannien.

Am Dienstag hatte er dann das Erdgeschoss verlassen, war in guter Stimmung losgezogen, in vielstimmigen Musikwolken und Tagträumen, die Frankenstraße hinunter und nach rechts hinab ins morgendlich leuchtende Ruhrtal, an der „Mondscheinwiese“ vorbei in das Buchenwaldland rund um das Fabrikantenschloss „Villa Hügel“, die Residenz der Krupps.

Wer von Düsseldorf mit der S-Bahn über Kettwig und Werden nach Essen fährt, sieht, über welche Waldhügel Langensiepen an diesem Dienstag-Vormittag streunte, der Frührentner, der seelisch invalide Mann, auf der Flucht vor seinem Kopfschmerz, diesmal jedoch mit melancholischer Sehnsuchtsmusik in Kopf und Beinen, ja, er liebte diese Klänge, den traurigen Groll und Trotz der Unterlegenen, aber er hörte auch noch die Frauenstimme, die ihn gewarnt hatte vor dem Gassenhauer. Wenn er sich konzentrierte, dann hörte er die Frau noch jetzt.

Lief am Waldgasthaus „Kluse“ vorbei, unter der Bahn hindurch und drüben die Hänge hinauf zur Ruine Isenburg. Und kam zwischen windverbogenen Bäumen steil über der Ruhr auf die Höhe Heimliche Liebe, die als höchster Punkt der Stadt galt, steil zur Ruhr, flach zur Stadt hin. Und wünschte sich dort oben einen Aussichtsturm, freien Blick über die Wipfel. Freund Vordenbäumen hatte gesagt, einen Überblick über das Ruhrgebiet gebe es nicht auf diesen Hügeln im Süden der Stadt, sondern höchstens unten an der Emscher, am besten auf der Schlackenhalde Schurenbach, einem finsteren und walfischrückendicken Mondberg. So sah das Otto Vordenbäumen, der Altkommunist, der „Kriegsversehrte", und der hatte vor dem starken Bayern gewarnt, der im kommenden Herbst Kanzler werden wollte, der, sagte Vordenbäumen, operiere mit einer Gaunertruppe, mit einer hörigen, mit einer patriarchisch geordneten, ja, mafios geordnet sei die wie ihr Vorbild, die Papstkirche. Solche Sachen sagte Vordenbäumen.

Auf der Heimlichen Liebe störten Langensiepen die vielen Besucher und die dekorativen Damen, die aus teurem Blech stiegen. Da verzog er sich lieber hinter eine Birkenreihe, wollte zu seiner Holzbank, von der das Krupp-Schloss ebenfalls zu sehen war, der Palast des Kanonenkönigs. Auf der Bank saß aber schon ein anderer, ein Alter, und das war nun der, den er in der Nacht danach beobachtet hat, wie er mit einer jungen Frau etwas vergrub, etwas Silbriges.

Ans hintere Ende der Bank hatte Langensiepen sich setzen wollen, doch er stolperte, stieß mit dem Fuß gegen eine Betonschwelle. „Wozu hier Beton," murmelte er. Und setzte sich, ans hintere Ende der Bank.

Warum, so notierte er sich später, hatte er sich ablenken lassen von diesem blauäugigen „Alt.m.bl.". „Altmännerblick"? Langensiepens Notizen sind Kürzel, punktierte Buchstaben, oft nur schwer zu deuten, doch man erfährt, dass der Alte das Stolpern benutzt hat, ein Gespräch anzufangen. Und was der nächtliche „Gr.sch." – Grabschaufler? – dann geredet hat, das hielt der gewesene Hauptkommissar anfangs für Rentnergeschwätz. Später erschien es ihm wie ein Verhör. Wie hätte er ahnen können, dass alles, was der Greis sagte, zu tun haben würde mit den Verrücktheiten, die an den folgenden fünf Tagen fünf Menschen im Süden der Stadt Essen anrichteten. Und wie hätte Langensiepen wissen können, dass zu diesen fünf Leuten am Ende nicht nur dieser Alte gehören würde, sondern auch er, Rudolf Langensiepen.

Nach dem Stolpern war zunächst die schöne Ruhe gewesen auf der Bank, der Blick hinab auf das kupfergrüne Dach des Palastes mit den mehr als zweihundert Zimmern. Neben „Villa Hügel" im Sonnenglitzer der Baldeneysee. Und rings um die Wasserfläche die rundlichen Waldhöhen, die lagerten auch an diesem Tag um den See herum wie die Leiber von Riesenrindern.

Am Himmel bewegten sich Passagiermaschinen. Alle zwei Minuten der Lärm von Blechriesen in Richtung Rhein. Sinkflüge. Nach Düsseldorf hinunter.

Langensiepen musste nicht zum Banknachbarn hinüberschauen, er verfügte über Fliegenaugen, die meldeten ihm das Nötige. Figur mittelgroß, blaue Augen, schlank, Stock, Trenchcoat. Silberweißes Haupthaar, gut siebzig Jahre, eher fünfundsiebzig.

„Wozu der Beton, haben Sie gefragt."

So begann der zu reden. War es so?

Langensiepen hat ihm jedenfalls nicht geantwortet.

„Vierzig Jahre alt ist der."

„Kennen wir uns?" Langensiepen wollte verdrossen klingen.

Der Alte blieb freundlich, redete leise und schien zu lächeln. „Oberflächlich kenne ich Sie. Dort hinten über den Kiefernwipfeln, da sieht man den Wohnblock, in dem Sie und ich hausen. Frankenstraße 345."

Woher wusste der, wo Langensiepen wohnte. Obwohl er offiziell dort keineswegs wohnte, gemeldet war er nach wie vor, auch nach seiner Suspendierung, bei Frau und Kindern in Rüttenscheid.

Dann hat der leise weitergeredet. Seit 1914 kenne er diesen Hügel Heimliche Liebe. Und über den Beton sei auch er schon gestolpert, den hätte man nutzen sollen als Fundament für einen Aussichtsturm. Ein Turm böte hier einen grandiosen Rundblick. Über Europas Energiezentrum.

Langensiepen schwieg. Obwohl auch er sich einen Turm gewünscht hatte. Immerhin sagte der Alte nicht Ruhrgebiet, sondern Energiezentrum.

„Neulich sah ich Sie beim unteren Eingang F, mit einem Einkaufsnetz. Wer nutzt heutzutage noch Netze. In Ihrem waren Bücher. Was lesen Sie?"

Langensiepen wartete zehn oder zwölf Sekunden, gab dann die Antwort recht knapp und mit Knurrstimme. „Romane."

„Romane? Romantiker also." Der Alte lächelte und wartete dann ebenfalls zehn oder zwölf Sekunden. Wollte gewiss mehr hören, aber Langensiepen sagte nichts weiter. Und so setzte der Alte sein Gemurmel fort. Autonomes Gemurmel. Einen einmaligen Rundblick hätte man von hier oben, gäbe es hier wieder einen Turm. Dann sähe man ein halbes Dutzend Städte. Duisburg, Essen, Bochum und Dortmund seien älter als Deutschland. Er als Achtzigjähriger könne sich so eine Bemerkung erlauben, so eine pathetische, so eine Deutschlandbemerkung.

Ein Bildungsbürger war der, sagte sich Langensiepen, der brauchte nur ein Stichwort, dann würde der endlos salbadern. Langensiepen lieferte keine Stichworte. Anfangs nicht. Aber der redete auch so, redete jetzt über das Schloss dort unten und über Richard Wagner, Wagner habe sich für sein Festspielhaus in Bayreuth ebenfalls so einen pompösen Palast bauen lassen wollen, zu gerne so einen prunkvollen wie diesen hier, nicht so eine Scheune wie das, was er dann vom Bayernkönig Ludwig bekam. 1945 habe Englands Luftwaffe Wagners Festspielhaus für eine Brauerei gehalten. Und nur weil die *RAF*-Piloten glaubten, dort unten braue man das berühmte bayerische Bier, hätten die das nicht zerbombt. „Inzwischen braut sich's da wieder. Ungeniert."

Hat der das so gesagt? Zum Glück gibt es außer Langensiepens Notizen auch andere Quellen, so dass gesichert ist, was der alte Heinrich Hertz 1980 auf der Heimlichen Liebe gesagt haben dürfte. In der Tat, die Sache mit dem Festspielhaus 1945 hat Hertz gern erzählt.

Dann war es um „den Flughafen dort hinten" gegangen, der kippe Gift und Lärm über Deutschlands größte Stadtlandschaft. Pro Atlantikflug versprühe jeder Passagier eine Tonne Gift. Dafür müsse eine Familie ein Jahr lang Auto fahren. Der Giftflughafen trage aber nicht etwa den Namen der Region, die Gift und Lärm auszuhalten habe und aus der die meisten Fluggäste kämen, der Flughafen heiße nicht „Essen" oder „Ruhr", sondern „Düsseldorf". „Und so hören wir hier nun immerzu unsere autistische Arroganz. Unüberhörbar dröhnend. Höhnend."

So redete der. Wirkte aber nicht grimmig oder gar verbittert, sondern eher amüsiert. Amerikaner, Franzosen, Japaner und alle, die halbwegs bei musikalischen Sinnen seien, die könnten diesen Flughafennamen gar nicht aussprechen. Die zerstolperten diesen tölpeligen Namen *Düsseldorf* zu Schusseldoof oder Duddeldu, dies teutonische Umlautgezischel *Düsseldorf*, das sei einfach unsäglich. „Ach, unsere Landeshauptstadt."

Langensiepen nickte kurz. Solchen Leuten, notierte er, sollte man höchstens „zun." – zunicken? – und keinesfalls widersprechen, sonst endete das nie. Erst am nächsten Tag, erst beim Protokollschreiben meinte er zu erkennen, dass der Greis mit solchen Bemerkungen versucht hat, auch ihn, Langensiepen, zu leichtfertigen Äußerungen zu reizen. Mit Hohn auf Wagner und auf Düsseldorf. Düsseldorf habe mit seinem wunderbaren Sohn Heinrich Heine nichts anfangen können, habe seine Universität auf keinen Fall Heine-Universität nennen wollen. Für immer blamiert sei Düsseldorf. „Hauptstadt in Deutschlands größtem Bundesland wurde ein Senfdorf an der Düssel. Ein Ort, der seinen Namen von einem kinkerlitzigen Bach herleitet, von einem Rinnsal aus dem Neandertal. Regierungssitz des größten deutschen Bundeslandes wurde ein Nest am neandertalischen Düsselbach."

Wenn je in diesem reichlich großen Nordrhein-Westfalen auf historisch konsequente Weise eine Hauptstadt zu benennen gewesen wäre, dann hätte die, sagte er, in der Mitte des Landes liegen müssen, auf der Grenze zwischen Nordrhein und Westfalen, auf einer Linie, die es seit mehr als tausendfünfhundert Jahren gebe, seit der Wende vom Altertum ins Mittelalter, seit Zeiten, in denen man an ein Düsseldorf noch weitere tausend Jahre nicht habe denken können und mögen, und dann erfülle im Land Nordrhein-Westfalen nur ein einziger Ort diese Bedingung historisch korrekt, und das sei derjenige, der schon im ersten Jahrtausend nördlich der Frankenstraße sächsisch-westfälisch gewesen sei und südlich der Frankenstraße fränkisch-rheinisch.

Bei seinen eigenartigen Äußerungen betrachtete der Alte den Langensiepen mit starken blauen Augen – belustigt? kontrollierend? – und als Langensiepen auch jetzt nicht reagierte, fügte der hinzu und blieb vergnügt: „Die Straße, an der Sie und ich wohnen, unsere acht Kilometer lange Frankenstraße ist im Namen von Nordrhein-Westfalen der uralte

Bindestrich. Oder Gedankenstrich. Westdeutsche Zentralstadt wäre, ginge es korrekt zu, Essen. Spüren Sie meinen Groll über die Missachtung eines mythischen Ortes?"

„Ich versuch's mal," hat Langensiepen gesagt, konnte aber eine Rückfrage nicht lassen. „Mythischer Ort? Essen?"

Der Alte zischelte „ts ts", als fände er köstlich, dass es jemand geben könne, der dermaßen ahnungslos war. Der Name Essen komme nicht von den Schornsteinen, die einst „Essen" hießen, sondern vom ältesten Mythos im zentralen Europa. „Von einem Ursignal."

„Ursignal? Essen?"

Von einem Signal, das nicht wie das Kreuz Himmel und Erde zertrenne in Geist und Materie, sondern das Geistiges und Materielles vereinige. Im ersten Jahrtausend habe Essen *Asnithi* geheißen, sei Essen der „Eschen"-Ort gewesen. In Schweden hießen Eschen noch heute Essen, und man wisse doch, die Esche war bei Kelten wie Germanen der Urbaum. „Älteste Urkunden melden, dass die Welt eine Esche ist, und mitten im Sommer halbkahl. Weil an ihren Wurzeln die Habgier nagt. Der Drache *Nidgir.*"

Richtete wieder seinen Blauaugenblick auf Langensiepen. Und redete weiter, mit resigniertem Kicherton, als hätte auch Langensiepen das Monster längst kennen müssen, den Drachen NeidGier.

Essen sei ein „UrOrt". Wie schrecklich dagegen Köln, schon der Name: seit zwei Jahrtausenden nenne sich diese Stadt „Kolonie". „Seit anderthalb Jahrtausenden Vatikankolonie." Und erklärte dann, lächelnd, wahrscheinlich habe der berühmte Nibelunge seine Feuerkünste in den Wäldern gelernt, auf die sie hier hinabsähen. „Der Kerl aus dem Niederland brachte den Kahlfraßdrachen bekanntlich um. Und glaubte, das Böse habe er besiegt. Seine Energietricks jedenfalls lernte er dort unten. Auf der Basis von Anthrazitkohle, der stärksten aller alten Energien. Anthrazit lag hier offen zutage, und geschmiedet wurde an der Ruhr schon in der Vorhistorie. Das melden alle Archäologen. Auch die Krupps kamen aus Xanten." Und redete so immer weiter, redete von Prometheus und vom Wunsch, den Weltmächten das Feuer wegzunehmen. „Heute Atomkraft."

Langensiepen schwieg, mied nun auch das Nicken. Wollte den Greis nicht zu immer neuem Gebrabbel reizen über die nordrhein-westfälische Hauptstadtfrage, über das Rinnsal *Düssel*, über die Nibelungen und über Atomkraft.

Aber der gab keine Ruhe, wendete sich mit seinem Blauaugenlicht wieder an ihn. „Offenbar sind Sie so alt wie dieser Beton."

„Vierzig bin ich."

„Dann sind Sie exakt im Alter des Betons. Und halb so alt wie ich." Der schaute eine Weile ins Leere, als rätsele er über Beton. Und amüsierte sich dann wieder. „Als Ihre Eltern Sie gemacht haben, hing vor Essens Hauptbahnhof ein fünfzig Meter breites Transparent. Ein Gruß an den damaligen Kanzler. Jeder Buchstabe anderthalb Meter hoch. WILLKOMMEN IN DER WAFFENSCHMIEDE DES REICHES!"

„Achtzig sind Sie?"

„Wie das Jahrhundert."

Hinter der Birkenreihe heulten Harleys zur Heimlichen Liebe hinauf. Am Himmel sanken die nächsten Maschinen. „Inzwischen sackt hier alles ab. Auf das Niveau von *Düsseldorf*."

So hat der geredet. Der in der Nacht danach den silbrigen Kasten versteckt hat, vor Langensiepens Terrasse.

In der Tat, wie sollten Amerikaner oder Chinesen das Wort *Düsseldorf* aussprechen.

Plötzlich aber
redete der auch über ihn, Langensiepen. „Kürzlich, vor mir, an der Supermarktkasse, ein merkwürdiger Mann, so um die vierzig, mager, schütteres Haar, bißchen wie Woody Allen. Und dieser NeoWoody trug in seinem Einkaufsnetz Bücher. Und Nüsse und Müsli. Ein ‚Alpen-Müesli'. Und stritt mit der Kassiererin, beschwerte sich, dass nur eine einzige Sorte Zeitung ausliege, das Ruhrblatt und das Brüllblatt. Brüllblatt sagte der. Und Menschenverachtungsblatt. Das wecke ständig Wünsche und mache Versprechungen und halte die nie, das locke mit Nichtnachrichten und Entwürdigungen und mit Reizweibern. So beschwerte sich dieser Ruhr-Woody und hielt den Kassenbetrieb auf. *Reizweiber* und *Nichtnachrichten*, das gefiel mir. Aber ausgerechnet die Kassiererin fragte der, wieso keine Frankfurter Zeitungen auslägen, keine Berliner, keine Süddeutsche. Die Frau tat mir leid, mit der Auswahl der Zeitungen hatte die garantiert nichts zu tun. Was ‚Verantwortbares' verlangte dieser Netzmensch und behinderte den Betrieb. Sind Sie nun genügend verlegen?"

Langensiepen genierte sich. Und sagte dann, am wenigsten sei zu verbessern, dass er manchmal doch noch was verbessern wolle. „Das mit den Zeitungen, irgendwer musste das mal sagen."

„Hertz heiße ich. Heinrich Hertz."

Auch Langensiepen nannte seinen Namen.

„Methoden falsch. Und Adressat falsch. Die arme Kassiererin." So redete der Alte, in komischem Klageton.

Langensiepen wollte nun nicht weiter verdrossen sein, sondern fragte den Alten, diesen Heinrich Hertz, ob er richtig gehört habe, dass Hertz die Heimliche Liebe seit 1914 kenne. Der nickte.

„Wo sonst schaut man den Krupps so gut aufs Dach. Und wie edel glänzt dort dieses Bredeney, hoch über Baldeney. Von hier aus ist sogar der Bahnhof zu ahnen, den sich Krupp da unten in den Wald bauen ließ. Einen Bahnhof eigens für sich. Und für den Kaiser. Für den Demokratenmörder. Der 1848 die Freiheitsbewegten hatte niederschießen lassen.

‚Niedermachen!' hatte Wilhelm kommandiert. Bismarck machte ihn dann zum Kaiser."

„Weiß ich alles nicht," murmelte Langensiepen.

„Will keiner wissen." Der Alte schien nach wie vor vergnügt, hatte ja nun einen guten Zuhörer. „Und die es wissen, die behalten es für sich. Und dann stiegen ja auch am Bahnhof dort unten nicht nur Kaiser aus, sondern am Ende auch der Männerheim-Insasse. Der bei Charlie Chaplin Hynkel hieß. Und der in Essen die meterhohen Buchstaben bekam." Wieder der unheimliche, der amüsiert prüfende Blick.

Dann sagte der zum Glück einfachere Dinge und redete über einen Turm, der hier oben gestanden habe. Stünde auf der Heimlichen Liebe wieder ein Turm, dann sähe man rings am Horizont die Sitze der zehn größten deutschen Konzerne. „Und dort unten sähe man die neuen Staatsbesuche. Neue Einfahrten der wichtigen Leute ins Krupp-Schloss, zwischen den Kaiserbäumen. Zum Glück sehe ich noch gut, ich könnte Ihnen meine Lieblinge zeigen. Libanonzedern. Mammut-Sequojas. Trompetenbäume."

„Enorme Namen."

„Und enorme Gewächse. Chinesische Zaubernuß. Schlangenhäutige Tränenkiefer. Wilhelm eins und zwei machten dort neunmal Visite. Herr Hynkel viermal. Und die Kaiser wie der Herr Hynkel, sie grüßten bei jedem Besuch ‚die schwer arbeitende Bevölkerung an Rhein und Ruhr'. In Wirklichkeit wollten sie Kanonen. Und Panzer. Für ein ‚großgermanisches Europa'. Zum Beispiel das Schlachtschiff ‚Tirpitz'. Zweihundertfünfzig Meter lang, aus Kruppstahl. Aus den Legierungen ‚Wotan weich' und ‚Wotan hart'. Was, Herr Langensiepen, machen Sie beruflich?"

„Im Grunde nichts. Ich höre Musik. Lese Romane. Und wandere um den See. Früher mal war ich Polizist."

„Polizist? Ach, und warum nicht mehr?"

„Wurde für den Staat untragbar."

Wenn Langensiepen sich richtig erinnerte, dann hat Hertz nun nach oben geschaut, ins Geheul der Einflugschneise. „Für den Staat *untragbar*. So was gab's auch mal bei mir. Darf man erfahren, warum bei Ihnen?"

„Alkoholismus. Ist bekanntlich chronisch. Und bei der Polizei unmöglich. Süchtige sind erpreßbar. Ein Sicherheitsrisiko."

Der Alte nickte und schien abermals belustigt. Im abendlichen Nachrichtenkino, murmelte er, wimmele es von Sicherheitsrisiken. Das gehöre zum allgemeinen Absinken in Richtung Düsseldorf.

Da stellte Langensiepen seine zweite Frage. „Was war bei Ihnen das staatlich *Untragbare*?"

„Vielleicht kriegen Sie's raus. Waren ja mal Rauskrieger. Staatstragender Rauskrieger."

„*Rauskrieger*? Klingt gut. Jedenfalls besser als Krieger."

Darüber hat der Alte wieder sehr freundlich gelächelt, überhaupt schien dieser Heinrich Hertz von Grund auf in guter Stimmung, hat sich aber nun häufig nach hinten gedreht und durch die Birken zur Straße zurückgeschaut, sah dort den Autos hinterher, die zur Heimlichen Liebe hinauffuhren, jedenfalls den schnelleren, denen blickte er hinterher.

Apropos *Krieger*, murmelte er, im Jahr 1900, in dem er, Hertz, geboren sei, sei ein weltberühmter Philosoph gestorben, und dieser große Meisterdenker, der habe erklärt: „Der freie Mensch ist Krieger." – „So ist es dann auch geworden, das Jahrhundert. *Der freie Mensch ist Krieger.* Was die arme Freiheit schon alles hat aushalten müssen."

Langensiepen wusste nicht, von welchem Weltberühmten der redete. Und sagte, als Polizist sei er möglichst ohne Waffe gegangen. „Sozusagen unkriegerisch. Aber mit kleinen Erfolgen. Wohl weil sich das im Milieu herumgesprochen hatte. Dass ich ohne Waffe ging. Und Sie, welchen Beruf haben oder hatten Sie?"

„Gärtner."

„Gärtner?“

„Hügelgärtner. Arbeitsplatz dort unten, hinterm Krupp-Schloss. Fünfzig Jahre im Glashaus, hinter Villa Hügel. Spezialist für Orchideen. Auch Orchideensucht ist chronisch.“ Und hat dann zu philosophieren begonnen, über Orchideen und über Glashäuser. Langensiepens Gedächtnis speicherte keine genauen Erinnerungen, am nächsten Tag wusste er nur noch, zur Villa Hügel gehöre nun mal die Liebhaberei des alten Krupp, das „Pflanzenschauhaus“, und gelegentlich gärtnere Hertz auch heute noch. Über Orchideen redete der und tat das so ausführlich, dass Langensiepen schließlich meinte, ihn unterbrechen zu müssen. „Orchideen, tut mir leid, finde ich kitschig.“

Stahlblau belustigte Augen.

Langensiepen meinte, das erklären zu müssen. „Dieses schwülstige Geblühe, das – das wirkt auf mich wie Straßennutten, die ihren Rock heben. Oder wie Operndiven, wie Tenöre, die ihr Organ vorführen, ihr großartiges Organ. Auch Orchideen zeigen ja wohl Organe, intime Organe. Obszönes fleischiges Blühen. Schleimig, ölig, kitschig.“

Den Alte schien nun überaus heiter. „Aber viele, mein Lieber, sehr viele Menschen lieben das! Mögen nicht nur Orchideen, sondern auch Nutten, auch Tenöre und Operndiven – sind allesamt unheimlich beliebt.“

„Auch meine Eltern mochten Orchideen.“ Erst später, beim Protokollieren merkte Langensiepen, dass er dem Weißhaarigen Dinge sagte, die er noch nie herausgelassen hatte. „Jedesmal zum Hochzeitstag kam Vater mit so einer besonderen Sorte. Immer mit einem fetten Exemplar. Erschien im Musikzimmer komisch verlegen, stammelte was vom Hochzeitstag und überreichte Mutter ein rosafarbenes, ein fleckig braunes Etwas.“

„Wahrscheinlich Ragwurz. Eine *Ophrys*. Lippe braun, bernsteinfarben, dunkelbraun bis schwarzpurpurn.“

„Immer am zweiten Mai, jedesmal so eine fettig glänzende Blütenglatze. Linkisch, wie ein Schuljunge, den sie beim Mogeln erwischt hatten, so stand er da mit seinem Protzstück, und an jedem zweiten Mai schlug

Mutter ihre Hände über dem Kopf zusammen und fragte, wieso er sich in solche Unkosten gestürzt hätte."

„Ihnen war's peinlich? Als hätten Sie Ihre Eltern beim Sex erwischt?" Hertz freute sich und sagte, Orchideen zeigten in der Tat übergroße Schamlippen, pralle Schwellkörper, scheinbar künstlich, vorläufig noch ohne Silicon, das man in USA neuerdings Frauen einpflanze. – Wendete sich dann wieder zurück. Hinter den Birken raste ein roter Renner zum Gasthaus hinauf. – „Und das wird nun wohl auch uns blühen, wie fast alles von unseren Weltbeherrschungsfreunden." Kurzer Blauaugenblick. „Für Ihre Orchideenbeschimpfung besten Dank, die kommt nur sechzig Jahre zu spät. Ich gelte als Koryphäe. Und verdiene mit dem *kitschigen Geblühe* ganz gut Geld."

So redete er, der Grabschaufler, der in der Nacht danach den Silberkasten vergraben hat vor dem Souterrain-Appartment, das Langensiepen heimlich bewohnte. Und Hertz hat dann wieder von dem Turm geredet, der auf der Heimlichen Liebe gestanden habe, ein breiter stämmiger Bau sei das gewesen, in dunkelgrüner Farbe. „Ende 1942 stand der hier oben, mit flachem Dach. Und auf dem Dach ‚Flaks'. Flugabwehrkanonen. Daneben Scheinwerfer, solche, mit denen Herr Speer die Nazi-Parteitage illuminiert hatte. Nun stiegen seine Lichtspeere hier oben auf, zum Himmel über der Ruhr. Und suchten ‚Alliierten Terror'."

Unmöglich konnte Langensiepen ahnen, dass auch diese Bemerkungen zu tun hatten mit der Aktion, an der er sich beteiligen würde, ach, hätte er gewusst, was auf ihn zukam, er wäre geflohen. Erst Tage später, als alles vorbei war, verstand er, wovon Hertz geredet hatte. Von Gewaltsachen.

Seine kleinen Töchter hätten nicht „Heimliche Liebe" gesagt, sondern „Heinriche", weil ihr Vater ihr Heinrich war und weil sie sonntags mit ihm hier heraufspazierten und von hier aus fast immer zur Isenburg hinüber, zu schrecklichen Felsverstecken. 1914 sei sein Vater aus Berlin nach Essen versetzt worden, zu den Kruppwerken. Die Schulfreunde in Berlin hätten gespottet, Ruhrpott, Dreck, Proleten, mit Widerwillen sei er hierher gekommen. „Und dann dies hier. Klassische Idylle. Ein Schloss zwischen Waldbergen. Schlangenlanger Lauf der Ruhr. Und sind sie nicht grandios, die Buchen?“ Die nächste Großstadt hinterm Eschen-Ort heiße Buchenheim. Belustigter Blick. „Plattdeutsch Bochum.“

Verwirrendes redete dieser Heinrich Hertz, dieser alte Herr im hellen Haar, silberweiß wie Weidenkätzchenblüten schimmerte Hertzens Haupthaar. „Gleich im August 14 war ich hier oben. Und saß ziemlich genau hier, wo wir jetzt sitzen. Hockte hier in der Wiese, vierzehnjährig, und hörte Stimmen.“

„Stimmen?“

„Dort, wo jetzt die Autos parken, da waren zwei Mädchen, die saßen hinter dem ‚Büschken‘, wie sie hier sagen, hockten dort und trällerten und sangen ‚Die Welt ist voller Morden‘. August 14, ich denke, Leser Langensiepen weiß, was da anfing. Warum sollten Gören nicht zwitschern, was auch Großdenker dachten. *Der freie Mensch ist Krieger*. Aber auch sanfte Sachen säuselten die. ‚Schön sind alle Heckenrosen, schöner ist das Küssen und das Kosen‘. ‚Komm in meine Liebeslaube, wo zwischen Flieder und Jasmin die allerschönsten Mädchen blühn.‘ Für einen Vierzehnjährigen ziemlich überfordernd. Kauerte hier im Gras und zeigte denen den Rücken, hörte aber zu. ‚Komm hilf mir mal die Rolle drehn, wir drehn das Ding zusamm'‘. Und dann ‚Gestorben, gestorben muss sein. Flandern ist in Not, in Flandern reitet der Tod‘. Da stand ich auf, ging zu denen hin und hab mich beschwert, wohl ähnlich komisch wie Jahrzehnte später Herr Langensiepen an der Supermarktkasse. In Flandern, hab ich denen gesagt, reitet nicht der Tod, sondern der Sieg. Als Antwort krähten die: ‚Maikäfer flieg, dein Vater ist im Krieg, deine Mutter ist in Pommernland und Pommernland ist abgebrannt.‘ Pommernland sei kein bisschen abgebrannt, protestierte ich. Aber die haben sich gut verteidigt und die ältere, die frechere, tat das dann fast sechzig Jahre lang. Die wurde meine Frau.“

Langensiepen musste näher rücken. Hertz zeigte Fotos. „Da stehen wir vor einem halben Jahrhundert, hier in dieser Wiese, 1930. Unten die Villa. Den See gab es noch nicht.“ Hertz, damals in üppig blondem Haar, trug Knickerbockerhosen, stützte sich auf ein Charly-Chaplin-Stöckchen. Die Frau war ein wenig größer als er. „Die Frau mit dem kessen Hut war 1914 die Sirene gewesen, die Göre im *Büschken*. Damenhüte blühten gern üppig, wie Orchideen." Zeigte dann ein anderes Foto. Die Heimliche Liebe im Schnee. „Dezember 42. Stalingradwinter. Ungewöhnlich schneereich war der. Und da stand nun dieser dunkelgrüne Turm, in den sogenannten Tarnfarben. Im Schnee kein bißchen getarnt. Auf Winterkrieg waren die gar nicht vorbereitet."

Steckte die Bilder in zerknautschtes Brieftaschenleder. „Nach 45 kam der Turm weg. Als ob man ihn nicht hätte nutzen können." Amüsierte sich leise weiter, dieser eigenartige Herr Hertz, und sagte, wenn es jetzt wieder Krieg gebe, dann könne der Osten den Westen dreißig mal abschaffen. Und der Westen den Osten vierzig mal. Schickte spöttisch prüfende Blicke und lispelte von Vietnam und von aberwitziger Weltpolitik. In seiner Verwirrung sah Langensiepen wieder seinen eigenen Krieg, sah die roten Fahnen am besetzten Haus unten im Arbeiterviertel Segeroth. Sein letzter Polizei-Einsatz war das gewesen, ein „Kommunistennest" war da zu räumen, Langensiepen in der ersten Reihe, jeder, auch Langensiepen mit schussbereiter Waffe, obwohl er doch alkoholkrank war, und sah wieder den Langhaarriesen auf sich losstürmen mit erhobenem Schemel und mit „Bullenschweine!". Und die alkoholische Zitterhand hatte den Schuss gelöst. Noch auf der Bahre wimmerte der *Bullenschweine*. In den Medien wochenlang Zorn über den Polizei-Einsatz. Der Kerl hatte überlebt. Die Einsatzleitung bedauerte, sprach von menschlichem Versagen, der Versager sei vom Dienst suspendiert.

Neben ihm redete der Alte von Weltkriegssachen. *Lichtspeere* hätten von hier oben aus den Nachthimmel abgetastet, nach „Fliegenden Festungen". Die Nazis hätten triumphiert, Bomben auf Frauen und Kinder, das beweise, wer *Terror* mache. Als hätte nicht auch Hitler, wenn er gekonnt hätte, Englands Städte „ausradiert". – Hertz wischte sich ein Insekt von der Stirn. – „Das Demoralisieren mit Bomben, *moral bombing* hat nie funktioniert. Verstärkt immer nur Trotz. Und Angstlähmung. Ach, die *Methoden.*"

Murmelte das sehr leise, bohrte mit seinem Stock den Boden auf. Ein Jet hatte die Sonne verdeckt. Der Schatten sprang schon über die ferneren Waldhügel. Dann röhrte und dröhnte es wieder. Lärm heulte über die Riesenleiber rings um den See.

Von hier oben sei zu sehen gewesen, wie nachts die nördliche Himmelshälfte rot leuchtete. „Vier oder fünf Städte brannten. Antworten auf Coventry. Auf London.“ – Er senkte das Gesicht. – „Am Ende Millionen zerquetscht. Erstickt.“ Aber das Bombardieren steige nun wieder im Kurs. Das gelte als patriotisch. Sogar als heilig. Höchstens der sei patriotisch, der – er unterbrach sich. Schwieg.

Langensiepen wollte ungern über Bomben reden und über Krieg. „Als Berliner mögen Sie das Ruhrgebiet?“

So leise hat Hertz dann geredet, dass Langensiepen sich einiges ergänzen musste. Dieses Gebiet, diese Fünf-Millionen-Zwölf-Städte-Stadt sei einzigartig, werde aber seit je misshandelt. Unter den Kaisern wie unter den Nazis. Auch im Kapitalismus. Im Ruhrgebiet habe es weder Verwaltungen gegeben noch Universitäten. Die Regierungen immer außerhalb. Noch heute würden Dortmund und Bochum regiert von Arnsberg aus, einem Nest oben im Sauerland. Oberhausen, Mülheim, Essen und Duisburg unterstünden Düsseldorf, dem „Schreibtisch des Reviers“. Als ob den Deppen an der Ruhr beim Schreiben die Hand geführt werden müsste. „Ruhrpott Pisspott.“

Das Dorf am Düsselbach misshandele die *Fünfmillionen-Zwölf-Städte-Stadt* nunmehr als Einflugschneise. Erst seit in Villa Hügel kein Krupp mehr lebe, kippe man den Lärm und das Abgasgift. Düsseldorf sei wie München oder Frankfurt, ein Ort der Aufgeblasenheit. „Ein Ort der Gewinnmaximierer, der Allesverkäufer. In ihrer Wachstumsbesoffenheit verkaufen sie auch Wasser und Luft und am Ende den Planeten. Meine Briefe an die Ministerien, mein Protest gegen die Einflugschneise war natürlich zwecklos. Und mit meiner Frau gab es Streit.“

„Die war gegen die Briefe?“

„Sie wollte schärfere. Der Flughafen, wenn es ihn denn schon geben müsse, solle Ruhr heißen oder Essen, Essen sei Deutschlands fünftgrößte Stadt, die Ruhr sei überhaupt die größte Stadt in Deutschland, allein Essen sei größer als Düsseldorf oder als Frankfurt. Und warum ich nicht schon im Briefkopf meine akademischen Titel aufzählte, meine Position bei Krupp und dass mein Arbeitsplatz direkt unter der Einflugschneise liege, in der Villa Hügel. Mit Krupp hätte ich drohen sollen." Hertz drehte sich zur Straße, hinter den Birken jagte Rotlackiertes zur Heimlichen Liebe hinauf.

Als von der Zeitung einer gekommen sei, der über seine Orchideen habe schreiben wollen, hätte seine Frau den gefragt, wo die Antwort bleibe auf die Briefe, natürlich sei der ahnungslos gewesen und habe auch gar nicht kapiert, wieso sie von Körperverletzung redeten. „Dem war neu, dass Vernunft vom Vernehmen kommt. Vom Hörenkönnen. Ach, der Ruhrmensch. Nie gab es Proteste gegen Düsseldorf. Nach dreißig Jahren Familienzeitung ist nichts mehr übrig vom Märzbewusstsein. Weder vom März 1848. Noch vom März 1920."

„1920?"

„1920 gab's hier eine ‚Rote Armee'. Gegen frühen Faschismus. Tausende Ermordete. Was Peter Weiss auf seinen tausend Seiten über den frühen Arbeiter-Widerstand mit keinem Wort erwähnt."

Den Exkommissar traf wieder dieser irritierende Blick, diese Mischung aus Ernst und Heiterkeit. Nie hätten sie zusammengefunden, die Romantiker aus Berlin und die Macher an der Ruhr. Von der *Roten Armee* geistere nun nur noch eine Fraktion, eine „Rote-Armee-Fraktion". Gegen alte und neue Nazis. Und die Fraktion begehe die uralten Fehler, mache sich unmöglich. „Unm. f. M.rechte?" liest man in Langensiepens Notizen. „Unmenschlichkeit für Menschenrechte?" Dem, was die *Fraktion* bekämpfe, dem würde sie zusehends ähnlicher. Seine Frau habe von „Idis" geredet, als hätte sie das Wort „Idioten" nicht aussprechen können und das Wort „Idealist" schon gar nicht. „Immer nur ‚Idis'. Ach, Armeen sind schon als Armeen ein Fehler." So redete der und blitzte mit seinem Augenblau gegen den überforderten Expolizisten. „Das uralte Hydra-Verhängnis. Das erkannte nun sogar der Herr des Vietnamkriegs, der Herr Robert McNamara. ‚Wir sahen, was wir glauben wollten. Unsere Denkmuster führten uns. Mit unsäglichen Kosten'."

Langensiepen wollte wieder das Thema wechseln und sagte, dass ein Turm auf diesem Beton eigentlich sehr einfach zu bauen sei. Und dann sähe man in der Tat die ganze große verworrene *Zwölfstädtestadt.*

Da war der Alte aufgestanden, hatte resigniert gelacht wie über einen, den man zum zehntenmal beim gleichen Fehler erwischt. Die *Zwölfstädtestadt* sei keineswegs *verworren*, sondern sorgfältig geordnet, in bessere Reviere und in schlechtere, aber hinter den Birken war nun ein roter Fiat heraufgerauscht, ungewöhnlich schnell. Der Alte hat noch gerufen „Eingang E, siebter Stock, Hertz!" und ist, Stock schwingend, hinüber zum Parkplatz vor dem Gasthaus „Heimliche Liebe".

Dort war aus dem roten Fiat-Coupé eine junge Jeansfrau ausgestiegen, und das war nun die, die Langensiepen in der Nacht danach beobachtet hat. Auf die ging der Alte zu, mit schwingendem Stock, der Weißhaarige auf eine dunkelhaarige Junge. Schlanke Figur, Mitte zwanzig, ihr Haar hatte die hochgesteckt und hat den *Hügelgärtner* auffallend begrüßt, hat den umschlungen, hat ihn geküsst und sich bei ihm eingehakt. So, eingehakt, gingen die dann hinüber zum Gasthaus „Heimliche Liebe".

Langensiepen hat noch eine Weile neben der Bank gestanden. Ist schließlich den Wiesenhang hinab, mit stolperigen Schritten. Unten im Wald über die krummen Pfade, unter den Buchentempeln und durch die Stechpalmendschungel und hatte zu kauen. An Mitteilungen und an Ansichten. Im Ruhrrevier meinte er sich gut auszukennen, erst recht in Essen, jedenfalls im oberen Teil, in der Südstadt. Aber dieser Hügelgärtner erzählte alles anders. Auf rätselhafte Weise anders.

Bredeney über Baldeney. Wenn er gewusst hätte, was ihm bevorstand, wäre er dann dem ungleichen Paar ins Restaurant gefolgt? Solche Orte mied er. Die Parfümdüfte dort, die angestrengt schönen Damen.

Ach, wenn er gewusst hätte, was ihn erwartete, wäre er zurückgeflohen in seine Klinik.

Nach der Buchenwaldwanderung
hatte Langensiepen am Dienstagabend im leeren Souterrain die klinisch empfohlene Aufbaunahrung getrunken, *Nutricomp*, hatte sich in seine

Schlafnische gelegt und Fontane gelesen. Eingehüllt in Fontanes kluge Erzählbilder und in die märchenhafte Trotz- und Trauermusik aus Andreas-Hofer-Zeiten, war er gut eingeschlafen.

Und hat dann eine Zeit lang gemeint, im Traum einen *Lichtspeer* wandern zu sehen. Doch dies Licht suchte keine *Feinde* am Himmel, sondern schlich sich über den alten grauen Auslegeteppich, das war kein Traumlicht, sondern ein reales Oval, das zitterte über seine drei Holzkisten, das zuckte zur Glühbirne an die Decke und sprang zurück, nach draußen.

Und draußen stand jemand auf der Terrasse und hatte in den leeren Wohnraum geleuchtet. Der Park endete dort in einem toten Winkel vor Weißdorn und Ziegelmauer, bis hierhin kamen tags höchstens mal Kinder, die, wenn sie ihren Irrtum merkten, rasch wieder zurück wollten.

Nun bewegte sich dort der *Hügelgärtner*. Schritt da die Wiese hinauf und blieb stehen und legte etwas auf den Boden, einen silbrigen Metallkasten. Nahm dann von einer anderen Person die Lampe, und die andere war die Jeansfrau aus dem roten Fiat. Die begann mit einem Spaten den Wiesenboden aufzugraben, eine Öffnung stach die aus dem Rasen heraus, eine Öffnung in der Größe des Metallkastens, das Licht wurde gelöscht, Schatten bewegten sich. Und wenig später verschwanden die nach rechts. Wahrscheinlich zum Eingang E, dort gab es den Durchgang zur Frankenstraße.

Bis zur Morgendämmerung lag Langensiepen wach und wollte begreifen. Und begann dann zu rekonstruieren, was auf der Heimlichen-Liebe-Bank gesprochen worden war. Hatte der Krupp-Gärtner von Dingen geredet, die man geheim halten, die man vergraben musste?

Um Orchideen war es gegangen. Und um den Demokratiefeind, der in Deutschland Kaiser wurde und der denkwürdige Nachfolger bekam. Und um die Nibelungen und um Düsseldorf und wie sinnvoll ein Turm wäre auf dem höchsten Punkt der Stadt Essen. Auch Privates hatte Hertz erzählt und zwischendurch, wie nebenbei, von einer Eigenschaft, die auch ihn, Hertz, *für den Staat untragbar* gemacht habe. Die Gründe werde er schon noch herauskriegen, der *Rauskrieger*.

Fotos hatte der gezeigt. Und politische Ansichten geäußert. Über *Bomben*. Über *Terror* und *Patriotismus*. Auch über die *Rote Armee Fraktion* RAF.

„Hertz"? Gegen vier Uhr schaltete Langensiepen das Tischlicht ein und griff zum Taschenlexikon. Ein Heinrich Rudolf Hertz aus Hamburg war Physiker gewesen, Entdecker der „Hertz-Frequenzen", Begründer von Mess- und Sendetechnik, gestorben 1894.

Löschte die Tischlampe, ging vor die dunkle Glasfront und sah in die Nacht hinaus. Links, unter dem schwarzen Buchenschatten war jetzt ein Versteck. In der Wiese ein Depot.

Mit eigenartiger, mit grimmiger Fröhlichkeit hatte der Achtzigjährige am Schluss ihn, Langensiepen, verspottet als Romanleser, aus Romanen werde Langensiepen nie irgendwas über das Ruhrgebiet erfahren, dies sachenreiche Energierevier sei für die egomantischen deutschen Dichter einfach zu sachenreich, zu vertrackt, zu kompliziert, viel zu lebendig für Dichter in Deutschland. Die litten an Erzähl-Impotenz, lebten in Egozentrik statt in Geozentrik. Seien überfordert. „Das größte deutsche Stadtgebiet hatte nie einen Fontane oder Döblin oder Pynchon."

Legte sich wieder hinter die Wand und wollte nun unbedingt wissen, was Kruppgärtner Hertz im Grunde gemeint haben könnte, musste nun Schritt für Schritt rekapitulieren, was der geredet hatte. Fast immer Politisches. Aber die Erinnerungsversuche drehten sich mehr und mehr im Kreis, die begannen immer wieder mit dem Stolpern an der Betonschwelle und endeten immer viel zu rasch bei dem roten Fiat, der den Heimliche-Liebe-Hügel heraufgestürmt war, endeten bei der Jeansfrau, die den Alten auffallend innig begrüßt hatte, wie einen Geliebten.

Langensiepen begriff, dass er nicht genau genug zugehört hatte. Nahm sich vor, das Rekonstruieren am nächsten Tag fortzusetzen, dann schriftlich, in einem Protokoll.

Vor der gläsernen Südwand
stand er am Mittwochmorgen sehr lange. Betrachtete die Narbenlinien in der Wiese. Lehmige Erdreste. Zerknickte Halme.

Was der Kruppgärtner hier vergraben ließ, das hatte der in einem Metallkoffer gesichert. Weil im feuchten Boden das Vergrabene nicht verrotten sollte. Es handelte sich also um Papiere. Um Geld? Um ein Testament, das die junge Frau begünstigte? Wieso übergaben die das nicht einer Bank? einem Notar?

Hatte Hügelgärtner Hertz von seiner Ehefrau so erzählt, als gebe es die nicht mehr? die freche Ruhrgöre, die auf der Heimlichen Liebe 1914 *Sirene* gewesen war? Lag unter diesen Erdrissen eine Urne?

Ehe die mit dem Graben begonnen hatten, hatten die ins leere Souterrain-Appartment geleuchtet. Hatten in dem breiten Fenster keine Gardinen gesehen, im Wohnraum keine Möbel, nur drei Kisten aus rohem Holz, beim Auszug offenbar vergessen. Und erst als sie sich sicher sein konnten, dass hier keiner zuschauen würde, schon gar nicht um zwei Uhr nachts, hoben sie die Grube aus.

Das Grab.

Das Depot.

Hatten sie die Stelle markiert?

In wenigen Tagen sind die Spuren überwachsen. Spätestens in zwei Wochen wird das Depot oder Grab unauffindbar sein. Langensiepen rätselte, starrte auf die grüne Böschung. Und fand die Lösung. Die linke Kante der ebenerdigen Ziegelsteinterrasse war in die Wiese hinauf zu verlängern, um zehn Schritte. In dem Moment, in dem der Kruppgärtner vom Lichtstrahl erfasst worden war, hatte der zehn Schritte getan. Der Orchideenfachmann. Der Düsseldorf-Verhöhner. Der Köln-Verspotter. *Senfdorf. Vatikankolonie.* Der Bismarck- und Kaiser-Verächter. Der Peter-Weiss-Kritiker. Der RAF-Kritiker. *Die arme Freiheit.*

Langensiepen wohnte gern in dem leeren Wohnraum, für den er fast keine Miete zahlte, und inzwischen wusste er auch, wem er das zu danken hatte. Eine Karin Michalke hatte hier unten ihr Gewerbe ausgeübt, mit Wissen des Hausmeisters Ludger Ashoff. Die Firma „Jessika" lief lange gut, so lange, bis den Bewohnern des „Wohnparks Stadtwald" auffiel, dass am Ende des Parks nachts in den Gardinen Rotlicht schimmerte. Überraschend rasch wussten viele, dass es dort um „Ganzkörpermassage" ging, „die voll zufrieden stellt". Im Gemeindesaal der Martin-Luther-Kirche kam es zur Versammlung der Wohnparkbewohner, Hausmeister Ashoff stand Rede und Antwort, getäuscht worden sei er, eine medizinisch-therapeutische Heilmassage sei ihm beschrieben worden, er bedauere den Irrtum, und da jeder einsah, dass „Jessika" nicht nur Kinder und Jugendliche gefährdete, sondern auch den Kaufwert dieser Kapital-Anlagen, in bester Lage zwischen den gehobenen Südvierteln Bredeney und Stadtwald, und weil plötzlich von Wertminderung die Rede war und von Mietminderung, bekam Karin Michalke die Kündigung, fristlos.

Die sogenannte Frau Jessika verlegte ihr Gewerbe, verzog sich in den hintersten Winkel beim Eingang F, in einen Eckraum, wo es keine Gardinen gab und kein Rotlicht, nur schmale Fensterschlitze oben unter der Decke. Doch der Ortswechsel wurde bemerkt, man bestand auf Auszug, Karin Michalke gehorchte, aber unter Widerruf. Ein Prozeß begann, zog sich hin, das große Einzimmer-Appartment blieb leer, blieb aber im Besitz der Frau Michalke. Nun leuchtete dort unten kein Rotlicht mehr, stellte niemand mehr *voll zufrieden*.

Langensiepen zahlte monatlich hundert Mark auf Ashoffs Privatkonto, hauste hinter der halben Zwischenwand in seiner Lesehöhle und Musiknische und brachte es fertig, die Wohnung leer zu lassen. An der Tür im Kellerflur hing weiter das Schild „Jessika", und wer sich über die Wiese näherte, der sah keine gerafften Gardinen, nur drei rohe Kisten auf verbrauchtem grauen Teppich und an den Wänden große Rechteckflecken, dort, wo Bilder gehangen hatten, zweifellos gewerbsmäßige.

Und Karin Michalke hatte ihr Arbeit umgestellt, auf Hausbesuche.

Löste den Blick von den Rissen im Wiesenboden und ging zurück zu seinem Tischchen im hinteren Eck, trank von der Aufbaukost und fragte sich, ob er über die nächtliche Aktion Hausmeister Ashoff informieren müsste. Nahm sich die Rohrzange, zerdrückte Walnüsse und aß, was ihn an Hirnlappen und Ganglien erinnerte. Schaltete das Lämpchen an, knipste es wieder aus. Sprengte weitere Nüsse, aß, griff sich seine rote Kladde und begann zu schreiben. Die Sache mit dem Silberkasten und dem Kruppgärtner, die hatte andere Dimensionen. Keine hausmeisterlichen, sondern rätselhafte. Sondern unübersichtliche. Dieser Hertz mit dieser jungen Frau, all das hatte Südstadt-Geruch.

Fällig war jetzt, notiert Langensiepen, eine Inaugenscheinnahme. „Inaugensch. pers.". Dies Polizeiwort beschließt seinen ersten Tagesbericht. Persönlich müsste er sich überzeugen, ob unter der Grasnarbe „Gef.g." lauerte, Gefahrengut.

Der Spötter und Murmler Heinrich Hertz hatte auf der Heimlichen-Liebe-Bank von heiklen Dingen geredet, von Krieg und von Hochrüstung und von *Kapitalismus.* Vom vielfachen Vernichtenkönnen West gegen Ost, Ost gegen West. Und von den *Weltbeherrschungsfreunden,* die bei anderen ja wohl „Imperialisten" hießen. Oder? Langensiepen griff sich eine von seinen Biomöhren, wusch und reinigte die Rübe mit der Wurzelbürste und ging, Möhrenfleisch kauend, zum Panoramafenster. Betrachtete wieder die Tritte und Risse in der Böschung. In der Tat, die linke Kante der Terrasse war um zehn Schritte nach oben zu verlängern, dann war man beim Grab. Beim Depot. In welchem Moment hatte Hertz sich mit seinem Namen vorgestellt?

Sah, wie eine Amsel in die Erdlinien hackte. Klar, auf Wurmsuche. Der

Vogel hatte Erfolg, der zog was Rotes aus den Wiesenplacken, ein fleischfarbenes, ein energisches Sichwehren riss der sich raus, stolperte ein wenig nach hinten und mit zwei Kopfrucken schnappte der sich Wurmgeringel in die Kehle. Schluckte das ohne besonderes Mienenspiel. Schien immerhin kurz die Augen geschlossen zu haben. Die Natur, ach. Das pickt, das hackt wie in Lippen.

Möhrenreste von den Zähnen lutschend ging Langensiepen zurück in die Nische, zurück zu seiner Kladde. In dem roten Hundertseitenheft hatte er Tagebuch führen wollen, hatte das aber aufgegeben, das Schreiben erinnerte ihn an Fußballtrainer, die am Rand des Spielfelds Notizen machten und beim Notieren nicht mitbekamen, wie der Ballwirbel inzwischen weiterlief, das sekundenschnelle Hin und Her der schwer lenkbaren Zufälle, welcher Schreiber, fragte sich Langensiepen, kann das Überraschungsgetümmel namens Wirklichkeit auch nur annähernd richtig wiedergeben. Als Polizist hatte man „Fakten" zu protokollieren, wer aber kann denn das, das Wirkliche verhöhnt das Geschriebene. Einige Schriftsteller hatten es dennoch gekonnt. Und die las er mit Hingabe, deren Romane lieh er sich aus in der Stadtwaldbücherei, ältere Romane meist. Oder amerikanische.

Stand grübelnd vor seinem Tischchen, vor der roten Kladde. Vor dem Wort „Inaugenscheinnahme". Und hörte Stimmen.

Die kamen aus dem Kellerflur. Da stritt eine männliche mit einer weiblichen Stimme. Da wurde gezankt. Langensiepen schob das Notizbuch zurück ins Regal und näherte sich der Flurtür. Dicht hinter der dünnen Holz-Imitation debattierten ein Mann und eine Frau, stritten mit unterdrückter Energie um praktische Sachen, argumentierten mit gequetschten, mit fauchenden Stimmen, hielten jedes ihrer Argumente offenbar für so entscheidend, dass sie eigentlich hätten schreien wollen, aber da es ihnen sinnvoll erschien, auch in diesem leeren unteren Seitengang hinter der Tiefgarage leise zu bleiben, pressten sie die Stimmen, dämpften ihre wichtigen Argumente, drückten die mit Zischen und Ächzen ins Erbitterte und Grämliche, dies verbissene Diskutieren klang, als stöhnten gequälte Seelen.

Dabei schien es nur um bessere Lagerung zu gehen. Um sichere Unterbringung. Wollten die hier unten was einlagern? Auf der anderen Flurseite, in den alten „Geräteraum", in Jessikas zeitweiliger Arbeits-Ecke?

Allmählich verstand Langensiepen einzelne Worte, und das waren Worte, die ihn erschreckten, die, so liest man in seiner Kladde, „Schw. i. d. Hd.e tr.", was wohl auszuschreiben ist als „Schweiß in die Hände trieben" –

Denn da ging es um eine „Aktion". Ging es um die „überfällige Korrektur" einer *Aktion*. Schon die *Methode* dieser *Aktion*, so verlangte die Frauenstimme, müsse klar machen, was die *Aktion* wolle. Verzweifelt, ja angewidert klang die Frauenstimme, vor allem dann, wenn sie dieses Wort sagte, dieses *Methoden*, eine Zumutung sei, immer wieder das Selbstverständliche sagen zu sollen, dass *Methoden* den Ideen nicht widersprechen dürften, sondern ENTsprechen müssten. In der Erregung zischten beide Streiter oft gleichzeitig, waren dann kaum mehr auseinanderzuhalten. Sollte Langensiepen den Zank ignorieren? Was ging es ihn an, wenn Fremde sich stritten.

Aber die Erbitterung der weiblichen Stimme bewegte ihn, die Mühe, mit der sich diese Frau Luft schaffen, ihre Meinung loswerden musste und zugleich ihre Lautstärke zügeln, da kochte Empörung, Zorn über die falschen Wege einer Aktion, die abermals „nur Unheil stiften, die Steinzeitspirale Gewalt“ auslösen würde. Und plötzlich ging es da wörtlich und ausdrücklich um die Einteilungen der RAF, die RAF-Unterscheidungen „Schwein oder Nichtschwein“, die seien kein bisschen intellektueller oder aufgeklärter als der Kurzschluss-Stumpfsinn „a.d. hinterl. bayer. St.t.“. So hat Langensiepen das notiert. „An den hinterletzten bayerischen Stammtischen“?

Dann polterte die männliche Stimme, bullerte mit schwäbischem Akzent, höhnte mit schwäbischem „ei“, schmähte mit schwäbischem „äi“ die „schweinefetten Millionäre in Europas Logen“. Die seien Zuschauer bei Ereignissen, unter denen ganze Kontinente blutig verrotten müssten. Aber wer denn, so konterte die Frauenstimme, wer denn spiele vor diesen Logen den Star? Diese Herren Polit-Stars, diese alternativen Alpha-Tiere scherten sich „den Deubel“ – dieser norddeutsche Ausdruck fiel, Langensiepen notiert das Wort ohne Verkürzung – die scherten sich nicht im geringsten um die Wirkung dessen, was sie Europas Logen vorführten, die agierten rücksichtslos, dächten nur noch in den Kategorien der Macht, hätten sich von den Mächtigen die Methoden aufzwingen lassen, die Machtpraxis. Und dann klang das wie ein Aufheulen: „Unseren Gegnern werden wir immer ähnlicher.“

Langensiepen spürte, dass er zitterte. Was er da zu hören bekam, das kannte er, so argumentierte auch Freund Vordenbäumen, hier aber tönte das nicht resigniert und müde, sondern fauchte grimmig, entschlossen tatendurstig. Und dieser schwäbische Kerl grollte nun, Deutschland sei Trittbrett geworden, Abtritt der Imperien im Westen wie im Osten, sei inzwischen nur noch Fußabtreter, „es reicht!", stöhnte der Mann, Deutschland sorge wieder für Blutbäder, „mit Kriecherei im Westen wie im Osten", leiste Beihilfe zu Massakern und diese Massaker, die schrieen zum Himmel, und genau deswegen, fauchte die Frau zurück, eben deswegen, weil die zum Himmel schrieen, seien endlich Praktiken fällig, *Methoden*, die unblutig blieben, die NICHT zum Himmel schrieen.

Welche Praktiken, welche Aktionen gemeint waren, blieb unklar, Langensiepen war viel zu verwirrt, um Schlüsse ziehen zu können. Der ehemalige Hauptkommissar stand hinter seiner dünnen Tür und zitterte. RAF? Rote Brigaden? Vor drei Jahren, wusste Vordenbäumen, hatten die RAF-Führer, obwohl Linke das bezweifelten, Selbstmord begangen, und zwar mit dem Wissen von Staat und Staatsschutz, ja, mit zynischem Wissen des Staates, dem selbstverständlich bekannt gewesen sei, dass die gefangenen Führer in ihre elektronisch überwachten Zellen in Stuttgart Waffen eingeschmuggelt hatten, dass sie Schusswaffen besaßen im „Hochsicherheitsgefängnis" Stuttgart-Stammheim und dass sie, falls die Entführung des Bosses der Bosse ihnen keine Befreiung brächte, einen letzten Coup geplant hatten, eine spektakuläre Tat, einen kollektiven Freitod, der aussehen musste wie eine Exekution.

Der Staatsschutz, hatte Vordenbäumen gesagt, ließ den gefangenen RAF-Führern die Pistolen, ließ die Waffen in den millimeterweise kontrollierten Zellen unbeanstandet, und als der Befreiungsversuch mit der Entführung des Chefs der Wirtschaftsbosse tatsächlich nicht gelang, als Martin Schleyer aufs Kläglichste ermordet worden war, da dachten die staatlichen Bewacher an alles andere als an eine Behinderung der geplanten Selbstmord-Aktion, und die sah dann tatsächlich aus wie eine Hinrichtung, sah einer Ermordung täuschend ähnlich, eine letzte grauenhafte Mühe hatten sich die RAF-Bosse gegeben, die *Alpha-Tiere*, und seither waren zahlreiche Linke überzeugt, Baader, Ensslin und Raspe seien exekutiert worden. Vom Staat. Von deutschen Geheimdiensten. Oder von israelischen. Als Vordenbäumen in der Kneipe AMOK-KOMA vom Freitod in Stuttgart geredet hatte, hatte jemand heftig widersprochen und gesagt, der Staat habe die RAF nicht nur gnadenlos radikalisiert, sondern es gebe genug Hinweise, dass der Staatsschutz beim Ende im Stuttgarter Hochsicherheitsknast nicht bloß zugeschaut hätte.

Plötzlich war der Zank weg, stöhnten keine Stimmen mehr. Langensiepen wartete eine Weile, zitternd. Tappte dann zurück in seine Schreibnische, hockte sich hin, schluckte eine zweite Ration *Nutricomp*. Spürte in seinen Lippen, wie der Flaschenhals flatterte.

Was, bitte, wollte ihn hier unten heimsuchen, hier unten in seinem wunderbar sicheren Abseits. Mit der rüden und harten Ruhrwelt, mit der Sachen- und Rempelwelt hatte er nie wieder zu tun haben wollen – und nun? Schleunigst in den Essener Norden musste er zu seinem alten Freund und Mentor unten an Kanal und Emscher, zum Altkommunisten, zum entlassenen Lehrer Otto Vordenbäumen, was wusste der über neue RAF-Generationen, über aktuelle Drohungen und Aktionen. Vor wenigen Tagen, am zweiten Juni hatte in der neuen Tageszeitung gestanden, die „Bewegung 2. Juni" gebe es nicht mehr, die habe sich der RAF angeschlossen.

Was wusste Otto. Aber bevor er zu Vordenbäumen ging, war das Depot zu öffnen. So bald wie möglich. In der kommenden Nacht, zwei Stunden nach Mitternacht.

Langensiepen spürte den alten Kopfschmerz. Galt plötzlich sein Schwur nicht mehr, sich aus diesem fabelhaften Souterrain nie wieder hinauslocken zu lassen, nie mehr in eine Welt, die Langensiepen gelegentlich nur mit den Buchstaben „S.H.W." bezeichnete. Und sein S.H.W. hieß, nach allen Vergleichen mit seinen übrigen Notizen, „Schlachthauswelt".

Als erstes, bevor er irgendwas unternahm, war das Depot zu öffnen. So schnell wie möglich, in der kommenden Nacht.

Begann wieder mit dem Protokollversuch. Mühte sich sehr, wollte jetzt auch den neuen Wortwechsel notieren, den Streit um das angemessene Verfahren, um blutig oder unblutig und schon wieder *Blutbäder* – aber die Hand und der Stift – das alte Gezittere –

Für wen schrieb er eigentlich diese Notizen? Für seine ehemaligen Kollegen? Hätten die im Präsidium Interesse an einer politischen Debatte? Hätten die Interesse an Ansichten eines alten Gärtners, der Terrormenschen in Sackgassen sah und den Wilhelminismus und die Hitlerei in konsequenter Abfolge?

Als erstes war das Depot zu öffnen, der Silberkasten. Gleich in der kommenden Nacht. Und was immer Langensiepen dann in dem silbrigen Kasten finden würde, das, so mahnte er sich, würde er unverändert zurücktun in den Silberbehälter und den Behälter dann umgehend wieder versenken im Erdversteck. Dann bliebe die Öffnung nichts als eine Informationstat. Dann bliebe er Rauskrieger, uneingemischt, aber informiert.

Stellte die rote Kladde
ins Regal zurück, ging zur Flurtür und lauschte. War noch irgendwas zu hören? Er öffnete die Tür. Der Kellergang schien leer. Treppe und Flur und dieser Seitengang waren still wie immer. Warum auch sollte hier jemand unterwegs sein. In der Tiefgarage gab es den direkten Zugang zum Lift und zur Treppe. Seit Jessika hier unten nicht mehr arbeitete, war hier Ruhe. Oder?

Nirgends Veränderungen.

Seine „Jessika"-Tür ließ er halb offen stehen, ging die paar Schritte zur Tür schräg gegenüber, zur Tür mit der Aufschrift „Geräteraum".

Stand eine Weile davor und zögerte. Wartete eine oder zwei Minuten im sonnenhellen Flur und lauschte. Kamen von irgendwoher Geräusche?

Südsonne blendete vom Park her durch die Glassteinwand, grelle Helligkeit rings um die stählern düstere Außentür. Unter dem Emailleschild „Notausgang" hing gilbend Ludger Ashoffs handschriftlicher Hinweis. „Schlüssel beim Hauswart. Eingang E."

Draußen hinter den Glasbausteinen führte kein Weg durch die Wiese hinauf. Diese Hintertür beim Seitengang F, die wurde nie benutzt.

Den Geräteraum hatte der Hausmeister auch ihm, Langensiepen angeboten, kostenlos hätte er in dem Vier-mal-vier-Meter-Raum wohnen können, zwar eng und mit nur drei Fensterschlitzen oben unter der Decke, aber mit Toilette und Dusche. Auch „Jessika" hatte ja hier mehrere Wochen mit Gewinn ihr Entspannungsgewerbe ausüben können. Aber Langensiepen hatte in der dämmrigen Enge nicht wohnen wollen, liebte nebenan die große leere Helligkeit.

Klopfte endlich gegen die Tür.

Keine Antwort. Drückte die Klinke. Die Tür war unverschlossen.

Und stand plötzlich vor der Jeansfrau. Vor der Frau aus dem roten Fiat. Die auf der Heimlichen Liebe den alten Hertz umarmt, die mit dem alten Mann das Erddepot angelegt hatte. „Sie wünschen?"

„Pardon. Ich wollte mich Ihnen kurz vorstellen, bin hier unten Ihr Nachbar – falls ich irgendwie nützlich sein kann – "

Große hellgraue Augen. „Sie wohnen wo?"

Er zeigte zurück, wies auf die halb offene Appartmenttür. Die Frau ging an ihm vorbei, sah in den großen leeren Wohnraum.

„Der Hausmeister hat uns erklärt, das Erdgeschoss beim Eingang F steht leer. ‚Jessika' sei der Name einer früheren Bewohnerin."

„Stimmt. Ich wohne hier nur inoffiziell. Mein Name ist Langensiepen, Rudolf Langensiepen."

„Nora", murmelte sie und blickte in den leeren hellen Raum. „Mindestens fünfmal hab ich von draußen hier reingesehen, nachts sogar reingeleuchtet." Ihre heftigen, ihre unverschämt großen Augen.

„Stört es Sie, dass hier jemand wohnt? Ich mach uns einen Tee, ist das recht?"

Sie sah ihn an, als hätte er ihr angeboten, Bier und Wein zu mischen. Ging dann zurück zum Geräteraum, ging auf Turnschuhen, verschloss die Tür und zog den Schlüssel. „In einer halben Stunden komme ich. Meinetwegen zum Tee." Glitt auf den Turnschuhen zur Treppe, zum Ausgang hinauf, zur Frankenstraße.

Katzenschritte waren das. Langensiepen wartete, bis sich oben die Haustür geschlossen hatte. Ging in seinen Wohnraum und spürte Herzschläge. Nie wieder in irgend etwas einmischen? Schon war er in irgend etwas mittendrin.

In Undurchsichtigkeiten. Südstadt.

Füllte den Wasserkocher. Mindestens fünfmal habe sie in den leeren Wohnraum hineingesehen, nachts sogar reingeleuchtet. Und Ashoff hatte ihr die offizielle Auskunft gegeben, das Erdgeschoss bei Tiefgarage und Eingang F galt als unbewohnt. Dass da trotzdem jemand hauste, hatte sie erschreckt. Diese Hertz-Freundin. Diese Grabschauflerin, diese sogenannte Nora. Diese energische Debattiererin. *Methoden – immer ähnlicher – an hinterletzten Stammtischen –*

Füllte Earl Grey ins Sieb und sah seine Finger zittern. *Sorgen längst wieder für Massaker.* Hängte das Sieb in die Kanne und schüttete kochendes Wasser. Holte von seinem Schlaflager zwei Heidschnuckenfelle, legte die Felle auf die beiden äußeren Kisten. Und stellte auf die mittlere seine beiden bunten Becher. Zündete die Kerze im Teewärmer, setzte das Licht zwischen die Becher.

Wollte diese Frau im Geräteraum wohnen? in Jessikas Reserveraum?

Kaum zehn Minuten

waren vergangen, da klopfte es, da kam sie schon herein. Blieb nach zwei Schritten stehen und blickte zur breiten hellen Scheibe, auf das sonnige grüne Panorama. Wirbelte mit ihrem Schlüssel. Langensiepen schmerzte der Kopf.

„Zucker? Milch?“

„Schwarz.“ Wie auf Katzentatzen, tastend ging die Frau vor die Fensterfront, schritt an der breiten Scheibe entlang, langsam, mit Schritten wie aus dem Gymnastiktraining. An ihren Turnschuhen Lehmspuren. Blieb jetzt stehen und sah die Wiesenböschung hinauf.

Langensiepen lehnte an der kahlen Zwischenwand. „Rechtlich gehört diese Wohnung einer sogenannten Jessika. Einer Karin Michalke.“

Die Schlüsselfrau begann wieder ihren Ballettgang, kam nun dicht an ihm vorbei, ging hinter ihm in seine Nische. Er drehte sich um und sah, dass sie ihn betrachtete.

„Wollen Sie sich nicht setzen?“

„Gut, trinken wir Tee.“ Nahm Platz auf der Fellkiste vor der Fensterwand. Langensiepen sah diese „Nora“ jetzt nur im Gegenlicht. Und soviel er erkannte, kreuzte sie dort ihre gymnastischen Beine. Er stellte den Tee auf das Rechaud, hockte sich auf den anderen Kistensitz.

Sah die Frau nun nur noch als Schatten, hätte sie jetzt unbedingt genau beobachten wollen, ihre Augen. „Ist sie schön?“ fragt er sich in seinen Notizen, fragt das ohne Kürzel und antwortet „ja, u. wie alle mit Sch. Geschl.“ – und wie alle mit Schönheit Geschlagenen? – müsse offenbar auch sie diese „Bel.“ – Belastung? – ausgleichen durch hohe „Bew.int.“ – Bewegungsintensität?

Ihre Beinbewegungen. Schenkte Tee in die Becher und erzählte die Geschichte der früheren Bewohnerin, der Jessika im Wohnpark Stadtwald, betonte das Abstruse, das Scheinheilige der Wohnparkherrschaften und konnte nicht erkennen, ob sie lächelte oder beim Maskenblick blieb.

„Und?“ hörte er aus der Helligkeit. „Wie haust es sich hier unten?“

„Ideal. Ich jedenfalls finde es ideal. Sie befürchten irgendwas?“

„Wie dicht sind hier die Wände? die Türen?“

„Dringt nichts durch. So gut wie nichts. Von nebenan hören Sie nichts und nichts von oben. Von mir jedenfalls nichts. Bin ziemlich zahm, geradezu lautlos. Höre unbekannte Klassik, leise, dezent."

Neue Beinbewegungen. „Wohnt auf zertretenem Teppich. Auf altem Kunstflausch voller Brandstellen, voller Flecken und Druckstellen und Rotweinspuren. Leise, dezent. Im verlassenen Sündenpfuhl. Und findet das ideal."

„Warum nicht?"

„Ohne Telefon, ohne Fernsehen, ohne Möbel?"

„Wozu sollte ich die besitzen?"

„Auf abgenutztem Tablett haust Herr Langensiepen, scheinbar draußen, aber vom Draußen sorgfältig verschont. Mit breiter Trennscheibe."

„Die Fensterwand ist in sieben Sekunden offen, in ganzer Breite."

„Und wie finden Sie in Ihrem edlen Lindgrünteppich diese vier Eindrücke? Druckstellen von Bettpfosten? vom Arbeitsplatz Ihrer Frau Jessika?"

„Finde ich eindrucksvoll. Täglich bedenkenswert. Und Sie? Wollen Sie etwa da drüben einziehen? in den Abstellraum?"

Die schattigen Jeansbeine tauschten die Position. „Ich könnte Ihnen jetzt sagen, dass ich kurz vor Staatsexamen und Rigorosum stehe und dass ich für den Endspurt eine billige Studierzelle brauche, eine billige und absolut ruhige. Ist aber nur die halbe Wahrheit."

„Dann interessiert mich jetzt die andere Hälfte."

„Mit Hausmeister Ashoff war alles klar verabredet." Sie hob den Teebecher. „Und seit ich von dieser Frau Jessika weiß, verstehe ich, warum Ihr Hausmeister um Lautlosigkeit gebeten hat." Sie trank.

„Lautlosigkeit? Was haben Sie vor?"

Sie hoffe, auch Herrn Langensiepen werde das keine Probleme machen. In dem fensterlosen Raum drüben würden demnächst junge Filmemacher mit ihr produzieren, was gut bezahlt werde. Wofür der Markt ständig wachse. Videofilme. Sexfilme. Mit Verständnis für Männer. Aber aus der Perspektive der Frau. Es sei wohl nur fair, wenn auch Nachbar Langensiepen Bescheid wisse. Sie würden für Schallschutz sorgen.

Er schluckte Tee. Beim Streit im Flur war es nicht um Videos gegangen, sondern um andere Dinge. Um Gewaltsachen. *Blutbäder.* Er versuchte, über den Becher hinweg ihre Augen zu erkennen. Die Debatte hinter der Tür hatte sich weder ums Filmemachen gedreht noch um Sex.

„Pornos? Im Ernst?"

„Im Ernst und mit Liebe."

Er stand auf, wollte jetzt unbedingt ihr Gesicht sehen, musste wissen, wie sie aussah, wenn sie log. Womöglich war jetzt alles ironisch gemeint, dies war offenbar ein Test, der klären sollte, wie kauzig der war, der da nebenan wohnte. Spott meinte er gehört zu haben, vergnügten Spott.

Stand nun neben ihr am Fenster und sah ihre großen Augen, die sie weiterhin auf ihn richtete, große hellgraue Augen, die tatsächlich amüsiert schienen, aber auch interessiert, penetrant neugierig. Und mit diesem lauernden Blick erklärte sie ihm nun, sie und ihre Freunde hofften, mit Hilfe der neuen grünen Partei würde es demnächst möglich sein, jedem Halbwüchsigen in dem Alter, in dem üblicherweise Jugendweihe oder Konfirmation fällig seien oder sonstiges Zementiertheater, diesen jungen Menschen als staatliches Präsent eine Video-Auswahl zu überreichen mit den besten Liebesszenen. Allzu viel Unglück entstehe dadurch, dass die Kenntnisse in Liebessachen miserabel seien, ja, die Liebeskenntnisse seien nach wie vor kirchenbeschränkt. Also hundsmiserabel.

„Im Ernst? Liebeskenntnisse? So was wollen Sie hier unten filmen?"

„Wollen wir. Die besten Sachen kopieren und neue selber drehen." Ihre glitzrigen großen Augen. „Praktische Kenntnisse. So liebevoll wie lustvoll. Ohne Belehrung. Ohne Kommentar." Auch im Sonnenlicht blieben ihre Augen amüsiert. Diese Augen schienen Langensiepen an der Longe zu führen, unwiderstehlich im Kreis herum.

„Und nun gibt es Hindernisse?"

„Hindernisse?"

„Soeben hatten Sie ja wohl Ärger. Mit Ihrem Partner? Da ging es wohl um den Raum, hab zwar kein Wort verstanden, aber offenbar gab es Streit."

„Alles muss ich Ihnen wohl nicht erzählen. Es sei denn, Sie verraten mir, wie Sie hier unten leben können, hinter rohen Kisten, auf verbrauchtem Schmuddelteppich. Was für einer sind Sie?"

„Bin mobil. Bin in zehn Minuten draußen. Bücher, Kassetten und Klamotten in die drei Kisten, ab geht die Post. Erich Kästner sagt, wer nichts hat, dem gehört alles. Also hat man am besten nichts und ist Hans im Glück." Langensiepen war an der Fensterfront entlanggegangen. Setzte sich nun wieder auf seine Fellkiste.

Die Frau konzentrierte sich auf den bunten Becher. „Mein Partner, wie Sie ihn nennen, hat andere Vorstellungen vom Wohnen. Hans im Glück wäre nichts für ihn. Mick ist Ire. Bei seiner Mami stehen auf molligen Teppichen dicke Sessel. Der Geräteraum drüben, sagt Mick, ist unbewohnbar. Und fürs Filmen zu eng."

„Da könnte er recht haben." Der Streit im Flur ging nicht ums Filmen, der ging um blutige *Methoden*, die *zum Himmel schrieen*. Sie lügt schon wieder. Und der Kerl im Flur sprach keinen englischen oder irischen Akzent, sondern sprach schwäbisch. Breitestes Schwäbisch.

Aber auch Langensiepen log, hatte so getan, als hätte er einzelne Worte nicht verstanden. „Meinetwegen können Sie drüben tun, was Sie wollen. Aber auf diesem abgenutzten Tablett, wie Sie dies hier nennen, lebe ich paradiesisch. Hinter der Wand dort liegen Schätze."

„Schätze?"

„Romane, die alle gelesen werden. Andere Welten."

„Sie besitzen nichts?"

„Ein Volkslexikon aus der DDR. Und zwölf Tonkassetten. Mit vergessener Romantik. Und Sie? Wenn Sie keine Liebesfilme drehen, studieren Sie?"

Ihr hochgestecktes Haar in der Sonne wippte, offenbar hatte sie genickt.

„Und was?"

„Deutsch und Englisch. Und alles Gefräßige. Geschichte und Politik. All die uralten Schlauheiten zwischen Nachbarn."

„Deutsch und Englisch? Da könnten wir gelegentlich Romane zerreden. Falls Sie nicht Geld verdienen müssen mit *Liebeskenntnissen*."

„Was lesen Sie gerade?"

„‚Mathilde Möhring'."

„Nie gehört."

„Fontane. Freundlich spießige Leute, alle eher kurzsichtig, als spiele das im alten Ruhrgebiet. Gerangel ums Kleinglück. Fontane ist sachlich und wärmt dennoch. Das klärt wie Earl Grey."

War es so? Lief das Gespräch so? Über Bücher? Neben Langensiepens Notizen gibt es auch zu diesen Momenten eine andere Quelle, danach hat die Frau sich erkundigt, ob er nichts Neueres lese. Selten Neueres, hat er geantwortet, hat aber Nicolas Born genannt und Genazino und den Walser-Roman „Jenseits der Liebe". Langensiepen habe dann von einem Jugendbuch geredet, das erzähle, wie Mars einst Wasserplanet war wie Erde, gut bewohnbar, so lange, bis auf Mars ablief, was inzwischen auch

Erde zu ruinieren beginne. Dergleichen finde man höchstens in Jugendbüchern. Neuere Dichter nannte Langensiepen „Ichthiosaurier".

„So einer sind Sie nicht? Kein Ichmensch?"

Um keine Unsicherheit zu zeigen, sei er jetzt, notiert Langensiepen, beim „Ger. üb. Rom." geblieben, beim „Gerede über Romane". – „Deutsche Dichter erzählen zu selten, was ich wissen will."

„Was wollen Sie wissen?"

„Das Gefräßige. Die uralten *Schlauheiten zwischen Nachbarn.* All diese netten Tricks zwischen Hinz und Kunz."

Von ihrem Haarkranz wippten Schatten über ihre Stirn, keine Sekunde ließ sie ihn offenbar aus den Augen. „Romanleser Langensiepen. Verkriecht sich in einem ausrangierten Puff und will Auskünfte über Hinz und Kunz und über nette Tricks."

Er blickte auf ihre Turnschuhe. Auf die Lehmreste.

Offenbar hatte sie den Blick bemerkt. „Letzte Nacht war ich wieder mal hier draußen. Direkt vor Ihrer Fensterfront. Vorm Souterrain."

„Auf der Suche nach einer größeren Wohnung?"

„Hinter Ihrem Fenstermonster schien dieser Raum vollkommen leer."

„*Fenstermonster*? Und ist Souterrain nicht wunderbar? ‚Unter der Erde'?"

„Im Untergrund, wo Kellerkäuze hausen wie Herr Langensiepen. Ohne Hund und Kaktus und Katze. Und ohne Frau."

„Für die Ehefrau war ich unerträglich."

„Wieso?"

„Polizei fand sie unmöglich."

„Polizei?"

„Keine Sorge. Seit zehn Jahren kein Thema mehr. Alkoholkranke im Polizeidienst sind nicht möglich."

„Polizist?"

„Schrecklich, nicht wahr? Bin staatlich anerkannter Alkoholiker, aber seit Jahren trocken. Nur noch Probleme in Rücken und Nacken. Auch Ihr Freund studiert?"

„Welcher Freund?"

„Ihr Partner heute morgen, der im Flur."

„Micheál." Den Namen sprach sie mit langem „a". Das „ch" schabte tief aus dem Hals.

„Ist das irisch?"

„Irischer Michael."

Der Polterer hatte schwäbisch geredet. „Und wenn Ihr Ire keine Filme dreht, studiert auch er? Doch nicht etwa Deutsch?"

Sie schien zu nicken.

„In Essen?"

„Wird dies ein Polizeiverhör?"

„Von Irland versteh ich wenig. Eigentlich gar nichts. Wundere mich, dass ein Ire in Essen studiert."

„Mick kommt aus Nordirland, aus Derry. Deutsch lernen wollte er in einer Arbeiterstadt. Und wusste über Essen nur, das liegt in Europas größter Industrieregion und hat neuerdings eine Uni. Als Kieler Sprotte hatte ich genauso wenig Ahnung."

„Nun suchen Sie hier den letzten Stahlarbeiter? Sie und Ihr Ire?"

Wieder schien sie zu nicken. Wippte mit dem Fuß. „'Mein' Ire? Ich habe Mick weder bezahlt noch geheiratet. Und es ist kein Wunder, dass Sie Rücken- und Nackenprobleme haben, wenn Sie hier dermaßen steif auf Kisten klemmen."

„Sorry, ich hole Ihnen meinen Stuhl."

„Lassen Sie's. Und wenn wir erträgliche Nachbarn sein wollen, sollten wir du sagen. Und Nora und Rudolf."

„Gut. Aber beim Lesen, also die meiste Zeit klemme ich auf keiner Kiste, sondern lottere hinter der Wand dort, auf einer breiten Matratze."

„Lottert, liest Romane. Hört vergessene Romantik. Speist ‚Alpen-Müesli'. Und sprengt seine Nüsse mit der Rohrzange."

„Jeder schont seine Nerven auf seine Weise."

„Sag bloß, du hast nicht gemerkt, dass ich letzte Nacht hier vor dem Fenster stand."

„Letzte Nacht war ich im KOMA."

„Wie bitte?"

„In der KOMA-Bar."

„Wo soll die sein?"

„Rüttenscheid, Isabellastraße vierundzwanzig. Überm Eingang stehen die vier Großbuchstaben neben einem Spiegel. Wer näherkommt, liest nicht nur AMOK, sondern auch KOMA."

„In eine Bar gehst du als Alkoholkranker?"

„Teste meine Standfestigkeit."

„Süffelst an der Theke Earl Grey? Fanta? Saft? Wasser?"

„Und treffe Hinze und Kunze."

„Toll. Wieviel Miete zahlst du hier?"

„Offiziell fünfhundert. Ashoff erlässt gut die Hälfte. Frau Michalke verhindert korrektes Vermieten. Als Literaturstudentin solltest du wissen, dass Brecht mich bedichtet hat."

„Brecht? dich?"

„Es war einmal eine Kellerassel. Die geriet in ein Schlamassel. Der Keller, in dem sie asselte, brach eines schönen Tages ein, so dass das ganze große Haus aus Stein ihr auf das Köpfchen prasselte. Sie soll religiös geworden sein."

Ihre Beine tauschten die Position. „Vormals Polizist, dann alkoholisch und heute religiös. Das dürfte heiter werden, für Porno-Amateure. Bevor ich zu dir kam, war ich noch rasch im siebten Stock bei meinem alten Freund. Der wusste, dass du beim Eingang F wohnst. Der findet dich sympathisch. Deine Bücher holtest du in einem Netz. Und ab und zu überkäm dich ein Weltverbesserungsschub."

„Der Freund im siebten Stock heißt Hertz?"

„Heinrich Hertz."

„Und hat dir nicht verraten, dass ich Polizist war?"

„Hätte er das tun sollen?" Eine Fliege stürzte sich gegen die breite Scheibe. „Bißchen wie Woody Allen seist du, die Nase immer weit vorn, neugierig auf Durchblick." Sie stand auf und ging zur Fensterfront. „Lesende

Assel, in leerer Tonne. *Only the lonely.*" Schien den Kopf zu schütteln, die steilen Haarsträhnen wippten.

Er stellte sich neben sie. Und noch während er sich sagte, er müsste sie jetzt fragen, ob sie die RAF verachte oder bewundere, sagte er: „Dies ist keine leere Tonne. Hier dröhnt Leben."

„Ach?"

„In Sommernächten lasse ich die Glasfront offen, und wenn draußen endlich alles Düsengetöse still ist, wenn keine Frau mehr auf Wohnungssuche vorüberstreunt, dann, im frühesten Morgenlicht, höre ich Todesschreie."

„Wie bitte?"

„Alle sieben oder acht Minuten. Jämmerliche Schreie. Die Natur."

„Und gehst nicht raus? Rettest die Amsel? aus den Katzenkrallen?"

„Leben, sagen die Weisen, lebt vom Leben." Er spürte, wie sich ihre Augen wieder auf ihn richteten, diese penetrant hellen Augen. Wer Raubkatzen dressieren will, hatte Karin Michalke gesagt, muss ihnen in die Augen blicken. Er sah sie an.

Frau „Nora" wendete sich zurück ins Zimmer. „Und nirgends ein Bild. Weder Mao noch Che noch Elvis. Wenigstens die Beatles. Oder was Religiöses, was Gefräßiges – Biomasse frisst Biomasse – "

„Bildervergiftung lass ich hier nicht rein. In Münster hing überall der Gefolterte. In der Grundschule wie im Gymnasium. Sogar in der Polizeischule."

„Als wär nicht auch dein Panoramafenster ein pures Bildergift. Diese totale Grünfront, die ist geradezu ein Monster an Bild."

„Danke, über Monsterfenster werde ich grübeln. Was hängt bei dir an der Wand?"

„Nora Barnacle."

„Wer soll das sein?"

„Lebenslang Geliebte des James Joyce. Hat Weltliteratur verbessert." Sie ging zur Seite und machte zwei rasche Dreher. Pirouetten. „Und welche Sorte Musik hörst du? Was nennst du *dezent*?"

Langensiepen sah die gelenkig Schlanke plötzlich nackt, sah sie beim Filmemachen, sah ihren wendigen Körper seidenglatt und glänzend – er konzentrierte sich wieder, sie hatte eine Frage gestellt.

„Vielstimmiges höre ich. Gegenstimmiges. Jazz oder Klassik. Jedenfalls keinen Betäubungslärm, weder Wagner noch Heavy Metal noch Techno. Vernarrt bin ich zum Beispiel in dies hier." Ging in die Nische, rollte das Hofer-Bändchen zurück und rief, das sei ein Marsch, der keiner sein wolle und könne. Startete aber die Kassette nicht, sondern kam zurück. „Nach vier Minuten soll da ein Marsch beginnen, aber der zerfällt. Zerfällt unter heftigen Schlägen, jedes Mal nach nur sechs Takten. Ein Marsch misslingt da in der Zeit der großen Preußenmärsche. Trauer ist das, Trauer um Andreas Hofer, der sein Tirol befreien wollte vom Eroberer Napoleon."

Hier meldet nun die Gegenquelle, dass die Frau ihn gefragt hat, wer denn in Tirol wen habe befreien wollen, die Bauern ihr Tirol oder Napoleon die Bauern. Der böse Herr Napoleon hätte am Ende auch den Tirolern die Grundrechte gebracht. „Weltweit dieselbe Leier. Für die einen ist es Freiheitskampf. Für die anderen Terror."

„Und für die dritten Idiotie." Er blickte sie wieder voll an, fand sich dompteurhaft kühn. „Den stolzen deutschen ‚Freiheitskrieg', den nennst du Krieg gegen Grundrechte? Im wievielten schlauen Semester bist du?"

„Im zwölften. Zwei Jahre in Nordirland. Geb's ja zu, Rousseau-Leser Napoleon nutzte die falsche *Methode*. Krieg für die Grundrechte, das kann nur schiefgehen."

Langensiepen bemühte sich, leise zu reden. „Hofer wurde exekutiert. Trotz und Trauer hör ich in den dezenten Tönen. Ein Freund hat das in seiner Musikhochschule gespielt, hat das für mich aufgezeichnet. Ich spiel's dir vor." Ging hinter die Nischenwand, startete die Kassette, kam rasch wieder nach vorn und setzte sich. Sie blieb beim Fenster.

Nun sangen und klagten und blühten wieder Klarinetten und Hörner, öffneten sich auf Almhöhen Blicke in blaue Fernen und begann nach vier Minuten der wehmütige Freiheitsmarsch und zerfiel und wurde zerstückelt. Die Besucherin schritt durch den Raum, als wollte sie die zerschlagenen Takte weitergehen. „Wie meine Iren", murmelte sie. Und war hinter ihm stehen geblieben. Zum Schlusswirbel, zum Exekutionstusch fuhren ihm ihre Hände an den Hals.

Er saß starr, ihr Schmiegen und Kneten tat wohl. Diese wärmende Umhalsung und Aufdringlichkeit, das hätte ihn warnen können, aber diese Griffe, diese Katzenkrallen fand er „gen.", genial. „Begn. Griffe" notiert er und dass er noch immer nicht über Politik, sondern weiter über Musik geredet habe, diese Andreas-Hofer-Ouvertüre sei eine Ohnmachtsmusik, ein Trotztraum in Metternichs Polizeidiktatur, da höre er die ganze niedergehaltene deutsche Frühromantik, den „Vormärz".

„Für mich ist das wie alt gewordener Mozart. Ein Mozart, der sich ins Hochgebirge verirrt hat und melancholisch wurde. Wer komponierte das?"

„Ein 1848er. Ein Herumgeschubster mit großer Familie, nach 1848 elend krepiert. Lortzing. Gegenfigur zu den Wagnerhelden, zu den Großbürgern nach 48."

Ihre Hände gruben sich
über seine Schultern, die dehnten und heizten Nackenmuskeln, die wärmten Zentralnerven. Gehörte das zu den Programmen, die nebenan gefilmt werden sollten? *Liebeskenntnisse.* Zwischen dem alten Hertz und dieser vorgeblichen Nora liefen Angelegenheiten, die ihn überhaupt nichts angingen. Bei denen auf kriminelle Absichten nichts hindeutete.

Oder alles.

„Verhärtet und verspannt ist er, der lesende Frührentner. Die einsiedelnde Assel. Kein Wunder bei solchen Foltermöbeln. Lass deine Schultern hängen, lass sie locker." Ihre Jeansjacke landete auf dem Boden. „Kein Widerstand!"

„Was machst du?"

„Ich besteige dich. Von hinten."

„Jetzt schon? Kennen wir uns denn?"

„Wart's ab, Assel", zischte sie. „Und bleib gefälligst locker, lass sie hängen, deine Schultern." Offenbar hatte sie hinter seinem Rücken einen Fuß auf die Sitzkiste gestellt. Abgerundet Eckiges bohrte sich unter sein Schulterblatt, in seine Wirbel.

„Was spüre ich jetzt?"

„Mein rechtes Knie. Und meinen linken Ellenbogen." Knie oder Ellenbogen oder beides drückte sie in seine Rückenpartien, die wanderten sein Rückgrat hinunter, eindringlich, Wirbel für Wirbel, diese Griffe, sagte er sich, die blockieren mich, ich sollte mich jetzt und hier auf keinen Fall irritieren und verwirren lassen, sondern sollte dieser sogenannten Nora Fragen stellen, Fragen nach ihrer Aktion, könnte jetzt einfach fragen, was sie von Vietnam hält oder von der RAF, mit Andreas Hofer und mit den Freiheitskriegen war ich auf einer brauchbaren Parallele. Sie aber will natürlich wissen, was ich für einer bin. Dass ich Polizist war, das hat sie erschreckt.

„Und wie funktioniert dein Alkoholismus? Alle drei Monate drehst du durch? Zerdepperst dann alles, was nach Ikea riecht? Reißt dann sämtliche Bilder runter und schonst auch Nachbarinnen nicht?"

„Die Fachklinik Heiligenhaus hat mich geheilt entlassen. Bin trocken. Bislang keine Rückfälle."

„Wie ein Saufkopf siehst du gerade nicht aus. Hattest du einen Grund? Einen Abgrund? Erzähl. Wenn ich diesen grünen Panoramablick gut finden soll und deine dezente Freiheitsmusik, dieses schön depressive Trotztraumgewese, dann musst du mir deine Karten aufdecken."

„Wenn du mir deine aufdeckst."

„Hab schon viel zu viel rausgelassen. Müsstest jetzt nur von unseren Pornoplänen Andeutungen verbreiten, und schon schmeißen sie uns hier wieder raus, noch eh wir richtig eingezogen sind."

Und weil er hoffte, Offenheit werde in der Tat Offenheit bringen, begann er zu erzählen. Erzählte vom Kommissariat Essen-Süd und von seinem schwierigsten Fall, von der Villa in Bredeney, in der ein Mord passiert war. Erzählte von den Frauen dort und vom Schutzauftrag.

„Wen solltest du schützen?"

„Führungskräfte. Bosse aus Essen. Bonn. Düsseldorf. Die sollten da wieder ohne Risiko ein- und ausgehen können."

„Um Frauen zu konsumieren?"

„Frauen und interessante Niederlagen. Erfolgreiche scheinen das zu suchen. Da kamen auch Politiker. Auch aus dem Ausland."

„Und die wünschten Sicherheit?"

„Sicherheit in Essen-Süd vor Essen-Nord. Der Ästheten vor den Proleten. Wollten Video-Kontrolle."

„Und der staatliche Videovoyeur bekam seine Bildervergiftung."

„Schweine, täuschend ähnlich den Schweinen."

„Und hast dann irgendwann nicht ordnungsgemäß aufgepaßt? So dass wieder jemand ermordet wurde? Wahrscheinlich eine der Frauen?"

„Diejenige, die Hinz-Kunz-Wörter wusste. All diese uralten Nachbarschlauheitenwörter. Karfäckeln Nasenbleiche Krösgen. Langen sein Siepen."

„Und die hast du geliebt? die Wörter?"

„Anita redete alles, was hochgekocht war in Stahlkrach und Zechenkrach. Womma domma kucken."

„Der Kerl lechzt noch immer. Luthers ‚Volksmaul', tausendunddritte Auflage." Sie öffnete die oberen Hemdknöpfe, handliche Energien strichen nun tiefer hinab, dehnten sich aus bis über die Lendenwirbel. „Erzähl mir von dieser Anita."

„Eine sogenannte Einfache war die. Freund Vordenbäumen sagt, ‚deutsch' kommt von dem Wort ‚Leute'. Vom Wort ‚Proleten'. Deutsch reden heißt, reden wie Plebs und Pack. Echt ‚deutsch' sind also die da unten. ‚Deutsch' im Wortsinn sind Penner, sind Zuwanderer. Anita war ungeheuer deutsch."

„Nutten und Asylsuchende als die wahren Deutschen? Einen interessanten Freund hast du. Der heißt Vordenbäumen?"

„Heißt wirklich so. Sein Sohn war mit Rot-Weiß deutscher Fußballmeister, im Sturm halblinks."

Sie zog ihm das Hemd aus dem Gürtel. „Könnte es sein, dass Anita alles auf eine Karte gesetzt hatte?" – Er schwieg. – „Auf dich?" – Sie wartete, lauerte auf weitere Geständnisse. Er schwieg. – „Und als sie deine Bewachung nicht überlebte – schockschwerenot für den, der sie geliebt hat?"

Wieder eine Pause und neue hinreißende Griffe. Katzenhaftes Antasten und Eindringen. „Und am Ende der Absturz? in den Alkohol? in diese Anti-Wohnung?"

„Dies Wohnen hier ist ein Aufstieg. Eine Befreiung."

„Wovon?"

Er benötigte viel Luft, begriff nun, auf welche Offenheiten er sich eingelassen hatte, brauchte abermals Luft, bevor er sein Wichtigstes sagen konnte, in seinen Notizen steht: „Freih. V.d.S.H.W." – „Freiheit. Von der Schlachthauswelt" -

„Deine Sorte Freiheit funktioniert aber wohl nur, weil ab und zu auch hier unten eine Frau Hand anlegt und dir zeigt, woraus du gebacken bist. Zum Beispiel Frau Jessika."

Diese lügenhafte Nora, sagte er sich, die stülpt mich um, die ist mir zu schnell, zu schlau, zu schön. Schon die KOMA-AMOK-Bar hat sie mir nicht geglaubt. Jetzt will sie wissen, neben wem ihre *Aktion* laufen soll, eine *Aktion* planen die hier unten und entdecken im letzten Augenblick, dass sie den Aktionsraum ausgerechnet neben einem Expolizisten gemietet haben. Da geht sie nun aufs Ganze, mit ihrem filmreifen Körper –

Ihre Fingernägel spürte er, Frau „Nora" zog Alarmlinien über seinen Rücken. Er schloss die Augen, sah wieder ihren seidenweichen schlanken Leib. Und wusste aus den Drehschwindeln nur noch ungenau hinaus.

„Sorry, vorerst ist Schluss. Drüben krieg ich Besuch." Hob ihre Jeansjacke vom Boden. „Fachleute machen mir jetzt einen vernünftigen Eingang. Durch den nichts nach außen dringt von unserem hemmungslosen Tun." Warf sich ihre Jacke über die Schulter und ging zum Ausgang. Blieb aber in der Tür stehen, in ärmelloser Bluse, die Arme sonnenbraun. „Muss dich noch entscheidend lockern. Tschökes." Und war mit dem Essener Gruß hinaus.

Lange saß Langensiepen
auf der Fellkiste. Als er endlich aufstand, neigte sich die Glasfront. An der Terrassentür hielt er sich fest. Rollte die Tür beiseite, ging ins Freie, trat in die Sonne und atmete tief. Schob sich das Hemd in den Gürtel.

Vorerst ist Schluss?

Was will sie von mir? *Muss dich noch entscheidend lockern.* Will auch ich was von ihr? Von diesen großen direkten Augen, diesen sonnenbraunen Armen, besteigenden Knien? *Kein Widerstand.*

Diese sogenannte Nora ist zu schnell für mich, zu klug, zu clever. Die steckt voller Lügen und Tricks. Die bringt mich dazu, von Vordenbäumen zu reden. Und von meinem Absturz und von Anita. Sie dagegen erzählt von sich so gut wie nichts. Nur Utopia-Märchen. Künftig für alle Halbwüchsigen statt Konfirmation oder Jugendweihe Liebeskenntnisse – ohne *Belehrung* – *lustvoll* – In Wahrheit bereiten die hier was ganz anderes vor. Sind sich aber über die *Methoden* nicht einig, oder?

Ging zurück in das leere Erdgeschoss und hörte Geräusche aus dem Kellergang. Öffnete die Flurtür und sah zwei Handwerker, in der Tat, die montierten für den Geräteraum eine neue Tür, schräg gegenüber bauten die im Seitengang einen neuen Eingang, aus doppeltem Massivholz. Dämmstoffe lagen bereit. Genoppte dicke Polsterungen.

Ging nicht näher heran, stellte weiter keine Fragen, wollte plötzlich mit all dem wirklich nichts zu tun haben, auch nichts mit diesem gymnastisch wendigen Frauenleib. In dem Eckraum dort drüben kümmerte sich diese sogenannte Nora jetzt zweifellos um ihre eigenen Angelegenheiten, um ihre sehr eigenen.

Über Seitengang und Treppe eilte er hinauf auf die Frankenstraße, in die Helligkeit, in die Sonne, in die Kopfschmerzen.

Und sah den kleinen roten Renner.
Kieler Autonummer, schnittiges 850er Fiat-Coupé, seit langem benutzt, das rote bisschen Blech zweifellos fetzig zu beschleunigen. Tacho bis zweihundert, durch die blendende Scheibe der Kilometerstand nicht lesbar. Auf der Rückbank Bücherkartons. Neben den Büchern ein Lampenschirm. Erstaunlich altmodischer Schirm, ein goldfarbener Glockenrock. Wie bei Mutter in Münster.

Auf der Heckscheibe ein Aufkleber. *Yes, I do. But not with you.*

Die Frankenstraße lief er nach Bredeney hinauf und fragte sich, wie das alles zusammenpasste.

Zwölf Semester.

Ein Erddepot.

Liebesfilme.

Ein betulicher Lampenschirm.

Ein energischer politischer Streit im Kellerflur.

Und in meinem Nacken dies nervige Eingreifen.

Dazu ein bedächtig ironischer Alter. Ein philosophischer Kruppgärtner, der jede Gewaltmethode verwünscht hat – oder?

Und am Heck ihres Fiat die dreifache Ohrfeige. Drei Klatschen für jeden, den sie mit ihrem Blechfloh überholte. Erstens das Überholtwerden. Zweitens das Benennen der Voyeursgeilheit: *Yes I do*. Und drittens: *But not with you*.

An der Frankenstraße der Imbiss, seit kurzem betrieben von Kemal Özkan. Die Buchstaben TRINKHALLE verblätterten, darunter aber leuchteten in frischer Grünfarbe KONJA. „Trinkhalle Konja“ war ein Kiosk, doch jetzt, im Sonnenwetter, standen hier auch Tische, Bredeney, so hatte Kemal geklagt, sei kein Stadtteil für einen Steh-Imbiss, die Reichen kennten nicht das große Konja, nur das windige Antalya. Geld mache dumm. „Und reich und dumm isst nicht im Stehen.“ Seit Kemal Tische aufgestellt hatte und Stühle mit grünen Kissen, hockten überall Gäste. „Dein Tipp war Bingo. Was willst du essen, Rudolf, du bist Gast.“

„Airan möchte ich und Spinat-Käse-Pide. Und nett sitzen.“

„Rudolf, setz dich nett, der hintere Tisch wird frei.“

Langensiepen hatte ihm erklärt, dass für die Mutter in Münster ein Restaurant dann nett war, wenn sie auf Polstern saß und vor frischen Tischtüchern und Blümchen und preisgünstig. Kemal eilte, brachte die warmen Fladen, das salzige Yoghurtgetränk und teilte mit, er, Kemal, sei jetzt echt deutsch. „Deutsche, das hat dein Vordenbäumen erklärt, die verstehen nicht, was die da oben reden."

„Was verstehst du nicht?"

„Kommenden Sonntag soll ich die Tische wieder wegstellen."

„Wer sagt das?"

Özkan beugte sich näher, redete sehr leise. „Düsseldorfer BMW. Zwei Paschas, aber in Zivil. Sonntag muss Frankenstraße klar sein, sagen die. Was heißt klar, hab ich gefragt. Keine Tische, haben die gesagt. Durch die Frankenstraße kommt Sonntag die Königin von London. Die fährt hier vorbei zur Villa Hügel. Also klar, die haben Probleme. Angst vor Attentat. ‚Frankenstraße muss frei sein'. Was ist frei, hab ich gefragt. Frei ist gute Übersicht, sagen die, ‚freie Bahn.'" Kemal ließ einen Zeigefinger nach vorn schnappen. Und ging zum Tisch nebenan.

Langensiepen hob das volle Airan-Glas, musste es aber wieder absetzen. Die Hand hatte zu zittern begonnen. Kemal kam zurück und redete wieder, diesmal noch verschwörerischer, noch leiser. „Ein Kunde hat gewusst, letzte Woche haben die in Irland einen erschossen. Einen Lord. Ein Vetter der Königin. Iren kämpfen für Freiheit. Also klar: freie Schussbahn!" Und eilte weiter.

Langensiepens Messer fiel auf den Steinboden. Verlegen blickte er sich um, aber das Messergeräusch schien niemand gehört zu haben. Nur Kemal kam, brachte ein anderes Messer und spottete, ob Langensiepen sich verliebt habe.

Ja, das war's.

Der Staatsbesuch.

Diese sogenannte Nora hatte gesagt, sie habe in Nordirland studiert, in Derry. Und der alte Hertz hatte gemurmelt, wenn auf der Heimlichen Liebe wieder ein Turm stehe, dann könne man von dort oben neue Staatsbesuche beobachten.

Ihren schwäbischen Widersacher hatte diese Freundin des Hertz als Iren ausgegeben. Als Micheál. Und hatte in der Nacht ein Erdversteck angelegt, zusammen mit dem Kruppgärtner. Ein Depot?

Für Waffen? Sprengstoff? Bomben?

Unmöglich. Der alte Hertz als Terrormensch, undenkbar. Gewalt hatte der ausdrücklich verwünscht. Der war Pazifist.

Zum Schein? Als Tarnung?

Das Depot musste Langensiepen untersuchen, so schnell wie möglich. In der kommenden Nacht, nach Mitternacht.

Empörung über neue *Blutbäder,* über schreiendes Unrecht, Empörung eines sogenannten Iren mit süddeutschem Akzent.

War irgendetwas klar?

Orchideenmann Hertz hatte die Rote Armee Fraktion kritisiert. Ging es jetzt um die IRA, um die „Irisch Republikanische Armee"? Langensiepen wollte zahlen, Kemal lehnte ab, Rudolf sei sein Gast.

Ein neuer Grübelgang
war nun fällig, ein neuer langer Waldgang, diesmal am Krupp-Park westlich vorbei in Richtung Werden, durch den Plattenwald ins Ruhrtal. In Turbulenzen sah sich Langensiepen, in rotierenden Aktionen, was stand da ins Haus, stand nun alles kopf? Aus Buchen und Eschen wurden Bochum und Essen, aus Freiheitskriegen romantische deutsche Dummhei-

ten, aus Kaisern wurden Demokratie-Mörder, und Schwaben waren nicht mehr Schwaben, sondern irische Aktionisten.

Wusste Vordenbäumen was von neuen Generationen RAF?

In Werden über die Ruhrbrücke, an tausendjährigem Abteimauern vorbei, Musikhochschule Folkwang, den Buchenwaldhang hinauf zum Pastoratsberg, unterm Stechpalmendickicht keltische Fliehburgreste.

Noch jetzt, beim schnellen Gehen, furchten spitze Finger Sirenenlinien über Langensiepens Rücken, alarmierten Nägel und Ellenbogen und Knie einer Frau, die ein Erdversteck angelegt hatte. Die sich erschrocken hatte darüber, dass in der Jessika-Wohnung jemand wohnte und ausgerechnet ein Expolizist. Die sich Rat holte bei Krupps Orchideengärtner. Die sich gestritten hatte mit einem irischen Micheál, der schwäbisch redete, und in diesen Momenten verbarrikadierte sich diese sogenannte Nora hinter einer massiven Polstertür. Schutz für eine Filmproduktion? Oder aber? Für eine *Aktion* gegen den britischen Staatsbesuch, für ein nordirisches Attentat?

Wenn Langensiepen unter den hölzernen Riesen Spaziergänger überholte, drehte sich deren Gerede um Geld, unter diesen grauen alten Baumkolossen, unter gigantischen Säulen redeten die von Renditen, Renten, Prozenten, von Erbengemeinschaften, wer denn, fragte sich Langensiepen, isoliert sich hier, die oder ich. Die, sagte er, und sagte es laut in den Wald.

Aber offenbar spinne auch ich. Den Düsseldorfern müsste ich jetzt eine zwielichtige *Aktion* anzeigen.

Müsste meine Beobachtungen wenigstens den Essenern melden, im Präsidium.

Müsste ich?

Vordenbäumen sollte ich befragen, nach neuen Terrorgruppen, neuen RAF-Generationen. Durchquere statt dessen wieder Ruhrwälder und will mit nichts zu tun haben, obwohl ich längst mit allem zu tun habe. Offenbar mit Untragbarem. Auf jeden Fall mit einem dunkelhaarig helläugigen Ungeheuer mit gymnastischem Gang, braunen Armen, genauen Griffen.

Nach zwei oder drei Stunden Waldgang war es dunkel geworden. Über den Baumriesen dröhnte der Düsseldorfer Düsenkrach seltener, war's für Momente ganz still. Vor ihm, im dunklen Gebüsch knackte die Schwärze. Zweifellos wühlte da wieder ein Vogel im Laub, wollte Wurmfleisch, fraß Leben Leben. Gekrächz querte die Waldhalle.

Noch zwölf weitere Wanderkilometer, dann wäre ich im Neandertal. Allgemeines Absinken in Richtung Düsseldorf. Schluss jetzt mit den Unklarheiten, kommende Nacht hole ich mir Auskunft, grabe ich Informationen aus, am günstigsten gegen zwei Uhr. Diese Grabschaufler hatten richtig kalkuliert, zwei Uhr nachts, dann ist es im hinteren Parkwinkel absolut still. Ab zwei läuft sowieso meine Wachphase.

Und die Grabstelle des Orchideengärtners finde ich ohne Licht. Die finde ich im Dunkeln. Den linken Terrassenrand verlängern, zehn Schritte die Wiese hinauf.

Den Waldhang beim Schloss Hugenpoet zur Ruhr hinab und wieder flussauf, bis zur Station „Kettwig vor der Brücke". Auf dem Bahnsteig zehn oder zwölf Leute unter dem Kunstlicht, stumm, bis ans Ende des Bahnsteigs ging Langensiepen, wollte in Bewegung bleiben, wollte allein sein und sah auf der hintersten Bank eine Figur. Seine Fliegenaugen meldeten, dass es sich um eine Doppelfigur handelte. Eine Frau hatte da ihren Kopf in den Schoß des Mannes gelegt und schien zu schlafen, im Schutz der Jacke, die der Mann über ihren Kopf gebreitet hatte. Aber die Jacke hob sich und senkte sich.

Ohne Fahrkarte über Werden und über den Kaiserbahnhof „Hügel" bis zur Station „Stadtwald" hinauf, dort vom Bahnsteig direkt wieder in die Dunkelheit, unter die hohen schwarzen Buchenstämme, aber in der Schwärze wuchs der Lärm, nach zwölf Minuten war da ein langer Halt vor dem Rasen und Giften und Stinken einer „Nord-Süd-Achse", langes Warten vor dem Gift und dem Lichtkrach, vor der Jagd auf die Abendtermine.

Schnelles Hinüberrennen auf die andere Seite, zwischen Büschen und Buchen wartete neue Stille, neue Finsternis, hinterhältiges Knistern in Dornsträuchern und in Stachelgedanken. Wie sich die Jacke hob und senkte. Atmen im Energietausch. *Liebeskenntnisse.* Kann man Liebe essen? Gibt es Liebesnahrung? In der Oper „Der Amerikaner" nannten die Frauen den Amerikaner „Menschenfresser".

Lass jetzt deine Opern, jetzt und hier blüht dir anderer Menschenfraß. *Weltbeherrschungsfreunde* wachsen jetzt aus keiner alten Oper, sondern aus der Frankenstraße Nummer 345, Eingang F, Seitengang, Geräteraum.

Vor dem Eingang E sah er schon von weitem die schräge Figur des Hausmeisters, Ludger Ashoff grüßte mit Essener Vertraulichkeit, mit der Frage „Wie iset?", auf die zu antworten gewesen wäre mit „Wat soll sein?", aber Langensiepen sagte: „Ich muss mit dir reden." Das wolle auch er, sagte Ashoff, am besten redeten sie in seiner, in Ashoffs Wohnung, da seien sie ungestört, außerdem käme Jessika jeden Moment heim von der Arbeit.

In Ashoffs Kellerwohnung öffnete der schräge Mann das gute Wohnzimmer, preiswerte Eiche, furniert, Bitter Lemon hob er auf den Tisch. Einen ganzen Kasten Bitter Lemon habe Jessika angeschafft extra für Langensiepen, aber seit der Kasten hier stehe, habe der Herr sich nicht mehr blicken lassen, warum eigentlich nicht. Hausmeister Ashoff griff zur Bierdose. „Worüber willst du reden?"

„Im Geräteraum drüben lässt du junge Leute wohnen. Offenbar Studenten. Kannst du mir sagen, was die vorhaben?"

„Wohnen wollen die da. Und arbeiten. Schönen Gruß von Jessika, in zwanzig Minuten ist sie hier, freut sich auf dich. Ja, den Eckraum beziehen Studenten, aber die wollen nicht nur studieren, sondern auch Geld machen, wollen da Filme drehen, spezielle Sachen, und ich hoffe doch sehr, Fachmann Langensiepen hat nichts dagegen. Morgen kommt die Technik, inzwischen läuft das ohne Kunstlicht, mit Video aus der Hand. Funktioniert in der kleinsten Hütte. Und mit einer ungeheuer scharfen Frau, schon gesehen?"

Langensiepen fragte, unter welchem Namen die den Eckraum gemietet hätten.

„Gemietet hat den Eckraum die Frau. Die nennt sich Nora und wenn du keine Zicken machst, gibt es keine Probleme. Hab denen gesagt, sie müssten die Tür schalldicht machen, im höheren Essen wohnten sensible Leute."

„Die Tür wurde heute erneuert."

„Na bitte, und nun glaub mir, das wird gut, das wird professionell, und am besten läuft das, wenn du nicht maulst und wenn auch bei denen Jessika mitmacht."

„Auch von denen kassierst du privat?"

„Was soll diese Frage. Karin hat ihre Miete immer korrekt überwiesen, und deine muss extra laufen, weil das rechtlich immer noch unklar ist. Nun sei froh, dass du saubillig wohnst, ab jetzt sogar mit interessantem Programm. Ist doch dein altes Metier. Wäre nett, du würdest mich loben."

„Du riskierst einiges."

„Risiko bist allein du. Sobald die wissen, dass in Jessikas Wohnung jemand wohnt, bist du gefälligst nett und gibst ihnen den Tipp, dass Jessika eine optimale Ergänzung wäre. Mit ihrer Figur. Ihrer Erfahrung."

Langensiepen schluckte Schweppes. „Hast du von denen einen Ausweis gesehen? Eine Adresse?"

„Voll Miete hat sie gezahlt, diese Nora. Zwei Monate im Voraus, bar auf die Kralle, was will ich mehr. Hast sie wirklich noch nicht gesehen?"

Langensiepen trank bittere Zitrone.

Jessikas Gericht, erzählte der Hausmeister, habe ein neues Gutachten bestellt, zu Grundsatzfragen. Ob eine wie Jessika dem Wohnpark Wertminderung bringe. Laut Karins Anwalt sei Frau Jessika kein Ärgernis, sondern eine Erfreulichkeit, wertsteigernd. „Du wirst da unten weiter wohnen können. Preiswert und noch mindestens zwölf Monate."

Langensiepen stand auf, Ashoff hielt ihn fest, Karin komme jeden Moment, habe sich diesen Abend extra freigehalten für Langensiepen. Wenn es sich ergebe, sagte der, empfehle er den Filmemachern Karins Talente. Und ging hinaus, mit „Tschökes".

Im Seitengang beim Zugang F war es still. Auf dem Steinboden in Resten Sägemehl. Und im Eingang zum alten Geräteraum schimmerte eine neue Tür, in massivem Glanz. Auf dem Schild nicht mehr Geräteraum, sondern „N.B."

Vor dem Schlüsselloch ein schwarzes Kläppchen. Sichtschutz?

Wie eine Augenklappe. Langensiepen bewegte die Klappe nicht. Keine Fingerabdrücke.

Höchstens vier Stunden noch, dann ist das Depot geöffnet, dann weiß ich, wer diese Frau ist, die mir den Kopf besetzt.

Ging in sein Souterrain, setzte die Rohrzange an, knackte Nüsse, mischte die Nussganglien ins „aufbauende" *Alpen-Müesli* und startete Beethovens Gassenhauer-Trio.

Wie sichert man heikle Filme? In Metallkoffern? in Erddepots?

Vordenbäumen hatte gewusst, unter der Dresdner Frauenkirche hatten 1945 Nazifilme gelagert. Erst Tage nach der Bombardierung sei die berühmte Kuppel über der Glut zusammengesunken. Der schwellende Barock überm Schwelbrand der Nazifilme. *So dass das ganze große Haus aus Stein –* . Und dass davon niemand rede, das, sagte Vordenbäumen, passe peinlich genau zur allgemeinen Verdrängung.

Legte sich auf sein Lager und las den Fontane. Las ihn mit angenehmen Beruhigungen, las den Roman „Mathilde Möhring" bis zur letzten Seite und löschte das Licht. Und es fiel ihm auf, dass er die Wohnungstür nicht abgeschlossen hatte. Warum? Seit drüben diese Frau einzog?

Startete noch einmal den tolldreist wildernden Stolpertonzauber. Und wünschte sich, *solches* Synkopengepolter böte Schutz gegen das Steinzeitgeprassel ringsum.

HARFEN

Wenige Minuten nach zwei erwachte er und wusste sofort, was er sich vorgenommen hatte. Blieb aber erst mal liegen. Versuchte, jeden Schritt, der nun folgen musste, vorauszudenken. War sich sicher, in der Dunkelecke dort draußen müsste jetzt, zwei Stunden nach Mitternacht, ungestörtes Arbeiten möglich sein, unbeobachtetes Gruftöffnen. *Rauskriegen.*

Schon deshalb, weil ich im Gegensatz zum Kruppgärtner und seiner filmreifen Helferin kein Licht machen werde.

Morgen ziehen drüben „Studenten" ein, dann kommt *die Technik.* Also ist das Erdversteck jetzt zu öffnen. Wenn, dann jetzt.

Im Kopfdröhnen raffte er sich hoch, hatte sich am Abend nicht ausgezogen, fröstelte. Schaltete das Tischlicht ein, schaltete es wieder aus.

Stand vor der schwarzen Terrassenglaswand und fragte sich, ob nicht wenigstens auf einer der Kisten die Tischlampe stehen sollte, Kiste und Licht so ans Fenster gerückt, dass draußen annähernd was zu sehen war.

Auch im Finsteren werde ich die Gruft finden. Das Depot. Das Munitionslager. Erfühlen werde ich die Grabungsstelle, mit bloßen Händen. Die linke Terrassenseite nach oben verlängern. Zehn Schritte die Wiese hinauf.

Er vermisste aber eine Hacke, eine Schaufel. Lag nicht hinten in der Schublade ein alter Löffel? Unsinn, die bloßen Hände genügen. Der Lehmboden ist kürzlich gelockert worden, *entscheidend* gelockert.

Spürte seine nassen Hände, schwitzte und fror zugleich. Schob die Glastür zur Seite und ging ins Finstere hinaus. Blieb in der Nachtluft eine Weile stehen, vernahm die Stille.

Kein Wind. Kein Blättergeflüster. Am Sternhimmel ein schnelles Licht. Wahrscheinlich Satellitenlicht, im rasenden Westwärtsflug. Wettrüstlicht. Spionagelicht, kalter Krieg – *dreißig mal den Westen abschaffen – vierzig mal den Osten –*

Sobald ich weiß, was hier versteckt wurde, wird das wieder vergraben, an derselben Stelle. Unverändert so, wie der Alte und die Junge das versenkt haben. Der Kruppgärtner und die Massiererin. Die vorgebliche Liebesfilmmacherin. Wahrscheinlich Polittäterin.

Die fürchten Attentat.

Durch die Nachtstille geisterte ein ferner Grundton, ein flüsterndes Grollen. Dies gedämpfte Rumoren, das kam von unten her, aus der Nordstadt. Im Norden rumorte die Zwölfstädte-Energie-Stadt.

Ging an den linken Rand der Terrasse und sah in die Höhe. Die achtstöckige Wohnparkfassade war schwarz. Nur im sechsten Stock schimmerte schwaches Bildschirmblaulicht. Nachtprogramm.

Ging dann in die Finsternis hinein, auf staksigen Beinen zehn Schritte die Wiesenböschung hinauf. Nach dem zehnten Schritt hockte er sich hin, strich mit den Fingerspitzen über feuchtes Grasgewächs, fühlte vorwärts, rückwärts, seitwärts, und spürte schon nach wenigen Griffen die offenen Linien, erfasste die Risse im Lehm, bohrte mit den Fingern hinein, klaubte, zog eine Wiesenplacke hoch, zerrte und rückte einen ersten Erdbrocken beiseite, der ließ sich gut lösen, wegziehen und heben und dann ebenso die anderen.

Darunter war der Grund in der Tat locker, da roch es nach Regen, nach Pilzen, da war mühelos zu wühlen und Erde wegzuwerfen, und schon stießen die Finger an Hartes, an Metall. Die Metallfläche war freizuwühlen, schließlich war da ein kalter Behälter aufzurichten und hochzuheben, Lehmreste waren abzuschütteln.

Den Kasten trug er hinunter in seinen dunklen Wohnraum.

Hinter der Nischenwand schaltete er die Tischlampe, hockte sich mit dem Metall auf sein Lager, das kühle Stück auf den Knien. Sah auf der Oberfläche runde Muster, Kreismuster wie von Drehbesen. Stand wieder auf, hielt den Kasten übers Waschbecken, wischte den Lehmschmier weg, säuberte und trocknete und setzte sich wieder, das glatte Aluminium auf den Knien. Fuhr mit dem Finger an die Öffnungstasten. Die schnappten auf. Der Deckel hob sich ein wenig.

Womit hatte er gerechnet? Bei Terrorsachen war mit Waffen zu rechnen. Mit Munition, mit Sprengstoff. Bei Privatsachen mit Banknoten, Aktien, mit Dokumenten. Vielleicht auch mit heiklen Fotos, mit Filmen –

Den Koffer füllten drei flache quadratische Plastikbehälter. Drei Kästen aus transparentem mattgelben Hartplastik, luftdichte und wasserdichte Behälter. Der untere war fast so groß wie der Metallkasten. Darüber lagen zwei kleinere. Einen der kleineren hob er heraus, zerrte am Deckel, löste den ab und fand ein flaches feines Holzkästchen. Eine Schmuckschatulle aus glasiert spiegelnden Edelhölzern. Auch der andere Plastikbehälter barg so ein Schmuckkästchen, aus dunklerem Holz.

In beiden Holzdeckeln schillerte Perlmutt und dieser milchige Muschelstein bildete offenbar zwei große Buchstaben. Hier wie dort glaubte Langensiepen ein A zu erkennen, ein verschnörkeltes A. Ja, jeweils ein A und daneben ein K.

A und K für Alfred Krupp? Er rätselte, schwankte. Und entschied dann, dass der schillernde Schnörkel-Dschungel ein A meinte und ein C.

An den Vorderseiten der Holzkästchen hingen zwei vergoldete Eisen im Klebeband, die Schlüsselchen wickelte er heraus und öffnete eine der Schatullen, die dunklere, und hob den A-C-Deckel.

Auf blauweißrotem Samt schimmerte ein silberner Anhänger. Ein Schmuckstück in Herzform, kaum pflaumengroß. Ein Silberherz, an einer federleichten Silberkette. Die Vorderseite des Herzchens war weißes Porzellan, das Porzellan farbig bemalt. Das Bildchen, kaum vier Zentimeter hoch, zeigte zwei Männerköpfe, einen Kopf mit Dornenkrone und daneben einen anderen, einen mit Turban.

Jesus vor seinem Richter?

Das winzige Silberherzchen ließ sich aufklappen. In das Innere des Deckels war eine Harfe eingeprägt. Die Haupt-Saite der Harfe, ihre erste, die Grundsaite, die durchbohrte ein Herz.

Unter der herzverletzenden Harfe sah er in Verzierungen und Ranken winzige Buchstaben. Buchstaben und Zahlen. Wenn er die ins Licht hielt und im Licht sorgfältig hin und her bewegte, waren Wörter zu entziffern, Wörter und Jahreszahlen. Er erkannte die Zahl 1821. Und die Buchstaben fügten sich zu französischen Wörtern. Er holte seine rote Kladde und schrieb alles auf, notierte sich die Jahreszahl und die Wörter, Buchstabe für Buchstabe. „*1821. Tu chante, Louis – et mois? je pleure !* M."

Im Gymnasium in Münster gab es Französisch im Sonderkurs, das war wenig erfolgreich, aber Langensiepen ahnte nun, was hier mitgeteilt wurde. „Du singst, Ludwig – und ich? ich weine. M."

Sein Gedächtnis meldete, dass es in korrektem Französisch *tu chantes* heißen müsste, zweite Person Singular, das s fehlte, oder? *Mois* dagegen hatte ein s zuviel, „ich" hieß ja wohl *moi*. Und wer war „M."?

Und wer war *Louis*? Ein leidender, ein weinender Mensch M wendete sich hier klagend an einen *Louis* oder Ludwig, an einen singenden Franzosen *Louis*. An einen dichtenden?

Mitteilungen aus dem Jahr 1821. *Je pleure.*

Tränen, hundertundsechzig Jahre alt. Seit der letzten Nacht vergraben vor Langensiepens Terrasse.

Der Anhänger hatte Herzform. Und ein Herz war in diesem Silberherzen das Opfer einer bohrenden Harfe. Und der dies hatte vergraben lassen, hieß Hertz.

Das Harfenbild meinte zweifellos dasselbe wie die Inschrift. Einer, der *singt*, ein Mensch namens Louis oder Ludwig, ein Sänger oder Dichter hatte einen Menschen namens M im Innersten getroffen. Hatte ihn verletzt. Und während es dem Sänger und Dichter gutging, litt der andere, der Mensch M. Damals, im Jahr 1821.

Das Silberherz und die zarte Kette legte Langensiepen zurück in die Polsterung, verschloss das Kästchen mit Fingern, die zu zittern begonnen hatten. Stellte den Schmuckkasten zurück in den Plastikbehälter, drückte den transparenten Deckel darauf, luftdicht und wasserdicht, und notierte alle Einzelheiten. Auch seine Vermutungen. Mit unruhigem Stift.

Und öffnete das hellere Kästchen. Auch das war mit Samt ausgekleidet, in den Farben Blau, Weiß und Rot. Den Farben der Franzosen? Der Engländer? Der Niederländer? Der Amerikaner? Im samtenen Schlitz steckte ein silberner Siegelring.

Zog das filigrane Stück vorsichtig aus dem blauweißroten Polsterschlitz. Auch in der Innenseite des Rings zeigten sich in verschnörkeltem Zierrat Buchstaben und Zahlen, Schrift und Ziffern waren hier noch kleiner als im Silberherzen, eine Lupe wäre jetzt hilfreich. Langensiepen hielt den Ring unter die Lampe, musste seine Hand festhalten, beruhigte mit der linken die rechte Hand.

Im Ring stand: „A 1 v 8 C 2 M 2 H".

Hier also 1822. Im Herzen 1821. Und auch hier wieder ein A und ein C. Und abermals ein M. Und das M bekam jetzt einen zweiten Großbuchstaben, ein H.

Ein H für Hertz? War der oder die Leidende und Weinende ein oder eine M. Hertz?

Auch auf der Außenseite des Rings eine Harfe. Eingeprägt in eine winzige Siegelfläche. Auch hier durchbohrte die Haupt-Saite ein Herz.

Der Ring war ein Doppelring, die Hälften ließen sich auseinander drehen. Langensiepen tat das behutsam und sah nun, dass um die Innenseite des inneren Rings eine Rille lief. Die Rille barg, mit feinem Silberdraht umwickelt, eine Haarlocke. Das Haar war grau.

Hörte er Klagen? Geistergeschrei?

War der Ring das Geschenk einer Frau namens M. H., einer M. Hertz an einen dichtenden Menschen namens A. C.? Oder aber an einen *Louis*? Zwei Schmuckstücke als Klagen eines verletzten Menschen M., gerichtet an einen singenden, an einen dichtenden *Louis* oder A. C.?

Zwei Geschenke im Abstand von einem Jahr.

Er notierte sich auch hier jede Einzelheit, dazu seine Vermutungen. In der Musik meinten Harfen Traumhaftes und Zartes, hier durchstießen sie ein Herz? An welche Intimität geriet er hier, an welche Verletzungen.

Und was denn konnte dieser Schmuck zu tun haben mit zweifelhaften Filmen. Oder mit der RAF oder der IRA? Oder mit der *Königin von London*, mit der Queen, die am kommenden Sonntag im Krupp-Palast erwartet wurde.

Langensiepen fügte den Ring wieder in den blauweißroten Samt, verschloss das Kästchen und setzte das zurück in die zugehörige Plastikbüchse, stellte die beiden kleineren Kunststoffbehälter beiseite und beschäftigte sich nun mit der großen Plastikbox. Holte die auf sein Schlaflager, zog auch hier den Deckel ab. Und erblickte Papiere.

Nichts als Papiere, dicke, spröde, sperrige, offenbar sehr alte Papierbögen. Fremd und steif fühlten die sich an, wie altes Tuch, wie welke Haut. Sank vor den gilbenden Blättern auf die Knie, kniete auf dem Boden und rätselte.

Schriftzüge. Handgeschriebenes starrte ihn an. Alte und fremdartige Schriftzüge. Offenbar unlesbar.

Hob einige Bögen zur Seite und fand einen Familien-Stammbaum. In den Ästen und Zweigen waren die Namen nicht altdeutsch geschrieben, sondern in der vertrauten Lateinschrift. Von Generation zu Generation verzweigte sich da der Name Hertz. Und traf sich über viele liegende Achten, die wohl immer wieder eine Hochzeit meinten, mit anderen Namen, zum Beispiel mit dem Namen Springer und mit dem Namen Chamisso.

Chamisso?

Langensiepen blätterte weiter und fand eine zweite Namensliste, ebenfalls in Lateinschrift und gut lesbar. „Rang:Liste derer Herren Officiere des Königl:Preuß: Infanterie Regiments Sr: Durchlaucht des Prinzen von Oranien (vormals Gen:Lieut: von Götze) vom 18.ten Octobr. 1805 als von dem Monat des Durchmarsches des Regiments durch Berlin."

Unter dieser pompösen Überschrift sah er in drei Säulen Namenskolonnen, die reichten bis zum unteren Blattrand. Langensiepen ließ eine Zeigefingerspitze über die Offizierstitel hinabgleiten, über Namen von Menschen, die vor hundertundachtzig Jahren in Preußen Militärkarriere gemacht hatten.

Nirgends der Name Hertz. Dies hier waren Adelsnamen. „v. Dittmar", „v. Goetze", „v. Unruh", „v. Gersdorff", „v. Bieberstein". Und dann, ziemlich weit unten der Name, den er zu kennen meinte: „v. Chamisso".

War Chamisso nicht der Name eines Dichters? Der von einem erzählt hatte, der seinen Schatten verkaufte? War „A. v. C." im Inneren des Rings also dieser Poet Adelbert von Chamisso? Meinte auch das A und C auf den Deckeln der beiden Schmuckschatullen den Dichter Chamisso?

Ein Herz hatte der Dichter Chamisso durchbohrt? eine Seele verletzt? Du, *Louis*, dichtest, wogegen ich –

Chamisso hieß aber nicht *Louis*, sondern Langensiepen meinte sicher zu wissen, der Erzähler der Schattengeschichte hieß Adelbert. Adelbert von Chamisso.

Auf der „durchlauchtigen Rang:Liste" der Offiziersnamen gab es auch die Säule der „Vor:Namen", auch die fuhr Langensiepens Zitterfinger nach unten durch, fand aber neben „Chamisso" nicht „Adelbert", sondern „Ludwig". Ein Verwandter des Poeten?

Langensiepen richtete sich auf und ging vor das Nachtfenster. Sah in die schimmernde Schwärze. Im Silberkasten, so hatte er sich vorgestellt, lägen Terrorschrecken. Waffen oder Munition. Oder wüste Filme. Statt dessen fand er Dokumente einer uralten Affäre. Dokumente vom Unglück eines oder einer „M. Hertz". Wie dringend musste hier etwas mitgeteilt und zugleich getarnt werden. Mit Verzierungsgeschnörkel, mit verkürzten und mit wechselnden Namen.

Ging in die Nische zurück und kniete wieder vor den Papieren. Nahm nochmal das Stammbaumblatt und fand da eine „Marianne Hertz". Die war im Jahr 1822 dreißig Jahre alt gewesen, war Ehefrau eines Joseph Johann Jacob Hertz. Diese Marianne Hertz war Mutter dreier Söhne, eines Martin Johann, eines Otto Johann und eines Wilhelm Ludwig Hertz. Der Jüngste, dieser Wilhelm Ludwig, war 1822 geboren.

Langensiepen verglich, kombinierte und grübelte. War der leibliche Vater des Wilhelm Ludwig ein Ludwig oder dieser Adelbert Chamisso? War also der jüngste Sohn der Marianne Hertz in Wahrheit ein Sohn des Herzdurchbohrers und Schattendichters Chamisso? Mit den Vornamen Adelbert oder *Louis* oder Ludwig ?

Eine Bleistiftzeichnung zeigte ein Schloss *Boncourt, „dévoué a Mme* Marianne Hertz". Gewidmet der Marianne Hertz. Und signiert von *Adelaide Chamisso*. Schon wieder ein anderer Vorname.

Laut Stammbaum hatte Marianne Hertz 1816 einen J. J. J. Hertz geheiratet. Und hatte mit diesem J.J.J. Hertz drei Söhne. Nur bei den beiden älteren Kindern begannen die Vornamen ebenfalls mit einem „J".

Nicht jedoch beim jüngsten. Nicht beim 1822 geborenen Wilhelm Ludwig.

Zuunterst im Plastikkasten lag das Porträt eines älteren Mannes, eines Mannes mit mächtigem Haupt. Wellige Haarpracht fiel ihm bis auf die Schultern. „Porträt des Adelbert von Chamisso".

Das Haar war grau.

Aber warum lag dies alles hier und jetzt in einem Erdversteck im Süden der Ruhrstadt Essen? Nur gut fünfhundert Meter neben dem Palast des „Eisenbahn- und Kanonenkönigs“ Krupp?

Langensiepen nutzte das Volkslexikon, das Vordenbäumen geschenkt hatte. „Adelbert von Chamisso, eigentl. *Louis Charles Adélaide de C. de Boncourt*, Dichter und Naturforscher, geboren auf Schloss *Boncourt* in der Champagne am 30.1.1781, gestorben in Berlin am 21.8.1838. C.s Familie floh 1790 vorm Blutterror der Revolution über die Niederlande nach Deutschland. 1798 bis 1807 preuß. Offizier. Nach einer Weltreise Adjunkt am Botanischen Garten in Berlin, naturwissensch. Publikationen sowie romant. und soz. Balladen. 1814 die Märchennovelle *Peter Schlemihls wundersame Geschichte.* Beachtung fand auch sein Liederzyklus *Frauenliebe und Leben*, vertont von Robert Schumann.“

Frauenliebe und Leben? Langensiepen legte alle Papiere zurück in den großen Behälter. Rückte an den steifen Blättern so lange herum, bis kein Aufwölben, kein Klemmen mehr blieb und presste dann den Deckel wieder auf. Hartplastik auf Hartplastik. Und setzte alle drei Kunststoffkästen zurück in den Silberkoffer und trug den in die Nacht hinaus, zurück ins Erdloch. Schob mit den Händen den Lehm darüber, zog die Wiesenplacken wieder heran, fügte die Placken so eng wie möglich aneinander. Tat alles, damit am nächsten Tag diese Stelle in der Wiesenböschung so aussah wie am Tag zuvor.

Wartete eine Weile in der dunkel grummelnden Stille. Sah sich um. In den acht Stockwerken, in der hohen schwarzen Hausfront flackerte jetzt kein Licht mehr.

Ging zurück in den Kellerraum, wusch sich die Hände, fand Schuhe und Jeans verschmiert, hatte sich kurz in den Lehm gekniet, in die Wäschekiste damit, wenn Lößlehm lang genug trocknete, fiel der ab wie Staub, dann konnte man den abklopfen, wegbürsten.

Streckte sich auf sein Lager und blieb wach. Das Nachzittern in den Fingern, im Zwerchfell. Wiederholte sich die Daten und Zahlen, die Buchstaben und Bilder. Verwundung eines Menschen? Dokumente einer Untat? einer Gewalttat?

Wenn einer zum Namen Hertz drei J-Vornamen hatte, war der Jude? *Für den Staat untragbar*? Freund Vordenbäumen unten in der Nordstadt, der erforschte auch die Verfolgungen der Juden in Essen. Der wusste womöglich, ob Menschen namens Hertz überlebt hatten.

Der Dichter Chamisso, sagte das Lexikon, war „Adjunkt" gewesen, *Adjunkt am Botanischen Garten in Berlin*. Auch *Hügelgärtner* Hertz war Botaniker.

Aber was konnte das zu tun haben mit Nordirland? und mit dem Staatsbesuch am kommenden Sonntag? Die Erzählung von den Filmarbeiten im *Geräteraum*, der neuerdings *N.B.* hieß, war offenbar eine Tarnung. Eine Täuschung für Ludger Ashoff, für den Hausmeister.

Nicht täuschend genug für den Exkommissar. In Wahrheit ging es im Raum *N.B.* um eine *Aktion*. Gegen den Staatsbesuch? Und an dieser *Aktion – unblutig* – beteiligte sich auch der betagte, der bedächtig spöttische Botaniker Hertz?

Was ging Langensiepen das alles an. Seine Nerven benötigten Ruhe, die brauchten geregelten Tagesablauf, biologische Ernährung. Er brauchte jetzt keinen Stress, keine neuen Kopfstiche, kein Herzstolpern und Fingerzittern.

Mit dem Hausmeister hatten die vorgeblichen Filmemacher leichtes Spiel gehabt, Ashoff war gut abzulenken gewesen von der Neuigkeit, im Eckraum drehe man demnächst spezielle Szenen, hinter einer massiven Polstertür.

Hinter der in Wirklichkeit anderes geplant war. Eine Geiselnahme? Musste Langensiepen jetzt nicht zur nächsten Telefonzelle und dringend in Düsseldorf anrufen? Oder wenigstens in Essen? Die Rufnummern der BND- und LKA-Stellen wusste er noch immer auswendig.

Bei den Rufnummern der Essener Dienststellen, so meinte er gehört zu haben, war neuerdings eine Neun vorweg zu wählen. Oder hinten anzuhängen.

Er würde sich lächerlich machen. Welche Mitteilungen hätte er denn zu machen. Welche Belege hatte er. Einen zufällig belauschten Streit. Eine Grundsatzdiskussion über politische *Methoden*. Die Kollegen wären begeistert. Vor allem die Herrschaften in Düsseldorf warteten auf nichts dringender als auf eine Strategie-Debatte und neue Theorien zur politischen Gewalt. Erst recht interessierte die ein Verdacht auf private Mieteinnahmen eines Hausmeisters. Oder Familienpapiere aus uralten Zeiten. Zeugnisse von einem Fehltritt und Übergriff vor einhundertsechzig Jahren.

Langensiepen wollte sich einigeln in neuen Schlaf. Aber vor dem Schlaf lauerten Mückenschwärme von Fragen. Und die Fragen tanzten mit unvollständigen Antworten noch ganze zwei üble Stunden lang durch seinen Kopf und über sein Zwerchfell. Wie hieß das Delikt, das der beging, der Vorbereitungen zu einer Straftat beobachtete, aber nicht anzeigte? Der eine Straftat nicht verhinderte, weil er den Ordnungsmächten von seinen Beobachtungen nichts mitteilte? Langensiepen wickelte sich fest ein in seine Decke. Und schlief dann nur deswegen tief, weil er unmöglich wissen konnte, was ihm bevorstand.

ORCHIDEEN

Er sah sich auf seinem alten Schulhof in Münster, sah im Pausenlärm die vielen Schüler, neuerdings auch Schülerinnen, aber er gehörte ja nicht mehr hierher, das wusste er im Traum. Auf den Stufen des alten Portals posierten junge Leute in aufdringlichen Klamotten, die sangen säuselige Melodien, und die Schüler im Hof hörten denen hingerissen zu, die fassten sich sogar an den Händen und sangen mit, einige weinten, ergriffen waren die von diesem sentimentalem Gesinge, für das Langensiepen gar kein Verständnis hatte, aber es hörte mal wieder niemand auf ihn und er fragte laut, wieso in seiner alten Schule dermaßen gefühlvoll falsch gesungen werden durfte. Da erklärte ihm eine ältere Dame, diese Schüler bewunderten ihre Gäste aus Amerika, die amerikanischen Gäste seien gute Rückenschwimmer, und wie Sie bemerken könnten, mein Herr, sind diese Gäste sehr fromm, hören Sie doch mal hin! Er hörte hin und verstand, was gesungen wurde. „Herr, gib meinem Rücken Kraft, dass er es als erster schafft."

Wieder musste er im Traum lachen, wachte lachend auf und freute sich über Rückenschwimmer aus Amerika, die fromm sein und erste sein wollten. Wie denn auch anders, Amerikaner waren keine *Menschenfresser* wie in der alten Oper, sondern zweifellos immer und überall die Besten. Vordenbäumen hatte erklärt, Amerikaner seien fromme Freiheitsheilige, die sähen die Welt von sehr weit oben, von pathetischen Treppen und patriotischen Emporen herab, die waren die gläubigsten und freiesten und hatten herrscherliche Befugnisse, imperiale Lizenzen. Auch die zum Töten.

Nach dem lachenden Erwachen war er eine Weile liegen geblieben und versuchte, aus dem Traum in den Tag zu kommen. Was war jetzt das Wichtigste, das Dringlichste. Er wünschte sich die Hände der Nachbarin.

Regen klatschte gegen die breite Fensterfront. Stand langsam auf und ging zum *Monsterfenster.* Durch die Wasserschlieren, die am Glas hinunterrannen, war die Grabungsstelle noch immer gut zu erkennen. Über die Risse im Boden liefen jetzt lehmige Rinnsale.

Derry? In seinem kleinen Atlas suchte er *Derry.* Fand aber in Nordirland nur „Londonderry". Der Schul-Atlas zählte Irland zu den „Britischen Inseln".

Langensiepen nahm die Rohrzange, knackte Nüsse und während er sich sein *Alpen-Müesli* bereitete, begann es hinter der Flurtür zu lärmen. Zurufe tönten da, Kommandos. Die Jeansfrau zog ein. Bezog den Geräteraum *N.B* und hatte polternde Helfer.

Warum *N.B.?* Hieß das *Nota bene*? „Pass gut auf"?

Nach gut zwanzig Minuten spülte er die Müslischale, räumte die *Nutricomp*-Flasche beiseite, ging zur Flurtür und öffnete. Der Flur war leer. Die „Jessika"-Tür zog er hinter sich zu und ging zur neuen Massivtür. Drückte die Klinke. Die Tür war unverschlossen.

In der Mitte des Raums thronte Hügelgärtner Hertz. Der Achtzigjährige saß da in einem Sessel unter dem altmodischen Lampenschirm, der im Fiat gelegen hatte. Saß in einem breiten Blumenmustersessel, hob den Arm und winkte Langensiepen herein.

Die Jeansfrau stand beim Waschbecken. „Mick, hier kommt unser Nachbar."

„Unser klandestiner Kellerbesetzer." Hertz amüsierte sich.

Mick kniete in schwieriger Haltung am Boden, montierte ein Holzregal, hob die Hand und brummte „Hey" und hatte zu tun. Neben den Regalteilen warteten verschiedene Geräte, die *Technik*, teure Hi-Fi-Apparate mit beträchtlichen Lautsprechern. Ein auffallend breiter Fernsehkasten. Eine Video-Anlage.

Langensiepen war bei der Tür stehen geblieben, Hertz wies auf eine Bücherkiste, dort könne er Platz nehmen, es gebe russischen Rauchtee. Beim Waschbecken füllte die Jeansfrau Tee in ein Bastkörbchen, leichte Schuhe aus hellbraunem Leder trug sie, Mokassins, ohne Lehmspuren. „Ist euch klar, dass unser Nachbar Polizist ist?“

„Er war es.“ Langensiepen blieb bei der Tür stehen.

„Und will uns kontrollieren?“ Mick oder Micheál sprach keinen schwäbischen Akzent, der sprach englischen. „Im Auftrag des Herrn *Hauswart*?“

Langensiepen wusste nicht, wie er sich hier richtig verhalten sollte, unmöglich, jetzt zuzugeben, dass er den Silberkoffer geöffnet hatte, unmöglich wohl auch, nun Fragen zu stellen nach Chamisso und nach Harfen, die Herzen verletzen.

In den Luftschlitzen unter der Zimmerdecke sah er, wie sich die Buchenzweige im Regenwind bäumten. Und hörte nun den Hügelgärtner reden. Wie Langensiepen sehe, seien hier junge Leute wild entschlossen, einen Abstellraum in eine Klosterzelle zu verwandeln. „In eine Studierklause.“

Ein flauschiger Teppich war ausgelegt. Kleinere Teppiche lehnten in Rollen an der Wand, auch Schaffelle. Außerdem wartete da ein großer Spiegel im Goldrahmen, angelehnt an ein zierliches altes Tischchen.

Studierklause? Mit altmodischen Möbeln? Aber mit neuster Elektronik, mit Videotechnik? Vielleicht doch ein Filmstudio? Langensiepen drückte sich die Fingernägel in die Handballen, wünschte sich, Überblick zu behalten und im richtigen Moment die richtigen Fragen zu stellen. In seiner Verwirrung begann er zu reden. Wollte Harmloses sagen, schon beim Sprechen aber war ihm klar, dass er Unpassendes sagte. „In diesem Studierbunker,“ so hörte er sich reden, „ist von oben aus dem Haus garantiert nichts zu hören. Weder von oben noch von der Seite. Hier lässt sich ungestört studieren, oder was immer ihr hier vorhabt.“

Die junge Frau kam auf ihren Indianerschuhen, brachte Tee und Gebäck. „Habt ihr gehört? *Was immer ihr hier vorhabt*. Und von *Bunker* redet er.“

„Meine Orchideen nennt er *Kitsch*. Das Ruhrgebiet hält er für *verworren* und hört großzügig weg, wenn man ihm sagt, dass in Essen-Süd von hundert Schülern vierzig aufs Gymnasium gehen, in Essen-Nord sieben."

Die Frau setzte sich auf die Bücherkiste und wies mit flacher Hand auf den Platz neben ihr, dort könne auch Langensiepen sitzen. „Micheál, es gibt Tee. Und hört endlich auf mit dem Sie-Sagen."

Der Regal-Monteur hob eine Bierflasche, schien mit der Flasche Langensiepen zu grüßen, trank dann lange Schlucke aus der Flasche und blieb bei seiner Arbeit am Boden.

Der Besucher setzte sich, saß nun sehr dicht neben der Frau und balancierte eine zarte Tasse. Dieser irische oder schwäbische Mick hatte dunkles Haar und helle graue Augen. Wie die Jeansfrau. Die wirkten wie Geschwister.

„Und was studiert ein Ire in Essen?" Er sah die großen Augen der Frau. Dann die blauen Hertz-Augen. Die Antwort ließ auf sich warten. „Von Irland weiß ich so gut wie nichts."

„Mick studiert wie ich, das ‚Gefräßige'. Politik und Deutsch. Und das, was Iren seit achthundert Jahren heimsucht, blutig heimsucht. Englisch."

„Blutig?"

„Nie was gehört vom *Bloody Sunday*?"

„Dagegen könnte man was tun," hörte er die Mickstimme. Die klang hinter den Holzbrettern rau und borstig. Mick hatte sich erhoben, war erstaunlich groß, der schob und hob nun Bretterböden ins Gestänge und klopfte und schraubte und befestigte. Und begann zu reden. Mit einer kratzigen Stimme, mit einer resignierten, als sei es im Grunde zwecklos, einem wie Langensiepen *Bloody Sunday* zu erklären. Redete mit Pausen, hatte sich auf seine Montage zu konzentrieren.

„Dreißigster Januar zweiundsiebzig. In Derry. Gutes Sonntagswetter. Durchs gute alte Derry wandern Leute. Nette katholische Sonntagsleute. Kommen allerdings aus der Unterstadt. In Derry heißt die Unterstadt *Bogside*. Scheißseite. In *Bogside* lernen von hundert höchstens drei was Besseres. Nicht vierzig oder sechzig. An diesem Sonntag waren die *Bogside*-Leute immerhin ordentlich angezogen, Frauen und Kinder in sauberen Klamotten. Allerdings – ‚spiel nicht mit den Schmuddelkindern'. All diese Scheißseiten-Indianer, die wollten an diesem schönen Sonntag mal gut demonstrieren gehen. Manierlich und friedlich. Wofür? Für gleiche Rechte. Rechte auch für Katholiken. Wollten irgendwas Kluges verkünden, vielleicht, dass auch Katholiken Menschen seien und so was. Vorneweg ein Transparent. *Civil Rights Association*. Lief anfangs auch alles ganz prima und friedlich. Dann aber, plötzlich, ohne Vorwarnung, Schüsse. Britische blutige Schüsse. *The Parachute Regiment*. Königliche Fallschirmjäger. Als Irenjäger. Erschießen vierzehn Leute. Friedliche unbewaffnete Leute. Von jetzt auf gleich, vierzehn. Und dazu jede Menge Verletzte. Blutige Krüppel, für immer. Und der *bloody* Offizier, der die Morde befohlen hatte, der wurde dann nicht vor Gericht gestellt, sondern bekam Orden. Von der Queen. Von Elizabeth persönlich. Auch seine Unteroffiziere bekamen – wie sagt man das bei euch? – Ehrenzeichen. Wegen Tapferkeit. Wer Sonntagsleute aus der Scheißseite totschießt, der muss bekanntlich ziemlich tapfer sein. Und wohl auch sehr ehrwürdig."

„Grauenhaft," sagte Langensiepen. Sagte das aber, wie er fand, zu leise, fast flüsternd. Mit belegter Stimme hatte er geredet, so dass er fürchtete, das könnte gleichgültig geklungen haben, teilnahmslos. Das wollte er korrigieren. „Grauenhaft ist das, weil es so menschenverachtend ist, so sinnlos. Obwohl – " – er zögerte. Spürte, dass er in Netzen zappelte.

„Obwohl?" hörte er die Frau. Dicht neben ihm saß die.

„Bei solchen Greueln," sagte er und schluckte, „denke ich fast jedesmal an einen uralten Roman. Ihr studiert doch Literatur. Die Hauptfigur in dem Roman heißt *Simplicius*. ‚Der Einfache'. *Simplicius* wird eines Tages von einem Räuber überfallen. Aber *Simplicius* wehrt sich, der Einfache verprügelt den Räuber ausführlich und beschimpft die Räuberei. Da ruft der Verprügelte, dass nichts auf dieser Welt glänze, was nicht hervorgegangen sei aus Raub und Gewalt. Kein Königreich, keine Herrschaft, keine Hauptstadt, kein Thron sei je entstanden ohne Raub und Gewalt. Kein Richter jedoch würde jemals die Gewaltigen belangen. Im Gegenteil, die da oben könnten ungestraft weiter rauben und prunken, denen würden die Füße geküsst. Von allen Räubern, sagt der Räuber, verknacke man immer nur die da unten. Nur die kriegten Kerker, Pranger oder Prügel. Wogegen die da oben in Samt und Seide gingen. So redete der Räuber über die Räuber. Im ältesten deutschen Roman."

„Welch ein Nachbar," sagte Hertz. „Kennt den ältesten deutschen Freiheitsroman. Der schon fast so kess schlussfolgerte wie Heinrich Heine ‚Ach, man macht aus deutschen Eichen keine Galgen für die Reichen'."

„Seit *Bloody Sunday*, seit diesem dreißigsten Januar 72", sagte die Jeansfrau, „ist *Terror* in Nordirland. Bisher mehr als zweitausend Morde. An Katholiken, an Protestanten. Jeder Mord im Namen von Tradition, von Treue, Tapferkeit, Freiheit. Im Namen von Vaterland, Gott und heiliger Pflicht. Das sind die Parolen, die Mick studiert. Im Englischen wie im Deutschen."

„Unser Dichter O'Casey", sagte Mick, „verfluchte ‚die wahnsinnigen Religionen'. Denn, sagt O'Casey, wo geglaubt wird, da soll im Grunde weg, was die anderen glauben. So ist das. Und so läuft das nicht bloß im Mittelalter."

Langensiepen fühlte sich zwischen all dem, was er hier zu hören bekam, wie in einer Luftgondel. Wollte zurück auf den Boden und betrachtete den Achtzigjährigen. „Sie dagegen, Sie wissen, was man tun sollte gegen das Unrecht in Nordirland?"

„Ich? Nichts weiß ich. Schon gar nichts gegen Glaubenswahn."

„Mein Schul-Atlas hat kein Derry. Nur ein Londonderry."

Mick nahm wieder Schlucke aus der Bierflasche. „Weil die Räuber auch Derry nahmen. *London´s Derry*. Übrigens demonstrierte an *Bloody Sunday* auch der Abgeordnete Ivan Cooper für *civil rights*. Ivan war Protestant. Und Ivan sorgte für Ruhe, vor allem bei den Jungen, die sehr gern Feuer geschmissen hätten. Als Ivan den Soldaten entgegenging, dem schießenden Militär aus *glorious Great Britain*, da wurde auch er weggeräumt. Der Protestant. Und kein Gericht im Rechtstaat England hat bis heute die Morde verhandelt. Vierzehn Morde im großartigen *Empire* der Lady Elizabeth. *Bloody Sunday* wäre nicht schlecht für einen Weltgerichtshof. Und ebenso die *Birmingham Six*. Oder die *Guildford Four*."

Micks Stimme hatte was Eisenhaltiges. Die Frau bat ihn, freundlich zu bleiben, Romanleser Langensiepen habe Irland garantiert nie kolonisiert. Da griff Mick sich das Fernsehgerät vom Boden, stemmte es hoch und schob es auf das mittlere Brett im Regal. Bewegte den Kasten energisch hin und her, bis er eine passende Position gefunden hatte, und begann dann, Kontakte zu schließen, mit bunten Kabeln und gelben und roten Steckern.

Langensiepen wünschte sich dringend ein weniger heikles Thema und fragte Hertz, ob auf dieser Welt nur Orchideen keine Räuber seien.

„Die, fürchte ich, sind von allen Räubern die raffiniertesten. Sorgen sogar für Mafiakriege. Immer wieder kamen in mein Glashaus Zollsoldaten mit Handschellen und MPs, internationale Naturschutzgesetze hätten wir verletzt. Illegal hätte ich *Paphiopedilum sanderiam* aus Indien geschmuggelt, den tropischen Venusschuh. Darauf stehen astronomische Geldstrafen, und da hilft wenig, wenn man sagt, das Tal des Venusschuh werde zubetoniert. Das saufe ab in einem Stausee."

„Auch politisch sind Sie engagiert? Noch mit achtzig?"

Hertz lächelte. „Der Achtzigjährige, der in Mexiko Frida Kahlo und ihren Freund Leo Trotzki mit Orchideen versorgt hat, auch dieser achtzigjährige Mexikomann kletterte politisch sehr engagiert auf 27 Meter hohe Dschungelbäume, wenn er oben ein Prachtexemplar *Cuitlauzina pendula* entdeckt hatte. Für die Künstlerin und für den Revoluzzer robbte der Alte in total verlauste Wipfel, obwohl ihn oben die Ameisen plagten und die Moskitos. Denn in 27 Metern Höhe lockten üppige Kaskaden, ein muschelrosafarbenes *Geblühe*."

„Hör genau hin," raunte die Frau neben Langensiepen, „laß dir das auf dem Schniedel zergehen. *Muschelrosafarben*."

„Ach, schon Shaw oder Proust nannten die ‚Hodenblumen' Nutten und Strichjungen. Dichter geraten da rasch ins Taumeln. Reden von perverser Pracht, von satanischen Dämonengesichtern mit grellen Insektenflügeln. Konfuzius aber rühmt Orchideen als ‚Kundgebungen einer fruchtbaren Intelligenz'. Zugegeben, Orchideen sind Sexprotze. Die Chimbu in Papua Neuguinea gaben *Dendrobium* den Namen eines Kobolds, der nachts süß und nackt umherschleicht und junge Männer verführt, *Dendrobium*, sagen sie, ist gut gegen Begehrensschmerzen. Erst wenn man den hübschen Gnom befriedigen konnte, ist Ruhe. Für kurze Zeit. *Dendrobium* blüht in glänzend schwitzenden Farben, mit flaumweichen Härchen, pinkfarbenen Lippenfalten, fleischfarbenen Spalten. Da wachsen auch dickgeäderte Beutel, stramm aufgerichtete Schäfte. Neulich kam ein lyrischer Freund zu Besuch und ich zeigte ihm mein altes Treibhaus. Hinterher hörte ich ihn seufzen. ‚Kitzler. Zäpfchen. *Klitorides*.'"

„Bin gespannt, was Lady Windsor sagen wird zu deinen Nutten und Strichjungen."

„Weiß denn unser Nachbar – ?"

„Sag es ihm."

Der Achtzigjährige nahm einen Teeschluck. „Kommenden Sonntag, Verehrter, habe ich das Vergnügen, *Her Majesty* die listigsten unter meinen Räuberinnen zu zeigen. Da auf Villa Hügel Pferde und Hunde Mangelware sind, waren Konzernleitung und die Regierungen froh, dass sich für die hohe Dame als Besichtigungsprogramm ein interessanter Ersatz anbot, Krupps Sammlung in Sachen Zeugungslust. Natürlich können wir mit Englands Kolonial-Schätzen nicht konkurrieren, Londons *Kew*-Gärten sind unerreichbar. Doch als wir sagten, Frau Königin könne in unserem ‚Schauhaus' eine gute halbe Stunde ohne Presse und Publikum seltenes und raffiniertes Blühen betrachten, meldete London Entzücken."

„Ihre Diener in *Balmoral*", knurrte Mick, „kriegen anderthalb Pfund pro Stunde. Von der reichsten Frau Europas. Kriegen ein Drittel vom gesetzlichen Mindestlohn. Jeden Sommer laufen sie ihr davon. Aber ‚harmlos' wird sie genannt, *harmlos* steht heute wieder in euerer Zeitung für kluge Leute."

Langensiepen hätte jetzt fragen können, ob sie mit der Queen irgendetwas planten. Aber er fürchtete die Antwort. Die würde ihn vor Entscheidungen stellen. Zweifellos gab es in diesem Kellerraum Pläne, aber indirekt musste er das herauskriegen, auf Umwegen. Mit List, mit Geduld. Vielleicht über das dreifache „J" im Stammbaum der Hertz-Sippe? Und so fragte er nun, ob Hertz auf Villa Hügel auch früher schon Staatsbesuche begleitet habe.

„Schon öfter."

„Auch in der Hitlerzeit?"

„Gute Frage. Eigentlich vollkommen unmöglich, für einen Juden. Jedenfalls in den Jahren der regierenden Stammtische. Es stimmt, auch damals blieb ich Krupps Glashauschef. Irgendwann erzähl ich euch das genauer. Tolle Besucher kamen da aus Berlin zur ‚Villa Hügel'. Erlesene Tischrunden waren das. In Räumen, die ein bißchen größer waren als dieser hier. Turnhallengroß, mit holzgetäfelten Wänden. Achttausendeinhundert Quadratmeter Wohnfläche. ‚Villa Hügel' entstand 1870 und 1871, im Krieg gegen Frankreich. Stahl ist die Branche der Krieger."

„Du warst auf Hügel, als Hitler kam?"

„Nur Krupp und sein ältester Sohn wussten, dass ich ‚undeutsch' war. So hieß das bekanntlich. Ja, auch ich tafelte in dieser bedeutenden Halle, wenn auch mit etlichen Metern Abstand vom Allergrößten. Aus dem Prachtsaal schweifte des Kanzlers Blick über Park und See und Waldhügel. Und das Revierkapital machte Bücklinge. Unvergesslich der Kotau des Prokuristen Holtgrebe aus Gelsenkirchen, der sich seine Weste mit Krupps kostenfreien Edelzigarren vollgestopft hatte. Beim Verbeugen schoß ihm ein halbes Dutzend heraus, direkt vor die Füße des Allergrößten."

Wieder einer dieser Blicke aus den blauen Augen, als ob Hertz prüfen müsste, was Langensiepen verstehen könne und was nicht. „Stundenlang wäre zu erzählen. Herrn Hynkels weltpolitische Monologe zur Rettung des arischen Edelmenschen. Was hat Mick zitiert? Die *wahnsinnigen Religionen.* Damals war's die Rassenreligion. Der Wahn vom ‚Deutschtum'. Quälend, bis Mitternacht nervten da Beleidigtheit und Verfolgungswahn.

Das Volk der Dichter und Denker hatte Erlösungs-Amateure an die Spitze gewählt. Ein Volk, das nachhaltig ungeübt geblieben war im demokratischen, im selbständigen Denken. Wann immer Herr Hynkel die deutschen Vorzüge pries, kreiste sein Blick über die Tafelrunde der Ruhrbosse. Beifallheischend. Und es wurde genickt. Ausschließlich genickt. Naturgemäß hatten die Bosse gar kein Interesse an seinem Rassegerede, nickten aber gern, witterten verbesserte Geschäfte. Der Reserve-Rienzi, der Linzer Lohengrin, der schaffte ihnen Konkurrenten vom Hals."

Hertz trank aus der zarten Tasse. „Seine Tändeleien mit den Serviermädchen, was soll's. Seine vegetarischen Extramahlzeiten, Salat und Gemüse frisch aus meinem Nutzhaus, was soll's. Auf keinen Fall durfte ein Tier für ihn leiden, kein Fleisch bitte, nichts Blutiges. Auch Kraftbrühe verbat er sich, die nannte er ‚Leichentee'. Und aus meinem Glashaus auch keine Schnittblumen, keine ‚Pflanzenleichen'. So redete der, der im Leichenmachen alle Weltrekorde gebrochen hat. Wobei mancher meint, Mao hätte ihn übertroffen. Oder Roms Kirche. Ich denke, euch ist das im Prinzip nichts Neues."

„Den führtest du durch dein Orchideenhaus?"

„Seine letzte Visite war angekündigt für März 39. ‚Besuch des Führers im Tropenhaus'. Erwünscht war ein Porträtfoto für ‚Das Reich', für das Intelligenzblatt des gebildeten Nationalsozialisten. Ein Foto ‚vor den Kostbarkeiten friedlichen Blühens'. Die Wochen davor litt ich fürchterlich. Nicht nur, weil ich mir ausmalen konnte, welche arischen Ratschläge er mir erteilen würde. Künftig nur noch die ‚deutsche' Orchidee zu pflegen, alles Orientalische auszumerzen zugunsten von Kohlröschen, Wurz oder Knabenkraut oder mit was immer der Kerl aus dem Waldviertel mich bearbeiten würde. Ich geriet in verzweifelte Debatten mit meiner Liebsten. Und mit mir selbst. Denn da bot sich doch nun die Chance, etwas Mörderisches aus der Welt zu schaffen. Ob mit vergiftetem Salat oder mit einem Gärtnermesser. Ach." Hertz balancierte das Teetässchen vor seinen Mund. „In den zwölf Nazijahren gab es mehr als fünfzig Versuche. Sind alle gescheitert. Zu heilen war dieser Hirnriss allein durch 1945. Durch das totale 1945. Hätte ihn vorher jemand umgebracht - heute wäre er Nationalheiliger." Hertz trank vom russischen Rauchtee. Und biss in ein schmales Gebäck.

„1939 ließ Berlin absagen. Hatte dringendere Termine. Ein Weltkrieg, das will organisiert sein. Lassen wir das, ihr habt eigene Probleme. Auch wenn sie mir verdammt bekannt vorkommen."

„Welche eigenen Probleme?" Langensiepen hoffte, im passenden Moment die richtige Frage gestellt zu haben.

Der Ire schaltete einen Minilötkolben aus, legte den bleistiftdünnen Stab auf ein Regalbrett und blickte auf den Exkommissar. „Probleme haben wir mit einem sogenannten Rechtsstaat. Oder ist es für dich kein Problem, wenn so ein Staat Mörder nicht anklagt, sondern mit Ehrenzeichen behängt? Mir jedenfalls scheint es problematisch, dass nie ermittelt wurde, von wem Gerard McKinney durchlöchert wurde, als der mit hochgehobenen Händen auf Elizabeths Soldaten zuging. Dass nie herauskam, von wem Alexander Nash die Beine zerfetzt wurden, als der zu seinem William wollte, zu seinem sterbenden neunzehnjährigen William. Oder wer diesem John Duddy, der gerade siebzehn geworden war, wer dem die Schüsse in den Rücken verpasst hat, nachdem der Siebzehnjährige eben noch über Priester Daley hatte grinsen müssen, weil der so komisch neben ihm hergelaufen war auf der Flucht vor den Irenjägern, weil sich im Wind Daley's Priestersoutane so ulkig aufgeblasen hatte. Keiner von uns Scheiß-*Bogside*-Leuten hatte geahnt, dass Londons Schießbürger Ernst machen würden. Mit uns Halbwilden. Mit uns Paddys, mit uns Schmuddelpapisten. Elizabeths Militär produziert nämlich keine Romane und keine Opern, sondern das, was die verdammte Realität ist. Zum Beispiel Jim Wray, zweiundzwanzig, der hatte das Transparent getragen, den Appell für die *Grundrechte*, verletzt lag der am Boden, als ein Soldat ihm in den Rücken schoss. Gegen Mörder keine Ermittlung? Kein Prozess? Staatlich subventioniertes Morden und Rauben wie in den Zeiten von Grimmelshausen? Statt Justiz Tapferkeitsmedaillen? Eigenhändig verliehen von Frau Elisabeth? Seinen Freunden hatte Jim Wray noch zugerufen, nein, nein, die Verletzung sei halb so schlimm. Und dann Bernard McGuigan – "

„O bitte hör auf," flüsterte die Frau.

„ – als letztes in seinem Leben wollte Bernard McGuigan mit erhobenen Händen und mit weißem Taschentuch zum Hugh Gilmor laufen, zum siebzehnjährigen Hugh, denn auch der lag platt auf der Straße und auch der starb, weil ihm Lilibeths Helden den Rücken – gut, ich höre auf – der Bernard jedenfalls hat ihm nicht mehr helfen können. Denn im selben Moment bekam auch er, als letztes in seinem Leben – also gut, ich lass das jetzt. Und hoffe, auch für Herrn Langensiepen ist das bald nichts Neues mehr. Ich hörte, wenn es um Menschenrechte geht, denkt er an Opern."

Langensiepen fand, nun sei es Zeit, diesem Mick entschieden zu widersprechen, für den war er als Exbulle offenbar von Grund auf begriffsstutzig, desinteressiert und menschenverachtend. „1848, mein Lieber, war mindestens so blutig wie euer *Bloody Sunday*. Auch 1848 ging es um Grundrechte, um Demokratie und endete brutal blutig, und auch das blieb bei uns so unbekannt wie euere Massaker in England."

„In England? Das war in Irland."

„Mit solchem Unrecht sollte man nach Straßburg gehen. Beim Europa-Parlament gibt es eine Kommission für Menschenrechte. Was Micheál erzählt, das passierte doch im Mutterland der Demokratie – "

„Verdammt, es passierte in Nordirland, in der alten irischen Provinz Ulster."

„England ist Mitglied der UNO, bekennt sich zu den Grundrechten, so ein Skandal braucht neutrale Schlichter." Langensiepen holte tief Luft. „Ihr plant doch hier irgend etwas? Eine *Aktion*?" Er sah seine Nachbarin an, ihre großen hellen Augen.

„Wie kommst du darauf?"

Hinter den offenen Fensterlöchern rauschte der Regen. Und in das Rauschen hinein begann nun wieder, diesmal sehr leise, der Ire zu reden, so leise, als sollte Langensiepen das gar nicht hören. „Ist euch klar, was dieser Exbulle denkt? ‚Neutrale Schlichter'. Die IRA, denkt er, die ist mindestens so kriminell und so blutig wie Englands Militär. Ja, mein Herr, das stimmt. Aber die ewige Sandkastenfrage beim Kinderzank, wer von beiden angefangen hat, die lässt sich in Ulsters Blutzirkus sehr genau beantworten."

Es klopfte. Es klopfte noch einmal. Die Frau ging zur Tür. Und sprach dann im Flur mit dem Hausmeister, redete dort mit Ludger Ashoff über die neue Tür und sagte, die sei garantiert schalldicht. „Und sieht doch auch gut aus, oder?“

„Klasse sieht die aus, dringt wahrscheinds nichts mehr nach außen, aber worum ich Sie bitten wollte – “

„Sie kriegen jedesmal eine Kopie, das hab ich versprochen.“

„ – jetzt meine ich was anderes, also, obwohl es hier ja heiß hergehen soll – gerade dann halten Sie bitte die Fenster da oben unbedingt geschlossen, der Ventilator tut’s doch?“

„Kommen Sie, testen Sie.“

Es erschien Ludger Ashoff, schräg und mit zögerndem Gang. „Ach? wieder eine Nachbarschaftsversammlung? Und mit dem Herrn Professor? Und sogar mit Kommissar Langensiepen?“ In der hinteren Zimmer-Ecke bewegte Ashoff einen Schalter, ein Ventilator begann zu surren, er schaltete das wieder ab, schaute sich um und bat dann um einen Schlüssel zur neuen Tür. – Nächste Woche, sagte die Jeansfrau, bekomme er ein Schlüsseldoppel. – „Dann also gut, bis nächste Woche.“ Und schob sich aus dem Geräteraum, mit einem schiefen Blick auf Langensiepen.

Eine Weile rauschten Regen und Windböen. Schließlich sagte Langensiepen: „Ich bezweifle, dass ihr hier Filme drehen wollt.“

Die Frau tat belustigt. „Ist das hier nicht ideal? für Schweinkram? Ideal für ungestörtes Liebemachen? im schalldichten Abseits? in altmodisch edlem Ambiente? Beschützt von einem Kommissar?“

„Herr Hertz redet von *Studierzelle*. Du von speziellen Videos.“

„Und du?“

„Ihr plant was anderes.“

„Was?"

„Was Politisches."

Er hatte es gesagt. Schluckte. Und als nun geschwiegen wurde, setzte er nach. „Ihr plant eine *Aktion*. Gegen den Staatsbesuch. Stimmt's?"

Micheál widmete sich seinen Kabelkontakten.

In den Händen des alten Herrn Hertz hatte, kaum hörbar, das Tässchen auf der Untertasse gezittert. „Wie kommen Sie auf diese Vermutung?"

„Gestern gab es hier unten einen interessanten Streit. Hab denn doch einiges verstanden, durch die dünne Flurtür. Eine aufgeregte Debatte war das, ging um eine *Aktion*. Ob die gewaltfrei bleiben müsse. Ob nicht schon die *Methode* die Ziele deutlich machen müsse. Unrecht für Gerechtigkeit, das sei unmöglich."

Die großen Augen der jungen Frau sah er auf sich gerichtet, durchbohrend. „Heinrich," sagte sie, „jetzt bist du an der Reihe. Hast mir gesagt, lern ihn erst mal kennen. Und? Was ist jetzt?"

Eine Weile wieder nur Regenprasseln und Wetterfauchen.

„Diesem Herrn Langensiepen könne man vertrauen, hast du gesagt. Der sei ein Einzelgänger, ein Kauz. Und? Was tun wir jetzt? Alles abblasen? Oder? Den Kauz aus dem Verkehr ziehen?"

Langensiepen spürte sein stolperndes, sein Angstherz.

Hertz stellte umständlich die Tasse ab. Und redete dann betont ruhig. „Endgültig überzeugt hat mich seine *Simplicius*-Geschichte."

„Du traust einem Exbullen?"

„Ich vertraue einem Leser."

Die Frau holte tief Luft. „Also dann. Dann hast du entschieden." Sie stand auf, ging auf ihren Mokassins die vier oder fünf Schritte zum Waschbecken. Und ging die Schritte sofort wieder zurück. Lautlos, katzenhaft, elegant. Und flüsterte von *Rauskriegern* und von Amateuren.

„Immer wieder Amateure. ‚Liebhaber'." Und blieb vor Langensiepen stehen. „In Derry, lieber Leser Langensiepen, da zweifelten Micks Kumpel lange auch an mir. Zweifelten gründlich und ausdauernd. In Europa, so bekam ich zu hören, sei ja wohl niemand verlogener als die Westdeutschen. Die zeigten sich liebend gern pazifistisch, seien aber Weltspitze im Waffenhandel. Und im Raub von antiken Dingen. Und dann entlarvten die meinen Namen. Enttarnten NORA als Anti-IRA. Fanden raus, was das in Wahrheit bedeutet: *No RA. No republican army*. Diese Schlauköpfe musste ich aufklären. *No RA* heißt genauso *No royal army*."

In Langensiepens Kopfschmerz drehten sich Silben, Bilder und Schrecken. „Was also habt ihr vor?"

Die Frau setzte sich. Saß nun wieder sehr dicht neben ihm, trank vom Tee. Und redete dann ruhig, fast ohne Ton. „Du sagst, du hättest von Irland keine Ahnung. Wenn selbst Leser wie du von den Schweinereien in Nordirland wenig oder nichts wissen, dann scheint nichts wichtiger als die Verbesserung der Informationen. Wir gehen auf den Medienmarkt."

„Und wie? Ich meine, mit welchen *Methoden*?"

„Mit Fakten. Zum Beispiel über *Bloody Sunday*. Über die *Guildford Four*. Über die *Birmingham Six*."

Dann redete der Achtzigjährige, murmelte mit seiner traurigen Vergeblichkeits- und Vergnügtheitsstimme. Das Unrecht in Nordirland sei in Deutschland tatsächlich so gut wie unbekannt. Auch er sei oft in Irland, diese Insel mache süchtig, wie Orchideen. Und in Nordirland explodiere Jahr für Jahr rund um den zwölften Juli ein allgemeiner Wahn. „Auf mehr als hundert Märschen marschieren im Juli Protestanten stur und stolz durch die Straßen, in denen Katholiken wohnen. Mit äffischem Getöse."

„Äffisch?"

„Hauen auf ungeheure Trommeln. Schwenken kolossale Fahnen. Und schreiten bedeutend einher, wie tausende tödlich beleidigte Helden.“

„Und warum?“

„Weil im Jahr 1690, an einem zwölften Juli, eine dieser massenmörderischen Idiotien raste, die man Schlacht nennt. Am zwölften Juli 1690 schlachteten sich englische Protestanten und irische Katholiken. Und den Protestanten gelang, was im Gewürge aus Irrtum, Angst und Wahnsinn als Sieg gilt. Und weil diesen Sieg im metzgernden Mordwirrwarr ein niederländischer Fürst aus Oranien geschafft hatte, nennen sich seitdem die nordirischen Protestanten ‚Oranier'. ‚Orangisten'. Schwenken orange Fahnen und halten sich nicht nur für siegreich, sondern auch für christlich und königlich und lassen sich nicht im Geringsten davon irritieren, dass die Unterlegenen der englische König geführt hatte. Freilich ein katholischer oder, wie das die Protestanten oder Anglikaner sagen, ein Papist, ein ‚Papstknecht'. Obwohl sie also Englands König untreu waren, tun die ‚Oranier' seither ungeheuer königstreu. Und stolzieren rund um den zwölften Juli auf hundert und mehr Paraden immer mal wieder in peinlicher Aufgeblasenheit durch die Viertel, in denen die UrIren wohnen, die Eingeborenen, die so schwachsinnig sind, an den Papst zu glauben und nicht an London und nicht an die Queen. Ja, *äffisch* paradieren sie. Gorillas trommeln sich bekanntlich an die Brust, um Konkurrenten einzuschüchtern oder um sich selbst in Stimmung zu bringen. In Belfast wie in Derry fand ich an dem Gedonnere weder Christliches noch Humanes. Obwohl da ständig von *heilig* posaunt wird, von *Tradition*, von *Pflicht* und von *Großbritanniens Erbe*. Protestant Luther hat gesagt, wo triumphiert wird, ist Falsches im Spiel. Zum Steinzeitlärm der *Sons of the conqueror* hat jede Alternative meine Sympathien.“

„Sie planen eine Alternative?“

„Eine unblutige.“

Micheál legte Leitungen und Stecker beiseite. „Eine Alternative bot schon in deinem Mittelalter der Jack Cade. Jack Cade machte 1450 einen Zug der Unterdrückten, nicht der Unterdrücker. Marschierte von Kent aus mit zwanzigtausend Bauern auf London los. Besetzte London. Und wurde naturgemäß verraten. Und naturgemäß ermordet. Wie dein Andreas Hofer. Nora sagt, du bewunderst einfache Leute von früher."

„Auf *dezente* Weise à la Langensiepen", sagte die Jeansfrau, „könnten wir an Jack Cade erinnern. Und an viele ähnlich Verzweifelte."

Dann redete Hertz wieder mit ratlos belustigter Freundlichkeit. Als der US-Präsident kürzlich in Berlin war, da sei auf den Schildern vieler Demonstranten die alte fromme USA-Selbstfeier zu lesen gewesen, das fromme *God's own country*. „Zu lesen war da auch, dass Gott dieses sein privates Lieblingsland segnen möge. *God bless America*. Wer aber genauer hinsah, der bemerkte, auf den Schildern fehlte in dem *bless* das *b*. Da stand nur *less*. ‚O Gott, weniger Amerika!'." Wieder biss Hertz in ein Gebäck. „So ein Stoßgebet, das gefällt mir sehr. Ein ‚b' weniger und plötzlich ist wieder Licht."

Da sagte Nora, *less* statt *bless* habe allein Professor Heinrich Hertz bemerkt, das habe man in keiner Zeitung gesehen und in keinem Fernsehkanal, auch *Alternativen* dürften nicht leise bleiben, die Skandale schrieen zum Himmel. – Ihre dunklen Haarsträhnen standen ihr um den Kopf wie Indianerschmuck.

Niemals, sagte Mick, meldeten die deutschen Sender, die sich für die weltoffensten hielten und sich viel einbildeten auf ihre Qualitäten, nie meldeten die den *Terror* der Elizabeth-Gangs, nie Folter und Betrug im Namen der Queen. Nicht nur Langensiepen wisse nichts über Irland. – Mit breiter Hand räumte Mick seinen Kabelwirrwarr zur Seite. „Wenn Orangisten feiern, dann ist der Höhepunkt immer wieder ein Trinkspruch, den sie alle bejubeln, den weiß ich auswendig, und über solche Parolen schreibe ich in Essen meine Arbeit. Der bejubelte Sinnspruch heißt: ‚Dem ruhmreichen, dem gottesfürchtigen und unsterblichen Andenken des guten Königs Wilhelm von Oranien, der uns rettete vor Schurken und Schurkereien, vor Blechgeld und hölzernen Schuhen, o ja, und wer immer diesem himmlischen Trinkspruch widerspricht, der werde in die Mündung der großen Kanone von Athlone geklopft, gestopft und gepfropft, und diese zentnerdicke Kanonenkugel, die werde dem Papst in den Bauch geballert und der Papst alsdann in den Bauch des Teufels und der Teufel in die Hölle und das Höllentor werde verriegelt und der Schlüssel zur Hölle für immer und ewig in der Tasche eines Orange-Mannes versteckt.' Da grölen sie dann, diese sogenannten Christen, da kreischen sie Beifall, als wären sie Fußballweltmeister geworden. ‚Einen Strick, einen Strick, ihrem Papst um das Genick!' Und brüllen dann all das, was sie *Tradition* nennen und *Ehre* und *heiliges Erbe*. Ich hab diese Wörter gesammelt, und wenn sie *flying the flag in enemy's territory* johlen, dann meinen sie mit ‚Feindesland' mein Irland, und keiner von uns Holzschuh-Iren darf je in ihre Orange-Orden – das wäre doch gut, könntest du sagen, aber damit sind für uns alle interessanten Berufe versperrt, der Zugang zu Anwälten, Richtern, Ärzten. Das Ganze ist nämlich unterm Religionswahn ein klassischer Klassenkampf. Ein *Räuber*-Krieg."

Langensiepen räusperte sich, wollte seine belegte Stimme frei machen und gut klingen lassen. „Könnte es sein, die Protestanten fürchten, Nordirland solle einverleibt werden ins übrige Irland?"

„Ja, das fürchten sie und meinen, dann ginge es ihnen als Minderheit so, wie sie selber mit Minderheiten umgehen. Uns geht's aber um keinen National- und Sekten-Stuss, sondern um *civil rights*. In Portadown zum Beispiel sind von den Katholiken siebzig Prozent arbeitslos, von den Protestanten zwölf. Irgendwann sollte jeder wissen, auch im edlen alten Europa gibt es Unterdrückung, gibt es ein Indianerreservat. Elizabeth lässt die Kronkolonie Hongkong frei, warum nicht endlich auch Ulster!"

In den Fensterluken rauschten die nassen Blätter. Da winkten in Windböen und Regengeprassel die rötlichen Buchenzweige

Im letzten Dezember in Derry, sagte die Jeansfrau, da habe sie im Radio eine Zwölfjährige gehört. „Gönnen wir doch, sagte die Göre, gönnen wir doch zu Weihnachten den Brits endlich mal was Gutes, lassen wir sie allesamt nach Hause gehen auf ihre eigene Insel. Und wenn dann alle Krieger drüben sind, dann setzen wir uns hier auf die Straßen und in die Pubs und reden miteinander, Katholiken und Protestanten reden so lange miteinander, bis wir uns alle kennen. – Das traf es. Nach zwei Jahren in Ulster war mir klar, hier wissen sie fast alle unverrückbar Bescheid über die anderen. Und die anderen wissen unverrückbar Bescheid über die einen. Mindestens seit 1690. Wissen Bescheid und meiden peinlich die Kontakte. In Gottesfurcht, in Teufelsfurcht."

„*Information* also. Soviel hab ich kapiert. Und wie? Wie soll das gehen?"

„Gewaltfrei." Hertz schaute zu den schmalen Öffnungen hinauf, dorthin, wo das Wassergeprassel zischte. Und hat dann etwas gesagt, was auch die anderen bezeugen. Jedes Überleben hänge ab von der Qualität der *Informationen*. Im allgemeinen Fressen und Gefressenwerden gebe es zum Beispiel Pflanzen, die es fertig gebracht hätten, anderen mitzuteilen, sie seien unfressbar. „Wie totes Holz sehen die aus, dornig, rissig, schrundig. Mit Buckeln und Pickeln und total verdorrt, so dass ein Flusspferd oder Gnu oder sonst ein Fresser nie reinbeißen würde in diese äußerst nahrhaften Gewächse. Woher ‚wissen' Pflanzen, wie ein toter Ast aussieht? Wie schaffen es blinde und hirnlose Pflanzen, sich dermaßen gewitzt zu tarnen?"

„Sie planen eine List? Eine Täuschung?"

„Nur kluge Inszenierung überlebt. Nur glaubwürdige *Information.*"

„*Information*? Der aktuelle Song der Saison meldet mir was anderes. *We do need no education.*"

Da redete wieder dicht neben ihm die Frau. „Den Song höre ich anders. Der verbittet sich Belehrung: wir wollen nicht hören, wie die Katholiken sind oder die Juden. Wie die Moslems sind, die Schwarzen, die Homos. Wir wollen eigene Erfahrungen machen, verschont uns mit Sätzen, die anfangen: Die Amerikaner, Die Juden, Die Palästinenser. Oder der Russe, der Moslem – "

Eine der schwierigsten Balancen, sagte Hertz, sei in der Tat die zwischen nötigender Belehrung und nötiger Information. Er vergesse nie, was 1946 Erich Kästner gereimt habe. Dessen wunderbaren Reim könne er seit 1946 auswendig.

„Ihr habt das wunderbar erledigt,
vor einem Jahr schriet ihr noch HEIL!
Man staunt, wie ihr nun Freiheit predigt
und kurz vorher das Gegenteil."

Da habe sich auch Kästner *education* verbeten. Und habe dennoch und zugleich wunderbar informiert.

„Euer stärkster Wiederbewaffner", murrte Mick, „euer Herr Strauß hatte ebenfalls *gepredigt*. Dem, der je wieder eine Waffe ergreife, dem sollten die Hände abfallen. Läuft der nun ohne Hände rum?"

„Ich versuche zu verstehen. Sie wollen beim Staatsbesuch eine List nutzen, eine Informationslist – eine Inszenierung – wie diese scheinbar unfressbare Pflanze, wie der Überlebenskünstler Schweyk? – hab ich recht?"

Der Alte lächelte und sagte, machen wir's konkret. Und erzählte dann in leiser Vergnügtheit von der List der Orchidee *Aristolochia arborea*. Die benötige zum Überleben eine Mücke, die Pilze anfliege. „Und *Aristolochia arborea* hat es geschafft, auszusehen wie ein Pilz. Täuschend ähnlich. Diese Orchidee zeigt Pilzlamellen. Produziert sogar Pilzgeruch. Und die Mücke fällt drauf rein. Begierig kriecht sie um den vermeintlichen Pilzschwamm herum und rutscht plötzlich in ein schlauchartiges Gefängnis, strampelt zwei Stunden im Inneren der Orchidee, bis sie genügend eingepudert ist mit Pollen – mit Daten, mit *Informationen* – und am Ende öffnet sich *Aristolochia arborea*. Die Mücke fliegt zurück ins Freie und verbreitet die *Daten* von *Aristolochia arborea*. Woher ‚wissen' Orchideen, wie ein Pilz aussieht, wie ein Pilz riecht. Solche Überlebenslist, die bewundere ich unendlich."

„Gepriesen sei der Reinfall", sagte Micheál.

Vermeintlich dumme Pflanzen, sagte Hertz, wüßten witzigere *Methoden* als das intelligente, das Großhirntier, das sich bekanntlich die Schädel wegsprenge.

„Am kommenden Sonntag praktizieren Sie die List der Mücken-Orchidee?"

Mick schaltete eine Fernbedienung. Auf dem breiten Bildschirm zeigten sich Zahlenkolonnen.

Und im alten Runzelgesicht erschien das Lächeln, das manche als wehmütig beschrieben haben, als trauernd, als zweifelnd, als schmerzlich. „Kommenden Sonntag praktizieren wir das Gegenteil von Wegsprengen. Die Blüten, die der Achtzigjährige für Kahlo und Trotzki aus den Wipfeln holte, die wirken auf mich wie eine Handlungsanweisung. Ja, *muschelrosafarben* hängen die Schmetterlingsorchideen metertief von den Baumkronen herab, schaukeln im Wind und locken wirkliche Schmetterlinge an. Pflanzen simulieren gaukelnd schaukelnde Bewegungen von Schmetterlingen, und die tatsächlichen Falter werden aktiv, wittern Konkurrenz oder Liebe und sorgen für Bestäubung – für die Verbreitung von *Informationen*. Ein stummes, ein vermeintlich dummes, ein auf alle Fälle blindes und festverwurzeltes Gewächs ‚weiß' etwas vom Fliegen!"

„Sie werden Sonntag etwas inszenieren?"

„Je älter ich werde, desto mehr bin ich überzeugt, nur mit Kunst wird überlebt. Seit ich Mozart von einem Orchester höre, in dem Palästinenser gemeinsam mit Israelis spielen, höre ich den vertrautesten Mozart neu, vollkommen neu. In noch größerer Ergriffenheit."

„In ihren Gotteshäusern läuft das allerdings anders," knurrte Mick, „bei Israelis wie Palästinensern sehen die Gebets-Übungen aus wie bei den armen Waisen, die ständig vor- und zurückschaukeln müssen, weil ihnen was fehlt."

„Es fehlen ihnen die Oberpriester," sagte die Jeansfrau, „die endlich erklären: Religion und Krieg sind ewig unvereinbar. Die endlich erklären, dass wir untereinander weder Schafe sein sollten noch Hirten."

Langensiepen tat kurze schnelle Atemzüge. „Sie wollen den Staatsbesuch unterbrechen mit einer künstlerischen Aktion?"

„Weder mit einer Tatkatastrophe noch einer Denkkatastrophe."

Langensiepen notiert hier „Denk.kat." und teilt mit, er habe nun „hartn." nachgefragt. Hartnäckig.

„Sie haben richtig gehört. *Denkkatastrophen.* Zum Beispiel Schopenhauer. Gegen die Freiheitsbewegten des von Ihnen so sehr verehrten Jahres 1848 wütete Schopenhauer. Es stimmt ja, unsere heutigen Freiheiten sind nicht vom Himmel gefallen, die mussten erstritten werden, mühsam erstritten. Schopenhauer jedoch hatte 1848 Angst um sein Privateigentum. Und verfügte testamentarisch, dass sein Vermögen der Soldateska zustehe, die sie ‚niedergemacht' hatte, die Freiheitsbewegten im März 1848 in Berlin, im ersten unserer blutigen Märzmonate. Und den Wortführer der schwarz-rot-goldenen Menschenrechtskämpfer im ersten deutschen Parlament, den Paulskirchenmann Robert Blum hätte man laut Schopenhauer ‚nicht erschießen, sondern henken' sollen. Das heißt: im Exekutieren demütigen. Das Denken eines Großdenkers. Oder auch Sartre, der riet allen Unterdrückten: ‚Man wird entweder terrorisiert oder man ist selber Terrorist.' Und der abendländische Meisterdenker Nietzsche befand nicht nur *Der freie Mensch ist Krieger*, sondern forderte ‚eine neue Partei des Lebens, welche die größte aller Aufgaben, die Höherzüchtung der Menschheit in die Hände nimmt, die schonungslose Vernichtung alles Entarteten und Parasitischen'. Forderte nichts anderes als das Naziprogramm, fünfzig Jahre vor den Nazis." Den Hügelgärtner schüttelte ein schmerzlicher Lacher.

„Oder Brechts ‚Maßnahme', Kultbuch derer, die sich derzeit als linke Kämpfer begreifen. ‚Die Maßnahme' lehrt, dass allein Gewalt ‚die Wirklichkeit ändern' werde, weil ‚nur mit Gewalt diese tötende Welt zu ändern' sei. Oder Brechts ‚Heilige Johanna': ‚Es hilft nur Gewalt, wo Gewalt herrscht'. ‚Die sollen alle mit den Köpfen auf das Pflaster schlagen'. Auch der in Europa zutiefst bewunderte Heidegger klärte uns auf: ‚Der Führerphilosoph muss ein Gewalttätiger sein'. Schon im ersten Weltkrieg beklagte der „die Verjudung der Kultur". Und im zweiten pries er den Sieg über Frankreich als ‚metaphysischen Vorgang'. Auch Rassenzüchtung hielt er für ‚metaphysisch notwendig'. Verzeiht meinen Eifer, aber die sogenannten Einfachen, die sind von den sogenannten Komplizierten immer wieder im Stich gelassen worden. Selbst einer wie Adorno, ich weiß, ich vergehe mich an den Größten, begrüßte nach 1945 das, ‚was man sich jahrelang gewünscht hat: Das Land vermüllt, Millionen von Hansjürgens und Utes tot'." Hertz nahm vom Rauchtee. Einen knappen Schluck nur. „Hemingway wünschte sich 1945 alle Deutschen sterilisiert. Und Thomas Mann stimmte zu, ‚ja, eine halbe Million muss getötet werden'. *Denkkatastrophen.* Bei den Weisesten. Weil Entscheidendes auch bei ihnen ausfiel."

Langensiepen wartete eine Weile, fragte dann: „Entscheidendes?"

„Das Wissen vom Unantastbaren." Die alten Augen blieben fast geschlossen. „Jedes Menschen."

Eine Weile war es still. „Die Liste der Welt- und Menschenverachter ließe sich endlos verlängern." Hertz schwieg nun. Bis Langensiepen konkret wissen wollte, was am kommenden Sonntag geplant sei.

„Sagen wir dir nicht." Nora schenkte Tee nach. „Ist besser für dich."

„Kunst? Tricks? Täuschungen?" Und als Langensiepen keine Antwort bekam, fragte er, ob unter allen Künsten die hilfreichste nicht doch das Demokratische sei.

„Nun kommt die Gesinnungsprobe", schmunzelte der Achtzigjährige. Und sagte dann mit einer komisch gedämpften Stimme, man wisse doch, Demokratie sei in der Tat die Kunst, die Schlimmeres verhüte. Freilich ohne Garantie. Hitlers Partei sei demokratisch gewählt worden. Auch in Demokratien werde narkotisiert. Käuflichkeit und Reklame betäube die Kenntnislosen. Und am Ende umarmten demokratisch gewählte Führer öffentlich die „Grundwerte", nähmen sogar Allah oder Gott in den Schwitzkasten und erklärten: Seht her, ER ist auf meiner Seite! Wer wolle da widerstehen, wo es ums Heilige gehe. Jede Idee oder Religion, wo sie konsequent sei, ende in totalitärem Anspruch. In Kreuzzügen. Im Mörderischen, gegen die jeweils „Ungläubigen". Egal, ob die Machthaber ihren Glaubenswahn selber glaubten, sie nutzten ihn, für ihre Machtergreifungen. Und hinter magischem Nebel sei wunderbar zu operieren. Unkontrolliert. Die jüngste deutsche Verfassung jedoch, die praktiziere eine enorme Erkenntnis. Wenn das „Grundgesetz" gleich zu Beginn sage, „die Würde des Menschen" sei „unantastbar", dann sei das ein einzigartiger Satz. „Das Einzigartige ist der Genitiv. Der Genitiv *DES Menschen.* Nicht die Würde des deutschen Menschen ist *unantastbar*, nicht die des jüdischen oder des moslemischen oder christlichen, sondern die *DES* Menschen. Und wo immer das gilt - tatsächlich gilt - da ist nicht zu entgleisen. Weder in *Denkkatastrophen* noch in Tatkatastrophen. Denn im selben Moment gilt die Idee der Nicht-Ideen – *DER* Mensch. Sein Grundrecht, sein Recht auf Lebendigkeit. Würde JEDES Menschen. O ja, dieser Genitiv *DES Menschen*, dieser Genitiv gegen alles Höhere und Totalitäre, der bleibt für mich das hilfreichste aller Gebote und Gebete. Verzeiht mein Pathos."

Setzte sein Teetässchen auf den antiken kleinen Tisch, zart erklang der Porzellanton. „Verzeiht. Aber wer leiden musste, darf mal leidenschaftlich reden. Wenigstens als Achtzigjähriger. Vielleicht musste erst das Entsetzlichste geschehen, ehe am Tatort des Entsetzlichsten der beste aller Grundsätze formuliert wurde. Für *DEN* Menschen." Schien dann wieder schmunzeln zu wollen und sagte, das ließe sich alles auch sehr viel einfacher sagen, spielerischer, zum Beispiel mit dem großen Kant, der als junger Mann gereimt habe:

> „Umsonst schwillt das Gehirn
> von Sprüchen und Gesetzen,
> lernt nicht der Mensch schon früh
> das Recht der Menschen schätzen."

Auf der Bücherkiste wendete sich Langensiepen hin und her und war dann plötzlich aufgestanden. „Entschuldigt," stammelte er, wendete sich hierhin und dorthin, sah sich linkisch um und sagte, seine Krankheit, so sei ihm bescheinigt worden, habe klaustrophobische Momente, ja, Platzangst treibe ihn jetzt hinaus, egal ob es draußen regne und stürme, er müsse jetzt ins Freie hinaus und werde nachdenken über alles, was er gehört habe. „Ich wünsche euch hilfreiche Alternativen – gewaltlose – Kunst – "

So, verlegen, linkisch und doch mitten im Zentrum, wendete er sich aus der Viermalviermeterbehausung. Die Frau ging ihm noch nach, legte ihm im Flur ihren braunen Arm um den Hals und sagte, sie werde sich bei ihm melden. Aus ihrer Umarmung drehte er sich heraus.

In seinem Wohnraum
stand Langensiepen lange vor dem Panoramafenster und hielt sich den Kopf. Wollte das Hirnschwirren beruhigen. Unterm Geprassel all der deutschen und irischen *Informationen. – Henken Demütigen Recht auf Lebendigkeit Vernichtung alles Parasitischen metaphysisch notwendig alle Hansjürgens verzeiht mein Pathos DES Menschen.*

Im Taumel blickte er in die Tropfenschwärme, in die Regenschlieren, und sah und hörte das Wasser gegen die breite Scheibe rasseln, sah das am Glas hinabrinnen und Verzerrungen stiften, Spiegelungen und Täuschungen. Durch die Nässe sah er die Wiese und die Depot-Stelle in Bewegung, sah die Erdrisse in Bögen und Wellen, konnte die Grabspuren kaum mehr erkennen, der Regen überspülte die Linien, und in den Terrassenpfützen tanzten die dicken Tropfen wie Springbrunnen.

Gummimantel und Kapuze stülpte er sich über, lief die Treppe zum Ausgang hinauf, überquerte die Frankenstraße, den *Gedankenstrich des größten Landes*, stapfte in den Windböen durch Matsch und Regen in den nördlichen Stadtwald hinunter, duckte sich in die Kapuze, setzte über die Pfützen und fand sich überrollt und überfordert. Was ging vor im Raum *N.B.*?

Da war etwas in Vorbereitung, was ihm der Orchideenforscher durch die Blume hatte sagen wollen. Von *Täuschungen* redete der, von *List*, von *Simulationen*, *Handlungsanweisungen*, vom *Reinfall* einer Mücke, *informierend, lebenserhaltend* –

Wozu die teuren Hifi-Geräte? Wozu dieser riesige Bildschirm. Und die doppelten üppigen Teppiche, die altfränkische Stehlampe? Wer sollte in diese *N.B.*-Zelle gelockt werden wie die Mücke? Ein Politiker? Die Regierungschefin Thatcher? Die Queen?

Im letzten Moment war ihnen einer in die Quere gekommen. Ausgerechnet ein Expolizist. Der musste nun neutralisiert werden, abgelenkt, mit blumigen Geschichten. *Aus dem Verkehr ziehen*, war das ernst gemeint? War diese NORA eine Anti-IRA-NORA? oder eine Pro-IRA-NORA? lief ihre *Aktion* gegen eine *mörderische* Queen?

Laut und energisch rief er die Worte, die er gehört hatte, in den Regen. Wenn diese Menschen im *N.B.*-Raum tatsächlich, nach dem Prinzip Pilz-Orchidee, jemanden entführen wollten, die Thatcher oder die Queen, dann wären die verrückt, wären die lebensmüde. Staatsfiguren sind umzingelt, werden perfekt überwacht, Sonntag wird es rings um Villa Hügel wimmeln von Aufpassern, Schnüfflern, von Wachhunden aller Art, von Polizei und Geheimdienst aus London, Bonn und Düsseldorf, schon gleich zu Beginn muss so ein Entführungsversuch total misslingen, die Jeansfrau und dieser Botanikprofessor Hertz sind Knastkandidaten, die stolpern selber in eine Falle, nicht die Polizei sollte ich warnen, sondern den Hügelgärtner. Und diese Schöne. Und ihren grimmigen Micheál. Wo war jetzt der andere, der „irische" Schwabe?

Gepriesen sei der Reinfall. Im Gehen und Springen über Rinnsale und Wasserflächen sah Langensiepen sich plötzlich wieder als Kind bei der Großmutter, die gegen die Mäuseplage eine Kastenfalle aufgestellt hatte. Eines morgens rannte in der Falle tatsächlich so ein Tierchen herum, und die Großmutter stellte nun die Frage, die am Abend zuvor offenbar keine Rolle gespielt hatte, was denn sollte jetzt geschehen mit dem niedlichen Wesen. Das Dienstmädchen holte einen Freund, der war Soldat gewesen, der musste „so etwas können", der entschied, das Tierchen sei zu ersäufen. Das Mädchen füllte den Kücheneimer mit Wasser, und dann standen sie alle um den grauen Eimer herum, Großmutter und Kind, Dienstmädchen und Freund, und sahen, wie das niedliche Geschöpf mit den hübschen Knopfaugen immer am Rand entlang schwamm, immer im Kreis herum, so lange, bis der Soldat es runterdrückte. Und untenhielt. *Der musste so was können.*

Wann immer später von „Unterhaltung" geredet wurde, sah Langensiepen den Arm des Untenhalters.

Über Schlammwege setzte er, stolperte und sprang. Und sah zwischen den Buchensäulen die Käfige der Vogelwarte und dann die „Schillerwiese". Auf der anderen Seite des weiten Grüns schimmerte vor dunklen Bäumen und Büschen die gelbe Telefonzelle. Was denn hätte er dem Staatsschutz zu melden? Vorbereitung einer künstlerischen *Aktion*? einer Gewalttat?

Eben nicht, keine Gewalt. Sondern *Kunst. Simulation.*

Wirklich?

Kühlung, Nässe und Kälte wischten ihm durchs Gesicht, in Kopfweh und Ohrendröhnen und Taumel sagte er laut in das Wetter hinein, was seine Notizen wiedergeben als „Nichtt. s. ebenf. T." – Nichttäter sind ebenfalls Täter.

In der Regendämmerung sprang er über die Sandsteintreppen der *Schillerwiese*, als fliehe er diesen Ort. An diesem Ort, wusste Vordenbäumen, seien noch in der Zeit der „Aufklärung" Hexen verbrannt worden. Unter Kaiser Wilhelm erhob man den Ort zur *Schillerwiese.* Tropfen schüttelte Langensiepen sich aus dem Gesicht, schüttelte sie von Brauen und Nase, er pirschte, sprang und stolperte und sagte dann laut in den Auto-Radau der Nord-Süd-Achse, er wolle weder Täter sein noch Nichttäter.

Sondern *Rauskrieger.*

Am Uhlenkrug vorbei, am Stadion des Südvereins Schwarz-Weiß, des Gegenclubs zum unteren, zum Nordverein Rot-Weiß. Und gelangte in das Viertel, in dem die Straßen die Frauennamen hatten. Kam in der Isabellastraße zur AMOK-Bar. Das AMOK als KOMA.

Im dunklen Raum die Regenhaut an den Haken, im grünen Zwielicht sofort ans hintere Ende der Theke, dorthin, wo er sich auch mit Vordenbäumen oft verabredete und wo er an anderen Tagen mit seinen Leihbüchern hockte, wo nichts zu sehen war vom tonlos zuckenden Fernsehschirm. Schon schob ihm der Barmann ein *Bitter Lemon* zu.

Schon kam aber auch
einer dieser Schwermutbrüder, die kannte er gut, die waren seine Leidensgenossen, still für sich nannte er sie Melanchoholiker, und diesen hier, den hatte er auch jetzt im Verdacht, dass er unter seinem schwarzen

Mantel, dass er unter seinem von oben bis unten zugeknöpften Filz weder Hemd noch Hose noch überhaupt Unterzeug trug, dieser Schwarzmantel, der nannte sich Otto zur Linde, zur Linde redete wechselweise Ruhrdeutsch und Hochdeutsch, Otto Vordenbäumen hielt diesen Parallel-Otto für das, was man als abgebrochenen Priester bezeichne, für einen Extheologen, Langensiepen aber hatte gehört, der sei ein verkrachter Kulturkritiker, wahrscheinlich stimmte beides, jetzt jedenfalls hockte der sich neben ihn, schien auch jetzt moderat alkoholisiert und sagte, in Paderborn sei ein Wettbewerb ausgeschrieben worden, Paderborns Bischof Degenhardt habe um Gedichte gebeten, in denen das Wort Paderborn vorkomme. „Die habbich wat geschickt. Wat Knalliget. Willz hörn? Is kuaz."

Langensiepen griff zum Zitrussaft, die leichte Kopfbewegung vor dem Schluck deutete Otto zur Linde als Zustimmung. Zu seinem Paderborngedicht, sagte die Saufnase, müsse man wissen, Bischof Degenhardt an der Paderquelle predige vom Guten und Bösen mindestens so unwiderruflich wie Kirchenvater Augustin. „Gnadenstreng und unerbittlich."

„Sag Dein Gedicht."

„Da fesselt der Begnader – erstickt die Lebensader – sein Degen schneidet hart – der freie Wille flieht – der Gottesstaat erstarrt – der Freiheitskämpfer kniet – und ewig sorgt für Hader – der Glaubensborn der Pader."

Bei seiner Rezitation hatte der Lyriker in die Höhe geblickt, zu den Lichtern über der Theke. Sah nun wieder auf Langensiepen und wartete auf ein Echo. Auf ein Lob doch wohl. Langensiepen schwieg.

„Hat Degenhardt dat gewürdicht? Meine Welträtselreime? Nix da. Flogen aussem Rennen. Null Schankße. Der Degen schneidet haat." Ob Langensiepen für Bergmannslyrik schwärme.

„Eigentlich nicht."

„Essen, vor zwölf Jahre noch Europas größte Püttstadt, hat bekanntlich kein Berchwerk mehr. Folchlich is hier Sense mit Püttlyrik. Vommals abba reimten die Kumpels umme Wette. Untat meiste wa Scheiße."

Langensiepen betrachtete den Mann mit Scheu, erhoffte Schonung. Umsonst.

„Dat beste wa vom Püttmann Burger, Josef Burger. ‚Lebenskunst'. – ‚Das Kind, von Lebenskunst entfernt / kommt auf die Welt, dass es sie lernt. / Der Knabe schon merkt peinlich scharf / dass er nicht, wie er möchte, darf. / Der Jüngling sieht es mit Verdruß / dass er, was ihm zuwider, muss. / Der Mann erkennt mit stiller Wut / dass er, was er nicht wollte, tut. / Und selbst der Greis spürt noch mit Groll / dass er, was ihm verhaßt ist, soll. / Kurzum, wir sträuben uns vergebens. / Dies nennt die Schule man des Lebens. / In der wir, lang im Zwang, erwerben / das Abgangszeugnis ‚Schluß. Aus. Sterben'."

Otto zur Linde räusperte sich. Hustete.

Langensiepen lobte das Gedicht. Das zeuge von Erfahrung.

„Erfahrung machte Josef in Dreck un Kack vierzehn-achtzehn. Im Gemorde ham ihm die Faffn die Knarre gesechnet. Un ewich sorcht für Hader der Glaubensborn der Pader. Für Josef abba wa achtzehn Feiaaamt mit Kiache. Schomma mitgemacht, Fiarmung? Fürre ‚kämpfende Kirche'? Dä Priesta vapasst die klein' Dösigen Ohrfeign."

„Ohrfeigen?"

„‚Backenstreiche' heißtat. Nie gesehn? Letzte Wochenschau mit Hitler? April fümmenvierzich, da kannze'n bekucken, unsan gelernten Kathole, Goebbels wie Addoff hatten vonne Kiache ziemlich viel kapiert. Kuaz vor total *Schluß Aus Sterben* kneifen die Vollidiotn so Vierzehnjährige mit links inne Backe, mit rechts betatschen se die anderen Bäcksges. ‚Fiarmung'. Für't letzte Aufgebot."

„Du vergleichst die Kirche mit den Nazis?"

„Ham teuflisch viel Gemeinsames. Un vagleichn hilft imma. Auch Äppel un Birn'n, allet musse vagleichn. Un allet mit Hitler. Dat schafft Erkenntnis. Seit se abba vagleichn vawechseln mit gleichsetzn, sind unsere Politriesen, wie soll ich sagn, vagleichsweise simpel." Hob sein Stauder-pils. „Hitla wa vakappte Kiache. Glaub dat dem Otto zur Linde. Es sorgt seit je für Hader der Glaubensborn der Pader. Ich weiss, Du würd´s gärn irngswat glau'm. Abba ich sach dir, wat Sache is: Bevor de gemacht wirß, warße ne Ewichkeit nix. Hochdeutsch: Nichts! Hintaher bisse ne zweite Ewichkeit genauso nix. In Edeldeutsch: Nichts! Und dazwischn? Da sind wer Leichn auf Sauftour." Zur Linde trank. „Ich seh, so genau willz dat ganich wissn. Trink weita deine Plempe! Bis die Tage. Tschökes."

Der strolchte weg, der zur Linde. Der Thresen-Tristan.

Langensiepen aß ein Brot
mit Mett. Und trank *Plempe*. Und zahlte dann und nahm seinen Gummimantel vom Haken. Der Regen hatte aufgehört, die Straßen glänzten schwarz. Mit der Stadtbahn fuhr er zurück, hinauf nach Bredeney. Zwischen zersorgten Gesichtern. *Leichen auf Sauftour.* Zwei alte Frauen nickten sich zu, nickten unablässig, sagten sich immerzu ja, sagten zu allem, was die andere sagte, begeistert ja, klammerten sich an das Nicken und Jasagen der anderen und schienen überaus froh im Hochgefühl so vieler schöner unablässiger Bestätigungen.

Zu Fuß die Frankenstraße hinunter. Auf dem *Gedankenstrich* im Namen des größten Landes. *Schluß. Aus. Sterben. Da fesselt der Begnader.*

Großdenker, auf dem *Gedankenstrich.*

Beim Eingang E des Hauses drei vier fünf sofort ins Souterrain, sofort zu seiner roten Kladde, sein Protokoll wollte er ergänzen. Aber Langensiepen erschrak. Die Kladde stand nicht zwischen Fontane und dem Schul-Atlas. Die stand zwischen Genazinos „Abschaffel" und Borns „Fälschung".

Jemand hatte seine Notizen in der Hand gehabt. Und hatte sie falsch wieder eingereiht. Hatte ein Fremder sein Protokoll gelesen? Warum auch schloss er seit gestern die Wohnung nicht mehr ab.

Auch die Flasche *Nutricomp* stand falsch herum, das Etikett drehte er immer zur Wand, jetzt war *Nutricomp* lesbar –

Ging zitternd durch den leeren großen Raum. Und sah immer noch mal in jede Nische und in jede Ecke. Fand aber keine weitere Veränderung. Schlug schließlich die Kladde auf und sah, dass die Seite, auf der er hätte weiterschreiben wollen, halbiert war. Die untere Hälfte war herausgerissen, der Riss lief unter „Dep.-Sp. verschw. i. Regenw." – Depot-Spur verschwindet im Regenwasser –

Löschte das Tischlicht und ging zur Frontscheibe. Sah im schwarzen Gewölk die blinkenden Abendmaschinen.

Was hieß es, dass jemand seine Notizen in der Hand gehalten hatte? Hätte der die lesen können? könnte ein anderer je seine Kürzel entziffern, seine punktierten Geheimwörter? „Meth.deb." für Methodendebatte?

Erdrisse. Papierrisse.

Die Wohnungstür musste er verschließen. Er ging zur Tür, drehte den Schlüssel. Und ging dann an der breiten Glaswand hin und her. Wie ein Fisch an der Aquariumswand. Interessiert an Durchblick, aber aussichtslos.

War es denkbar, dass dieser pazifistische Botanikprofessor Hertz Kriminelles plante? Eine Freiheitsberaubung? *Terror*?

Wie hatte die Frau geantwortet? *Sagen wir dir nicht.*

Kann eine Freiheitsberaubung *Kunst* sein? *lebensfreundlich*?

Gab es einen Richtungsstreit unter diesen *Aktions*-Künstlern im Raum *N.B.*? Hertz und die junge Frau auf der gewaltfreien Seite, Mick und der Schwabe auf der anderen?

Langensiepen ging in dem fast dunklen leeren Raum hierhin und dorthin und sah wieder sehr deutlich die junge Frau. Bewunderte, wie elegant und geschmeidig sie sich auf den Mokassins bewegt hatte, lautlos und leicht, gleitend, schwebend. Als ginge es nicht um das Schwerste. Um Gewaltfreiheit.

Schaltete dann die Tischlampe und schrieb eine Weile auf der nächsten unzerrissenen Seite. Sank schließlich auf sein Matratzenlager, griff über sich ins Regal, zu „Irrungen und Wirrungen". Fontanewörter beruhigten ihn. Diese märchenhaften Aufmerksamkeiten nach allen Seiten. Wo gab es das noch, „Gesellschaftsromane". So dicht bei den Menschen wie bei den Dingen. Bei den Verhältnissen wie den Missverhältnissen.

Sank da gerne hinein, ließ sich einhüllen und unterhalten. Und im Dunkeln gaukelte dann die alte trotzige, die mutig lustvolle Hans-Sachs-Ouvertüre, die kein Dirigent kannte. *So liebevoll wie lustvoll.* Die Aufnahme hatte er von Vordenbäumen, der hatte sie aus der DDR.

Und würde keinen Schlaf gefunden haben, hätte er gewusst, dass auch er, Langensiepen, zwei Tage später mitwirken würde beim Raub der Königin von Großbritannien.

VERFÜHRUNG

Von Sicherheitsschlössern hat er geträumt. Kein Wunder, für einen einzigen Tag hatte er seinen Wohnraum nicht verschlossen, prompt war jemand bei seinen Sachen gewesen, prompt träumte er von Sicherheit. Und zuletzt war es immerzu um Schlösser gegangen, um das Schloss der Krupps, das Schloss Balmoral, um das Kindheitsschloss des Dichters Chamisso, auch um Fliehburgen und um Schloss Hugenpoet, und drüben war der Raum N.B. neu gesichert worden mit einem verdeckten Sicherheitsschloss. Hinter schwarzer Klappe. Kein Wunder, eine hoch gemauerte Burg hatte er im Traum gesehen, abweisend glattes Gemäuer wie auf der Zeichnung des Dichters Chamisso, der dieser Apothekerin Marianne Hertz das Schloss seiner Kindheit gezeichnet hatte.

Ein Drakula- und Gespenstergebäude hatte Langensiepen geträumt, in dem spürbar alles andere herrschte als Sicherheit.

Musik hatte ihn befreit, melodiöse Vielstimmigkeitsmusik wie in der Hans-Sachs-Ouvertüre, *liebevoll*, *lustvoll*, und hinter der Panoramascheibe leuchtete ein neuer, ein regenfreier Tag, die Wiesenhänge funkelten. Er ging vor das *Fenstermonster*. Vom Depot, von den Grabungsspuren war nichts mehr zu erkennen. Wendete sich dann in den leeren Raum zurück und entdeckte das ausgerissene Kladdenpapier, hinter der mittleren Kiste steckte das unter dem Teelicht, kleingefaltet. Und da stand mit Kugelschreiberschrift: „Mach keinen Fehler, sagt dir Mick."

Steckte sich das in seine Jacke, setzte sich an sein Tischchen und schluckte Aufbaunahrung. Und wollte weiter die vielstimmige Traummusik hören, diese immer wieder Mut machende Hans-Sachs-Musik, aber jetzt klopfte es an der Tür und er hörte die Frauenstimme.

Räumte den Teller weg, drehte das Etikett *Nutricomp* zur Wand und schloss auf. Die Jeansfrau erschien, kam mit gymnastischem Schwung, strich auf ihren Ledermokassins dicht an ihm vorbei vor die Fensterfront und blieb stehen. „Rätselhaft, wie jemand so wohnen kann.“

Stellte sich neben sie. Sah ebenfalls hinaus und sagte, hier unten sei er *unfressbar*. Hier fühle er sich *schrundig, rissig, holzig*.

„*Schrundiges* fresse ich am liebsten.“

Die braunen schlanken Arme. Auf der jungen Haut nirgends das, was als „Makel“ galt. Und unter dem hochgesteckten Haar leuchteten im Sonnenlicht Flaumhärchen. Nackenhärchen. Verletzlich schien ihm dieser Nacken, schutzbedürftig. Er müsste ihr jetzt sagen, dass sie und Hertz und Mick in akuter Gefahr waren. Und er müsste ihr auch sagen, dass ihr irischer Freund in diesem Raum gewesen war, dass der Langensiepens Leihbücher in die Hand genommen hatte und Langensiepens Notizen.

Im breiten Glas spiegelten sich ihre Gesichter. Ein Lichtwechsel meldete, dass sie ihn anblickte. In seiner Schläfe begann es zu brennen

Was will ich von ihr? Dass auch sie sagen soll *ich traue dem Leser Langensiepen*? Dieser Frau müsste ich jetzt entscheidende Fragen stellen.

Statt Fragen zu stellen, bot er englischen Tee. Nein, sie mochte jetzt keinen Tee, sie wollte auf diese Wiesenhügel hinauf. „Mit dir reden muss ich.“ Die Glastür rollte sie zur Seite und ging auf die Ziegelsteinterrasse.

Er schob die Rolltür hinter sich zu. Beim Aufstieg mied er den Blick auf die Grabstelle. Auch sie schien der Winkel zwischen Heckenmauer und roter Buche nicht zu interessieren. Er fragte, ob sie letzte Nacht schon in der neuen Wohnung geschlafen habe. Sie habe bei Heinrich Hertz übernachtet.

Auf der Höhe die Kiefern, goldene Stämme unterm Dunkelgrün, hier oben war gemäht worden, duftete es nach Heu, nach Minze. Auf den roten Aschenwegen war so früh noch niemand unterwegs. Die Bänke waren leer. Er blieb stehen. „Was also habt ihr vor?“

Sie schwieg.

„Beschreib mir eure *Aktion*."

„Langsam."

„Meinetwegen beschreib es langsam. Gehen wir eine Stunde oder zwei oder drei. Aber du musst mir alles schildern. Schritt für Schritt."

Zehn oder zwanzig Schritte auf dem Aschenweg in Richtung Bredeney. Warum schweigt sie? Nun überlegt sie, wie sie mich neu irritieren kann. Verhexen, ablenken, täuschen. Orchideen-*Methoden*.

Er zog das Kladdenpapier aus der Tasche. „Mick war in meinem Souterrain. Ist das eine Drohung?" Gab ihr das Blatt.

Sie las. Faltete das dann zusammen, in mehrfachen Falten, bis ins winzigste Format. „Ach, der Mick." Ging eine Weile stumm. Öffnete das Blatt wieder. Und zerriss es. Und schüttelte den Kopf. „Das ist keine Drohung, das ist ein Rat, ein sehr ernster. Michéal ist hochgradig misstrauisch. Einem Exbullen *trauen* zu sollen, überfordert ihn. Er ist ein Feuerkopf ." Warf die Fetzen in einen Abfallkorb. „Wäre das eine Drohung, hätte er nicht seinen Namen dazugesetzt. Keine Sorge, gewalttätig ist er nicht. Nicht mehr."

„Er schreibt, ich soll *keine Fehler* machen. Dann muss ich wissen, was ihr vorhabt. Benötige ich eure *Daten*. Lückenlos *Informationen*. Also? NORA gegen IRA? Wie soll das aussehen?"

Sie schien zu nicken. Und nach zehn oder zwölf weiteren Indianerschritten begann sie zu reden, sehr leise. „Leider weiß auch ich nicht, ob einer, der Romane liest, ob einer wie du je begreifen kann, was wir tun. Was wir tun müssen. Ob du je auf unserer Seite sein kannst. Auch wenn du am liebsten ohne Waffe gegangen bist. Mit kleinen Erfolgen, wie Hertz erzählt."

„Was muss ich begreifen?"

„Zum Beispiel, was es heißt, dass Iren über Jahrhunderte ausgeschlossen blieben von jeder Sorte Macht. Vom Parlament, von den Verwaltungen, vom Schulwesen, von der Erziehung. Von Polizei und Heer und von den Gemeinderäten. Von den Karrieren der Juristen, der Banker. War alles besetzt, jahrhundertelang englisch-protestantisch besetzt. Auch Landbesitz konnten Katholiken weder behalten noch erwerben. Es sei denn, sie wurden Protestanten."

Ihre Stimme blieb leise, schien aber zu zittern. „Das Witzblatt *Punch* zeigt Iren gern als Halbaffen. Als langarmige Barbaren. Die muss man naturgemäß dressieren. Muss man kurzhalten. Zügeln."

Kamen unter spitzwipfliges Grün, unter junge Ginkgobäume. Nach links führte ein Weg hinab zum Park um Villa Hügel, zu den *Kaiserbäumen*. Rechts, zwischen blühendem Rhododendron, ging es zu den Villen von Bredeney hinauf. Unten glänzte der See. Im Silberglitzer wendeten Segel, starke Farben leuchteten da immer nur kurz, Weiß oder Rot. Am Himmel fortgesetzt Lärm. Sinkflüge in Richtung Düsseldorf.

Er habe Lust, mit ihr den See zu umrunden, sagte Langensiepen. Das sei die halbe Marathonstrecke. Im Gehen begreife er am besten, vielleicht sogar Nordirland.

Sie setzte sich auf eine der Buchenholzbänke. „Dir fehlen tausend *Daten*."

Er setzte sich neben sie, nicht allzu dicht. „Dann sag mir die wichtigsten. Fang an. Ich hab Zeit."

Sie holte tief Luft. „Zum Beispiel *Bloody Sunday*. Fünf junge Kerle wollten den bewusstlosen Gerry Donnaghy ins Krankenhaus bringen. Hatten den in ein Auto geschafft, kannten aber den Mann nicht, und weil sie wissen wollten, wer das war, haben sie unterwegs die Taschen in Gerrys Sonntagsanzug umgekrempelt, wollten einen Hinweis finden, einen Ausweis. Einen Namen, eine Adresse. Wurden von Soldaten gestoppt, aus dem Auto gejagt. Gerry Donnaghy starb. Zwei Tage später veröffentlichte die britische Armee Fotos. Der Tote mit aufgekrempelten Hosentaschen, mit umgestülpten Jackentaschen. In diesen Taschen, sagte die Unterschrift, waren Nagelbomben. ‚Gerry Donnaghy war eine lebende Bombe'. Was meinst du, wie sah sie aus, die Konsequenz der fünf?“

Aus dem Wald vor dem Krupp-Schloss näherte sich ein Mann im militärgrünen Parka. Mit hochgeschlagenem Kragen.

„Noch in derselben Woche gingen sie zur IRA. Alle fünf.“

Jetzt hätte er fragen wollen, ob einer von denen ihr Micheál war. Doch Direktfragen schien sie auszuweichen. Von links kam der Parka-Mann näher. Langensiepen brummte, warum da einer in dieser Sommersonne mit hochgeklapptem Kragen ging und woher sie den kenne.“

„Wieso kenne ich den?“

„Eure Blicke waren nicht zu übersehen. Melden mir meine Fliegenaugen.“

Der Parka-Mann ging an ihnen vorbei, der schaute angestrengt talwärts, als interessierten ihn die Flugriesen, das Gedröhn zum Rhein hinunter. Dünner langer Haarschopf im Gummiband. Langensiepen meinte das Zorngebrüll zu hören, damals in der Nordstadt. *Bullenschweine.*

Als der genügend weit weg war, fragte Langensiepen, welche Seite sie meine, wenn sie „auf unserer Seite“ sage. Die katholische?

„Weder die noch die protestantische. Die Grundrechte verletzen beide. Scheidung und Abtreibung, Kondome und Pillen sind für katholische Hirten Sünden gegen das Leben. Und Dublin kuscht, duckt sich unter Roms Hirten. Und Roms Oberpriester tun neuerdings ungeheuer lebensfreundlich, obwohl ihre Kirche lange Zeit „heidnische“ Menschenleben gnadenlos vernichten ließ, millionenfach. Im ‚freien' Irland, da genügt ein Wink mit dem Bischofsstab und liberale Zeitungsleute sind gefeuert. Geschwängerte Mädchen suchen Hilfe in Nordirland. Oder in England. Über Entscheidendes lassen die obersten Hirten nicht mit sich reden. Sex, Schwule und Lesben, Kondome, Priesteramt für Frauen, die eigene mörderische Geschichte, der jahrhundertelange Missbrauch.“

„Darum geht dein Streit mit Micheál?“

Sie hockte sich hinter ihn, auf die Rücklehne der Bank, auf rundes graues Buchenholz. An seiner rechten Schulter spürte er ihr Jeansknie. Gern hätte er einen Arm auf ihr Knie gelegt.

„Mick fragt mich, ob ich je gehört hätte, dass im irischen Süden Protestanten misshandelt würden. John Lennon jedenfalls sang umsonst.“

„Was sang der?“ Sein Arm wollte auf ihr Knie.

„‚Lasst Irland den Iren. Nicht London oder Rom.‘“

„Über Irland weiß ich nichts. Nur Undeutliches. Wüste Geschichten von Kobolden und Elfen, von wilden Inseln und Steilküsten.“

„Könnte sein, irgendwann nimmst du mir ab, wie sehr in Irland all das zu hassen und zu meiden ist, was als Realität gilt. Dieser kleinliche, dieser fromme Tötungsbetrieb. Junge Leute in Nordirland bringen sich am Ende wechselseitig um, als verpassten sie sich eine Tracht Prügel.“

Und plötzlich saß sie auf der Rücklehne direkt hinter ihm. Hatte seine Schulter zwischen ihre Schenkel genommen, schob sanft und genau ihre Hände über seinen Hals, über seinen Nacken, schob die Finger den Rücken hinunter und tastete und massierte. Er lobte das, invalide Leute benötigten Zugriff.

„Und benötigen Aufbaunahrung. In deiner Nische sah ich *Nutricomp*.“

„Ich sei nicht fett genug, hieß es.“

„Das spüre ich.“

Also war sie es, die das Medikament falsch zurückgestellt hatte. Aber die knetete nun seinen Nacken, den Rücken, die Schultern und zentrale Nerven, die strich und drückte mit Handballen und Fingerkuppen über die Wirbel hinab. Und schien sich mit ihren Beinen von beiden Seiten an ihn zu schmiegen. Und redete von Kirchenhörigkeit. „Das ist wie die Dressur von Trüffelhunden. Direkt nach der Geburt reibt man die Zitzen der Hundemutter mit Trüffelextrakt ein. Und lebenslang suchen fortan die Tierchen Trüffel. Den Mamigeschmack. Das Großhirntier freilich sucht und ersehnt die Glaubenstrüffel weit über sein Lebensende hinaus. Wittert da Paradiesgeruch und Ewigkeitsduft, und die sind ja auch unendlich verlockender. So sind wir programmiert, wir Glaubensgefräßigen. Auf dieser wie auf jener Seite."

„Was wollt ihr Sonntag machen?"

Aus ihrer Gesäßtasche holte sie eine grüne Karteikarte und hielt ihm die gebogene Pappe so vor die Augen, dass er mitlesen konnte. „Sean O'Casey wettert hier über ‚katholische Spießbürger'. Über ‚katholisches Rowdytum'. ‚Ach, diese ... wahnsinnigen Religionen ... Hier, Jungens, bringt mal alles hergeschleppt, damit ER das richtig sehen kann, bringt den gespaltenen Schädel her, das blutige Auge, den zerquetschten Arm ... und laßt den Jesus mal alles ordentlich anschauen. Das ist unsere tägliche Routine-Arbeit, gnädiger HErr. Und eines Tages werden wir noch mehr leisten ... papistische Bastarde liegen zu Eurer Linken, HErr, und Protestantenbrut zu Eurer Rechten. Ach, diese wahnsinnigen Religionen'. So etwas fuchst sie. Fuchst jeden Irland-Verklärer. Die Karteikarte schenk ich dir. Das Zitat steht seit zwei Wochen in meiner Arbeit."

„An was arbeitest du?"

„‚Romantische Umsturzstrategien. Ein deutsch-irischer Vergleich'."

„Und? Was kommt raus bei deinem Vergleich?"

„Projektionen."

„Projektionen?"

„Vorwände. Fürs Reale, für Machtpolitik. Die Projektionen Freiheit. Wahrheit. Nation. Helden und Heilige. Paradies, Gott und Teufel."

„Alles *Projektionen*?"

„Am eigenen Kopfschopf ziehen wir uns empor ins wunderbar Höhere. Ziehen uns aus unseren Miseren in die Illusion hinauf, Lösungen zu wissen. ERlösung. Und wo immer so ein Erlösungswahn so richtig ins Blühen kommt, muss er dann auch ‚retten'. Entwickelt er universelle Ansprüche. Totalitäre Haltungen. Das ‚allein Seligmachende' der Kirchen. Der Ideologien. Kostet bekanntlich Menschenleben, hundertmillionfach. Betreibt reale Machtpolitik und kostet und kostet."

Langensiepen notiert hier sein *S.H.W.* und „W.H.W.", wahrscheinlich „Wahrheitswahn".

„Auch Gott, nur eine *Projektion*? Vor Gott kein Respekt?"

„Im Gegenteil. Wenn es ihn denn gibt: unermesslichen Respekt. Wörter über Gott sind Geschwätz, sagt Hertz. Unsere ärmlichen Wörter sollten endlich Respekt finden vorm Unfasslichen. Dass da etwas sein soll, das dieses so schöne wie grausige Vorhandensein gemacht hat, davor sollten wir endlich zur Ehrfurcht finden und die Klappe halten. Angemessen seien allein Stille, Staunen, Studium. Erschütterung."

„Erschütterung?"

„Vor der Ungeheuerlichkeit, dass vergängliche Materie Bewusstsein hat und denken kann. So sehr hat Hertz *Respekt*, dass er lächerlichste Anmaßung nennt, über Unsägliches irgendwas sagen zu wollen. Statt albernem Gottesbetrieb endlich *Respekt* vor der Irrsinnsschöpfung: vor *DEM* Menschen."

Sie blieb eine Weile still. Und er hat dann gefragt: „Ringsum lauter Verstiegene und Verrannte – ihr dagegen, ihr seid die Realisten?"

„Naturwissenschaftler Hertz sagt, was hat die Welt von Leuten, die diese Welt nicht wahrnehmen. Mörderisches hat sie davon."

Langensiepen überlegte eine Weile, wie er weiterfragen könnte, wie von dieser Frau Konkretes zu erfahren war über die Aktion. Direkten Fragen wich sie aus in Schwindelerregendes. Schließlich sagte er: „Wahrnehmen? *Realität* wahrnehmen? Bei *Realität* weiß ich selten, welche gemeint ist."

Da waren in seinem Nacken plötzlich ihre Lippen. Ihre Lippen und ihr Atem. Lippen streunten durch das Haar hinter seinen Ohren und summten und flüsterten. „Ich nehme an, es gibt ein paar Anhaltspunkte. Vermutlich war es *real* ein britischer Panzerwagen, der in Derry die katholischen Frauen beiseiteschob und auch mich. Ein Panzer Ihrer Majestät war das und kein Bewusstseinstrick. Auch das *blutige Auge* des O´Casey scheint mir ziemlich *real* zu sein. Auch die *zerspaltenen Schädel*. Wenn in Derry Frauen auftauchten, denen die heilige Mutter und anderes Höheres erst mal ziemlich egal war und die heldischen Männer sowieso, dann gab es Stunk. Mit diesen begeisterbaren Herren. *Women Against Imperialism* wollten Zugang nicht nur zu den Clubs und Pubs, sondern auch zu den konspirativen Treffs. Wurden verhöhnt, als Scheusale, als Zicken. Als Bernadette Devlin fürs Europa-Parlament kandidierte, da befahlen die Helden Wahlenthaltung. Bernadette kam trotzdem nach Straßburg. Auch in Nordirland blüht Mackertum. Ich nenn das *Realitäts*verlust. Und Sozialverlust. Und Lustverlust. Die Kerle wollen ein neues Strafrecht, sind sogar gegen die Todesstrafe, sehen aber kein Problem darin, wenn sie ‚Abweichler' und Kriminelle verkrüppeln. Durch Schüsse in die Knie. Seit je von der Rechtsprechung ausgeschlossen, machen sie sich ihre eigene. Und lynchen. Sind alles *reale* Tatbestände."

In verwirrendem Flüsterton redete sie, ihr Mund dicht an seiner Schläfe. „*Kneecapping, though crude, brings an abrupt halt to antisocial behaviour*. So etwas bekam ich zu hören in Derry. Das Abhacken von Diebeshänden im Islam wird ähnlich begründet. Ach, *diese wahnsinnigen Religionen*."

„Du merkst, ich bin ganz Ohr. Ganz Nacken. Und sehe mich ziemlich deutlich auf deiner Seite. Poeten wie Polittäter beim Erfinden der Wirklichkeit? Das überzeugt mich. Davon wusste sogar Wilhelm Busch. ‚Gewöhnlich ist man kummervoll und weiß nicht, was man machen soll. Nicht so der Dichter! Denn kaum missfällt ihm diese wüst verworrene Welt, so knetet er aus Wörterkleie für sich privatim eine neue.'"

„Wunderbar." Ihre Lippen stöberten weiter. „Wenn's nur beim Dichten bliebe. *Auch* Staaten basteln sich ihre passende Wirklichkeit. Auch der Bonner Staat. Produziert vorm RAF-Häuflein Sicherheitshysterie. Und radikalisiert das Häuflein. Und ignoriert gründlich das, was er eigentlich verteidigen wollte, die Grundrechte. Ignoriert die beängstigend perfekt. Der Bonner Staat erweist sich da als bestens geübt."

„Ihr dagegen macht nun alles ganz anders? Gewaltfrei? Human? Beschreib mir eure wunderbare Programmstörung am kommenden Sonntag."

„*Programmstörung*? Nicht schlecht."

Rund hundert Meter unterhalb ging der Parka-Mann. Jetzt in der Gegenrichtung. Der Kopf nicht mehr im hohen Kragen.

„Wir halten uns an ein Vorbild, an Pat Finucane. Europa-Fachmann für *civil rights*. Eines Sonntags sitzt Pat in Derry mit Frau und Kindern beim Essen. Plötzlich Vermummte im Zimmer. Die knallen ihn ab. Vierzehn Schüsse. *Reale* Schüsse. Vor den Augen der Kinder, vor den Augen der Frau. Und bis heute keine Anklage, kein Prozess. Im Rechtsstaat England. In den Medien stets die IRA. Nie die Gangster der Queen."

Der Parka-Mensch verschwand unter den Kruppwaldbäumen. Eine Esskastanie stand dort in Blüte, die glitzerte in der Sonne wie mit hundert Wunderkerzen.

„Kennt Leser Langensiepen die Geschichte vom verkauften Schatten?"

„Chamisso."

„Schau mal beim Staatsbesuch am kommenden Sonntag genau hin. Sieh mal nach, ob die Queen noch Schatten wirft." Sie drückte mit beiden Händen gegen Langensiepens Hals, als wollte sie ihn erdrosseln. „Königliche Killer haben ihr den Schatten längst beseitigt. Und das Dumme ist, die Gegenseite, die Katholiken vertun und verkaufen ihre Schatten ebenso. Die Untergrundzeitung *An Phoblacht* bringt Woche für Woche zeigefingerhohe Schlagzeilen. Die IRA immerzu ungebrochen. Unbesiegt und unerschrocken. Für *Freiheit*, für *Glorious Holy Mary*. Terroristisch ist da einzig dieser abscheuliche britische Feind, den die verdiente Rache trifft, die Bombe, die Kugel. Fotos von maskierten Kerlen, von ‚unseren Jungs' mit der Knarre, unsere Jungs im Trainingslager, unsere Jungs auf Patrouille. Unerschrocken, unbesiegbar. Helden. Und wenn unsere Jungs dann doch eines bitteren Tages heimkommen als *blutige Schädel*, ‚siehe, da ward es still bei Freunden und Feinden. Nur die Mütter weinten. Hüben und drüben.'"

Er drehte sich um, blickte sie an. „Was also macht ihr Sonntag?" Sah über sich ihre übergroßen hellen Augen. „Ohne Gewalt? Rein human?"

Sie sprang von der Banklehne. Tat auf dem roten Aschenweg schwungvolle Schritte hierhin und dorthin. Kam dann langsam wieder zurück. „In der neuen Tageszeitung war gestern eine gute Karikatur. Da sah man einen NATO-Hund und einen Warschauer-Pakt-Hund. Die Atomköter jagten sich gegenseitig im engen Kreis herum. Immerzu gegenseitig herum, hetzten hintereinander her, und über beiden Hundeköpfen standen die gleichen Denkblasen, über beiden verfolgten Verfolgern. – *Er bedroht mich – er bedroht mich – er bedroht mich* – "

„Kommenden Sonntag holt ihr euch die Thatcher? die Queen?"

Ihre Augen strahlten ihn an. Die glitzerten wie Zirkusmanegen. „Es wäre schön, wir könnten was essen."

„Gehen wir zu Kemal. Neuerdings stellt er Tische vor seine *Trinkhalle*."

Gingen weiter den Weg in Richtung Bredeney. Mehrere Minuten schweigend. Langensiepen drückte seine Fingernägel in die Handballen. *Mach keine Fehler.* Dass kommenden Sonntag eine *Aktion* geplant war gegen die Queen oder die Thatcher, hatte sie jetzt gar nicht mehr bestritten.

Neben ihren Mokassinschritten fand er sein eigenes Gehen schwerfällig, hielt seine Schritte für ungelenk. In seinem Kopf überstürzten sich verwackelte Fotos, Bilder von Gefahr. Von *gespaltenen Schädeln* – von *Projektionen – am eigenen Schopf* –

Sie legte ihren Arm um ihn, herzlich solle sie ihn grüßen. „Grüß mir den lesenden Klosterbruder. Hertz sagt, du könntest hilfreich werden."

„Hilfreich?"

„Das gehört zu der Antwort, auf die du wartest. Bist eingeladen. Morgen wird Heinrich Hertz achtzig. Da lädt er uns ein auf den höchsten Punkt der Stadt, ins Gasthaus auf der ‚Heimlichen Liebe'. Da will er erzählen, wie er als Jude den Hitlerterror überlebte. Gewaltfrei den Gewaltstaat." Sie tat drei, vier rasche Schritte, machte einen ihrer eleganten Dreher, blieb dann stehen und ließ Langensiepen auf sich zugehen. „Was weißt du über *Nora`s Day*?"

„*Nora's Day*?" Er ging weiter, aber sie stand ihm im Weg, vor ihr blieb er stehen, dicht vor ihr.

„Der kommende Sonntag ist der sechzehnte Juni. Für Literaten ist das der *Bloomsday*. Nach Leopold Bloom, der Hauptfigur im Riesenroman ‚Ulysses', dem Roman über einen einzigen Tag im Leben des Mister Bloom. Über den sechzehnten Juni 1904 in Dublin. *Real* war dieser sechzehnte Juni aber der Tag der Nora Barnacle, der Geliebten des Dichters. Einer Frau von der Atlantikküste, aus dem irisch gälischen Galway. Am *realen* 16. Juni 1904 hat diese Nora Barnacle dem James Joyce in Dublin zum erstenmal in die Hose gegriffen. Mit Erfolg." Sie lächelte, sehr dicht vor ihm. „Joyce hatte bis dahin nur mittelmäßige Erfolge. Seit dem 16. Juni 1904 jedoch wuchsen seine Texte erstaunlich über sich hinaus. Seit 1904 begann er allmählich, der Welterfolg des sogenannten Jahrhundertdichters. Kluge Leute sehen die Ursache in seiner lebenslangen Lebensgefährtin. Und nicht nur in Noras erfolgreichen Griffen. Sondern vor allem in Noras Schreib- und Redeweise. In ihren grammatikfreien und sehr *realen* Reden und Briefen. Ohne Punkt und Komma und ohne Hemmungen redete und schrieb diese tolle Frau, ließ unverpackt und schnörkellos raus, was Sache war. Noras nackte Wörter rüttelten den Dichter. Und deshalb ist für alle einsichtigen Leute der 16. Juni nicht *Bloomsday*. Sondern *Nora´s Day*."

Er wendete sich ein wenig zur Seite. „Ohne Punkte, ohne Satzzeichen? Wenn ich schreibe, mach ich's genau andersrum. Mache fast nichts als Punkte und Kommas, Kürzel, Fragezeichen, Gedankenstriche."

Sie nickte. „Ich sag's ja. Muss dich noch entscheidend lockern." Ging dann weiter und erzählte von Nora Barnacle, nannte diese irische Nora eine *Idisi*, ohne zu sagen, was eine *Idisi* sein könnte. Wie hieß neuerdings der *Geräteraum*? *N.B.*? Nach Nora Barnacle?

Vor seiner *Trinkhalle* begrüßte Kemal die beiden lebhaft, bot ihnen den hinteren Tisch, deckte neues weißes Tuch und stellte Blümchen darauf, frische Stiefmütterchen. „Sehen aus wie Marx, sagt dein Vordenbäumen."

Aßen Feta-Salate und tranken Airan. Am Nebentisch lachten junge Leute über ihre Abi-Feier. Langensiepen blickte sich um und fragte, ob auch Micheál eine Uni-Arbeit schreibe.

Auch sie sah sich um und redete dann leise, als ginge es um Geheimwissen. „Wenn hier ältere Frauen wen mögen, dann sagen sie, den könnten sie leiden. Eine Verrücktheit, sagt Mick. Aber so reden sie hier, vor allem ältere Frauen. Reden vom Leidenkönnen. Siehe Schopenhauer: ‚Das Weib trägt die Schuld des Lebens nicht durch Tun ab, sondern durch Leiden.' Mick sammelt so was und sortiert. Und sein Thema ist genehmigt. ‚Zur linguistischen Lyrik der Ruhrsprache'."

„Wie bitte? Lyrik?" Langensiepen hatte vom salzigen Yoghurtgetränk trinken wollen, stellte den Becher zurück. „Ruhrsprache als Lyrik?"

„Mick hörte, wie ein Rentner sagte: ‚Mich mangeln die Wörter'. Sieht aus, als hätte der nur wieder mir und mich verwechselt. Micheál ließ das keine Ruhe, im Ruhrlandmuseum fand er Wäschegeräte, die es auch in Irland und England gab, nach dem letzten Spülen drehte man die Wäsche klatschnass durch eine *Mangel*, das ging schwer, Heinrich kannte einen Berliner Schlager. ‚Komm hilf mir mal die Rolle drehn, du bist so dick und stramm, genier dich nicht und zier dich nicht, wir drehn das Ding zusamm'. Erotisch, klar, beim Mangeln rollten Holzwalzen übereinander. Und um 1900 waren fast alle Ruhrleute Fremde, kamen bekanntlich aus Holland, Polen oder Bayern, da wirkten Preußens Behördenregeln wie Mangeln, plattwalzend, da hatten die Neulinge ‚Mängel' – all das meldet dies genial verdrehte ‚mich mangeln die Wörter'."

Langensiepen fragte, ob Mick auch folgendes nutzen könne. Im AMOK habe ihm ein Älterer erklärt, warum er eine bestimmte Kneipe nie mehr betreten werde, die sei ihm zu stinkig, hinterher röche alles nach Zigaretten und Pommesfett. „Und ich Idiot hab dem Pullover im Schrank gehangen."

Das ließ sie sich wiederholen, das pries sie, das lobte sie in hohen Tönen, schon *dem Pullover* sei ein Ereignis, Dativ statt Akkusativ verrate, dass man *dem* nun alles anmerke und abrieche. „Und dann sagt der nicht ‚in den Schrank', sondern *im Schrank*, das bündelt Tat und Resultat, im Ruhrgebiet gehen sie nicht ins Kino, sondern *im Kino*, kombinieren das Reingehen mit dem Schon-Drin-Sein. Und schließlich hat dein AMOK-Hinz-Kunz seinen Pullover nicht ‚gehängt', sondern *gehangen*, außer dem Hineinhängen erzählt er gleichzeitig seinen Fehler, das Hängenlassen des Stinkers zwischen den anderen Klamotten, die, da der Pull lange *gehangen* hat, gleichfalls vermieft wurden, Mann, das ist *Volksmaul*, hochverdichtend, also Lyrik! Sag solche Sachen dem Mick!"

Solche Sachen, sagte Langensiepen, könnte er tagelang erzählen. Von der Frau, deretwegen er den Job verloren habe und fast den Verstand. Da wollte sie wieder Genaueres über Anita hören, er wehrte ab, dann säßen sie noch Tage hier, auch Anita sei ein Sprechmonster gewesen ohne Punkt und Komma, *deutsch* im ursprünglichen, im Wortsinn, also leutig-proletisch.

Die Bierdosenberserker am Nebentisch brachen auf. Es wurde still, Langensiepen beugte sich vor. „Und nun halte dein Versprechen. Was macht ihr an *Nora´s Day*."

Sie betrachtete ihn aus großen Zirkus-Augen. In den Manegen turnten Kobolde, wirbelten Artisten.

Langensiepen gab nicht auf. „Dieser KONJA-Kiosk ist inspiziert worden. Vorgestern, von Sicherheitsfiguren aus Düsseldorf. Sonntag muss Kemal diese Tische wegstellen. Dann benötige man, hörte er, *freie Bahn*." Er wartete. Sie schwieg, ihre Hand tastete sich auf seine Hand. Er tat unbeirrbar. „Was ist dran an NORA gegen IRA?"

„Solche Fragen beantworte ich nur im Untergrund." Und gab dem Kemal einen Geldschein, der die Rechnung mehr als beglich und verließ den Tisch.

Er trabte hinter und dann neben ihr her, unter den Kruppwaldbäumen an der Frankenstraße sagte sie, sie werde ihm nun alles erklären. Konkret und in Offenheit. *Bloomsday* sei künftig *Nora's Day*. Der Tag der klugen Frauen, der *Idisi*. *Idisi* sei das älteste Wort, das in deutscher Sprache überliefert sei, durch Zufall, im Einband eines frommen Buchs. „Und dieses älteste erhaltene Deutsch meldet: *idisi heri lezidun*."

„Das heißt?"

„‚Kluge Frauen stoppten das Militär'. Und das machen wir. Am kommenden Sonntag."

In Langensiepens Kellerraum
verschloss sie die Flurtür. „Erlaube, dass ich auch dein Breitwandfenstermonster schließe." Bog an der Glastür den Hebel hoch, griff sich die Heidschnuckenfelle von den Kisten und trug die hinter die halbe Wand in Langensiepens Schlaf- und Lesenische. Legte dort die Felle auf dem Lager sorgfältig nebeneinander, bereitete einen Fellteppich. „Die Assel bekommt jetzt ihre Antworten. In *Offenheit* und *konkret*. Wahrheit ist immer *konkret*, sagte der Assel-Dichter. Leg dich auf deine Schafshäute und entspann dich. Denk an viel Schönes, meinetwegen an Anita oder Jessika. Oder an Nora. *Freie Bahn* wollten die Düsseldorfer? Exakt das machen wir."

Ging zum Duschraum, kam aber wieder zurück und blieb vor ihm stehen, wieder sehr dicht. „Kennst du den Dünkel aller Dünkel?"

„Den werde ich jetzt nun kennenlernen."

„Erst jetzt kommt raus, dass unser orchideenschönes Schwellorgan untergründig mindestens so groß ist wie euer Protzstück. Bei uns zum

Glück subkutan, unter die Haut gehend. Tiefgreifend ganzheitlich. Eine Medizinerin hat das soeben herausseziert. Akademische Herren hat das nie interessiert. Oder immer nur erschreckt. Jedenfalls minimalisierten sie, wie die Kirchenväter. Für die Heiligen und für die Kirchenväter waren und sind Frauen ‚Missgeburten'. Solche, denen was fehlt."

War dann wieder im Duschraum, indianerschnell. In Langensiepens Leserkopf *rotierte subkutan, with you, unter die Haut gehend – so liebevoll wie lustvoll – yes I do –* ?

Noch immer nicht hatte er ihr gestanden, dass er den Silberkasten geöffnet hatte, die Zeugnisse vom Fehltritt der Marianne Hertz und des Dichters Chamisso. Er ging im leeren Raum umher, in Verwirrung, in Ratlosigkeit, die Direktheiten dieser sogenannten Nora überforderten ihn, ihre schnellen Reaktionen, ihr eleganter schlanker Körper, seidenglatt, sommerbraun, diese *Idisi* erschien ihm unerträglich schön, jetzt geriet auch Langensiepen in eine *Mangel*, der Mensch aus Münster, Fremdling im Ruhrrevier. *Liebeskenntnisse.* Spätestens jetzt, sagte er sich, müsste er die Öffnung des Depots gestehen, *in Offenheit.* Auch seinen Fehlschuss müsste er erzählen, sein Versagen in der Nordstadt, das Zittern der alkoholischen Pistolenhand –

– näherte sich dem Duschraum und sah, wie sie vor dem Spiegel den Kamm aus dem wippenden Haar zog, wie ihr Haarstrahlenkranz auseinander fiel und auf die Schultern sank, nackt stand sie vor dem Spiegel und sah ihn und sich selbst an, lächelnd, mit Zirkus-Augen. Und kam dann und glitt so eng an ihm vorüber, dass er meinte, nicht nur ihre vorbeistreifende Hand gefühlt zu haben, auch ihren Körperhauch, diese seidenglatte Geschmeidigkeit. In seiner Nische kuschelte sie sich in die Heidschnuckenfelle, rollte sich in seiner Geheimhöhle ein wie eine Katze, nahm von seinem Schlafplatz Besitz, als sei sie hier zuhause. Er wusste nun keineswegs, wie es hier weitergehen könnte, sie dagegen schien das genau zu wissen, breitete sich auf seinen Fellen katzenhaft bequem aus, *in Offenheit*, und in ihren Augen funkelte ebensoviel Vergnügen wie Sicherheit. „Gefall ich dir?"

Das beantwortete er mit Drauflosreden, dompteurhaft kühn. „Deine rechte Brust ist mindestens so schön wie deine linke, beide sind ansehnlich klein, offensichtlich handlich, und deine Schlankheitskurven, die, so lese ich das immer wieder, die entzünden im Mann ein Toben der Spermien – ich kann dich leiden – "

„Und du stoppst jetzt dein Asselgequassel, legst dich hier flach hin auf den Bauch, und lässt dich lockern. Meine Brüste hat noch nie jemand kritisiert."

„Gepriesen habe ich sie."

„Klamotten runter, lager dich auf deine Felle und sei locker."

Er folgte, legte aber den Kopf auf die Unterarme und drehte das Gesicht zur Seite, weil er sehen wollte, was sie anstellte.

Auf seinen Hintern hockte sie sich, überraschend rasch saß sie auf seinem Gesäß und sagte, er solle sich nicht zur Seite ducken, sondern seinen Kopf heben, den Kopf auf sein Kinn stellen, seine freie und volle Stirn brauche sie, er gehorchte, und dann vollführte sie feine kleine Kreisbewegungen mit den Fingerkuppen, die Kuppen kreiselten mit festem und eindrücklichem Hautverschieben um seine Schläfen herum, um seine linke wie um seine rechte, so sanfte wie enge und genaue Kurven drehte sie auf seinen Schläfen und auf seiner Stirn, als wollte sie ihm eine intensive Kopfwäsche verpassen, eine extrem wirksame Lotion ins Hirn reiben, ja, sie drehte ihm kleine Zündfunken in sein Inneres, rieb ihm winzige Lichtblitze unter seine Schädeldecke.

Und bestrich dann mit ihren Fingernägeln seinen Rücken, kratzig und auch hier nervengenau, durchtastete Schulterblätter und Rückgrat vom Kopf über den Nacken hinab und über die Seiten hinunter, griff, immer noch Gesäß auf Gesäß, treffsicher ein in seine Empfindungen, mischte sich Wirbel für Wirbel ein in seine Zentralgefühle, grub Ahnungen aus und Hoffnungen, exhumierte vergessene Wünsche, so dass er von Griff zu Griff tiefer zu atmen hatte, sein Seufzen beantwortete sie mit Schenkeldruck, locker habe er zu bleiben, habe Schultern und Nacken zu entspannen, sein Körper gehöre jetzt ihr, er werde den Verlust nicht bereuen. Ellenbogen, Handballen und Fingerspitzen wanderten über ihn hin, verschickten Meldungen in alle Richtungen und in jede Region, plötzlich spürte er auch ihr Kinn, mit der Kinnspitze ergänzte sie ihre Fingerspitzenarbeit und ließ gleichzeitig raunendes Summen hören, als genieße sie das Steak ihres Lebens, ja, dicht neben seinen Ohren vergnügten sich atmende Lippen mit Summen und Schnurren. „Eine Wonne, dieser Kerl. Kein Gramm Fett zu viel. Optimal durchnervt. Und ein Gestöhn, als ginge es um Orgasmen." Bewegte sich über ihm und hinter ihm und dann so weit nach vorn, dass er in seinen Schulterblättern fühlte, was er miteinander verglichen hatte und was sie nun energisch einsetzte, für anhaltende Attacken.

Robbend, flach auf seinem Leib arbeitete sie, mit ganzem Körpereinsatz, besummte und bereiste und suchte ihn heim mit ihren Lippen, ihrem Leib und mit Hitzewellen und mit Fingerkrallen und raunendem Mund und Kinn und mit den Brüsten. Zog mit ihrer Linken seine Linke hoch, sog an seinen Fingern, schmiegte ihren Schoß und schlängelte ihren Leib so vor und zurück, als müsste sie sehr alte Falten aus ihm herausbügeln, berobbte seinen Rücken und beflüsterte, behauchte und beschnurrte seine Schläfen und seine Nackenhaare und rückte Becken und Bauch immer wieder neu und zielsicher dorthin, wo sie Becken und Bauch hinhaben wollte.

Erforschte dann mit Mund und Zunge Achselhöhle und Hüfthöhlen und glitt an seiner Seite hinab, befand sich plötzlich neben ihm, kniete mit Selbstverständlichkeit neben seinem Lager und wendete den Mann auf den Rücken, praktizierte das so hinreißend wie umwerfend und erprobte von nun an auch die Frontseite, begrüßte auch dort mit gleichbleibendem Interesse alles Exzentrische und Hervorragende des Exhauptkommissars und befragte und besprach ihn.

Liebeskenntnisse? Langensiepen, mit geschlossenen Augen, hielt sich in guter Lockerheit und registrierte, dass sie sich mit dem Knien neben dem Lager nur vorübergehend aufgehalten hatte, dass sie längst wieder rittlings aufsaß, nun in der Gegenrichtung, dass sie sich auch in dieser Richtung mit Hingabe hineinschmiegte in den neuen Nachbarn, Neuigkeiten sammelnd mit schlingenden Fingern und Lippen, und bemerkte dann auch noch mit einem beinahe letzten Denkversuch, dass hier und jetzt abermals eine energietauschende Doppelliebesfigur entstanden war, wie auf der blassen Bahnsteigbank über der Ruhr, nun jedoch hier unten in seinem, in Langensiepens Souterrain, in seiner fellweichen und geheimen Musik- und Lesehöhle, wo der suspendierte Mann nun freihändig weit hinausflog, hoch und weit über die Riesenleiber rund um alle Baldeneyseen dieser Welt in einem verwirrend schwankenden, aber freihändigen Flug, ganz ohne Blechdröhnen schwebte er durch weit ausholende Riesenkurven, unbehindert und konkret und ohne Gedröhn glitt er so lange dahin, bis der *Projektionen*-Zauber sich auflöste und naturgemäß implodierte.

Und danach, nach vielerlei ziemlich verwinkelten und labyrinthischen Rückkehrversuchen in staunendes Fragen und Wundern, nach einer sehr langsamen und ausgiebigen Anstrengung, Orientierung zu finden, richtete Langensiepen sich ein wenig auf und wollte die neue Situation überblicken. Sie lag neben ihm, mit halb geschlossenen Augen. Und er fand sie, ja wie fand er sie, „einf. s. sch.", notiert er, und das heißt wohl nur „einfach sehr schön".

Doch als er merkte, dass sie keineswegs schlief, sondern ihn anzublinzeln und graublau zu durchleuchten schien, fand er es nicht nur verlockend, sondern auch absolut selbstverständlich, diese „unbegr. Sch." – diese unbegreiflich Schöne? – vollends zu begreifen und nun ebenfalls auf staunende und hautnahe Reisen und Recherchen zu gehen, *yes, I do,* beflügelt von der Gewissheit, dass hier gar nichts anderes erwartet wurde, so streunte er und pirschte und forschte zwischen samthäutigen Dünen, über milden Höhen und wohligen Tiefen, an hauchzarten Wiesenhängen entlang und nun endlich auch im Flaum dieses schutzbedürftigen Nackens, geriet mit seinem Mund an den *realen* Nacken, von solchen Nacken hatte er bei einem großen russisch-amerikanischen Dichter gelesen, dass sie die Sinne mit unbeschreiblichen Versprechungen heimsuchten.

Und so, heimgesucht, gezündet, befeuert und von Versprechungen getrieben, so fand nun auch er fraglos und zielsicher Fährten und Wildwechsel zu umstülpenden Erkundungen, bekam neue pilzwarme Auskünfte und gefräßige und hungrige Antworten, denenzufolge Leben als Doppelfigur lebte, Antworten, für die nun auch diese Schöne mehr und mehr Atemluft benötigte, so lange, bis sich dieser immer wieder umwerfende Sturz zu den Gegenfüßlern ereignete, wo über ophrisfarbene Wellen einzutauchen und dem Ort freie Bahn zu schaffen war, von dem sie gesagt hatte, der führe unerforscht und ganzheitlich und mit Lust weit unter alle Oberflächen, viel tiefer, als das je ermittelt oder mitgeteilt worden sei, bis zu dem Ort, von dem Vordenbäumen gesagt hatte, dass der Teufel des größten Dichters über diesen Punkt jedem genauen Leser sein wichtigstes Geheimnis verraten habe, nämlich dass allein von hier aus alles Elend zu heilen sei, jedenfalls beim Menschen. „Beim G.h.t.", fügen Langensiepens Notizen hinzu. Seit dem 13. Juni 1980 war „G.h.t." sein Kürzel für *Großhirntier*.

So brachten die lebhaft wechselnden Erörterungen nun auch die sogenannte Nora ins grammatikfrei Atemberaubende, stifteten auch in der katzenhaft Schönen die weltweit immer wieder gepriesenen und ständig neu begehrten *subkutanen* Hautblitze und Nervenbeben, stifteten Extra-Versionen dieser mit so vielen und unendlich guten Gründen beschworenen Hirnschwindel und Zwerchfellgewitter.

Nur langsam, auch jetzt nur zaghaft und unter Verwirrungen gelang die Rückkehr, ein Zurück aus den wechselseitigen Gefräßigkeiten. Das benötigte offenbar allerhand Umwege, verwunderte und erstaunt fragende Laute, irritiertes Seufzen und Kopfschütteln. Und dann kam vom Bewohner des Souterrain eine Frage, die hart tönte und geradezu bürokratisch, ja, diese Frage klang so, als hätte ein leitender Kommissar im entscheidenden Verhör mit seiner letzten Frage alle bisherigen Ermittlungen zum Abschluss bringen müssen. „Und jetzt? Hab ich jetzt nicht alles getan, was verlangt war? *Lockerheit*? *Offenheit*? Bekomme ich nun endlich die notwendigen *Informationen?*, die mehr als überfälligen *Daten*?"

Sie stieß ihn zurück, warf ihn auf die Felle, nannte ihn eine Zumutung und Anfechtung und verteilte Backpfeifen, symbolische wie *konkrete* und klatschende. Griff sich dann Walnüsse vom Tisch, nahm die Rohrzange und fing an, Nüsse zu zerschrauben.

„Keller-Assel, dir ist offenbar nicht klar, wie sehr du mich nervst. Du weißt längst viel zu viel. Mick würde ausrasten. Mick hat vollkommen recht, *Fehler* sind jetzt nicht mehr erlaubt. Auch dir nicht." Fütterte ihn mit einer Walnußhälfte, futterte die andere. Zerdrückte und sprengte die nächste Nuss. „Was wir planen, das ist – " – sie konzentrierte sich aufs Herausklauben der winzigen weißen Ganglien.

„Was ihr plant, ist was?“

„Ein Leuchtturm. Ein Fanal. Weltweit. Am Modellfall Nordirland.“

„Sag es *konkret*.“

Sie griff sich die Flasche Burgwallbronn, trank sie leer, setzte die Flasche hart auf den Boden. „Nur weil wir annehmen mussten, dieser Keller steht leer, mieteten wir den Geräteraum.“

„Aber nicht, weil ihr dort Liebesfilme drehen wollt.“

„Kennen wir uns eigentlich?“

„Neuerdings ziemlich detailliert. Sehr *real*. Warum lenkst du wieder ab mit Schlagwörtern wie *Leuchtturm* und *Fanal* und obendrein mit Mitteln, die ganz schön hinreißend sind?“

„*Ganz schön*?“ Sie bestieg ihn, bekniete ihn aggressiv, kniete auf seiner Brust, schob ihre Knie weit nach vorn, rückte mit ihren braunen und leicht rissigen Knien auf seiner mageren Brust vor bis an sein Kinn, stützte sich mit ihren Händen auf seine Hände, presste mit ihrem ganzen Gewicht seine Hände und damit ihn selbst fest auf die Felle. Rutschte dann aber von seinem Rumpf herunter und näherte ihren Mund seinem Ohr, mit Mitteilungen, die abermals ganz anders klangen als die Worte zuvor, mit Geflüster, das von Verwirrung zeugte, von Unsicherheit. „Kaum stecken zwei Häute ineinander, schon fühlt sich das an wie Liebe.“ Und hörte von ihr eine gute Weile nichts anderes als ihren unruhigen Atem. „Lass es dir gesagt sein, Lese-Assel. Du freiheitsmusikalisches Über-Ohr, du Fliegenauge. Ich stehe unter Strom. Hab panisch Lampenfieber. Und deswegen schleppe ich dich jetzt ab. In eine Kaschemme. Dorthin, wo ich mich bewegen kann, austoben.“

„Disco? Ist überhaupt nicht mein Ding. Liege liebend gern neben Freiheitsbewegungen. Und warte auf *Informationen*. Auf überlebenswichtige *Daten*.“

Sie schüttelte den Kopf und sagte, sie kenne ihn immer noch zu wenig.

Habe ihm längst viel zu viel verraten. Micheál würde toben. „Und erst recht der schwäbische Kumpel."

„Der im grünen Parka?"

„Genau das ist es, was mich nervt. Dieser Kellerkauz, dieses scheinbare Alk-Opfer träumt sich hier unten durch romantische Abseitsmusik und durch vorhistorische Romane und ist zugleich hellwach. Kriegt mit seinen Fliegenaugen selbst Kleinigkeiten mit, registriert unseren Choleriker aus Schwaben, unmöglich ist das, nichts weiß ich über dich, los jetzt! jetzt kommst du mit mir mit! ins Rüttentütt!"

„In eine Zappelhölle? Zu komplizierten Fragen und Antworten?"

„He, du schaffst mich!" Sie strich mit den Fingerkuppen über seine Nase, über seine Stirn. „Hinter deiner musikalischen Stirn lauert noch immer der Polizist. Einmal Ordnungshüter, immer Ordnungshüter."

„Der ist seit zehn Jahren einbalsamiert."

„Mir geht's jetzt aber wie dem Niedecken. ‚Im Kopp nix als instinktive Tricks'."

„In meinem Abgangszeugnis stand, ich sei zuverlässig. Auch in schwierigen Situationen aufrichtig und pflichtbewusst."

„Wird immer toller. Staatsbulle und *pflichtbewusst*. Ausgerechnet an so einen geraten wir, fünf Minuten vor zwölf."

„Offenheit gegen Offenheit, was habt ihr vor in euerem Studierbunker. Wer zieht Sonntag nebenan ein? Sonntag - an *Nora´s Day*? Wozu die doppelte Tür, wozu das Sicherheitsschloss, wozu diese dicke, diese schalldämpfende Polsterung? Wozu die Hi-Fi-Technik und die üppigen Teppiche und die alte Stehlampe? Wen zum Kuckuck wollt ihr da einlochen nach dem Prinzip Pilzmücke. Die Thatcher? die Queen?"

„So gefällst du mir schon besser." Knackte eine neue Nuss, aß die Teilchen in Ruhe, gab ihm nichts ab. Und sagte: „An *Nora's Day* fließt kein

Blut. Wirkt kein Gift. Kein Sprengstoff. An *Nora's Day* wird nicht gemordet, geht es um kein Lösegeld, um keine Erpressung."

„Was statt dessen? Liebe? Freundschaft?"

„Gewaltlosigkeit. *Daten* werden verbreitet. Rund um den Globus."

„Wie?"

„Durch etwas Niedagewesenes. Durch eine absolute Sensation. Sonntag wohnt neben dir Elisabeth."

„Unmöglich. Absolut unmöglich. Die Queen ist umzingelt von tausendunddrei Sicherheitshysterikern."

„An *Nora´s Day* ist die Queen plötzlich weg. Kommenden Sonntag verschwindet sie schlagartig aus dem öffentlichen Blickfeld. Und das Blickfeld wird aufschreien. Wird weltweit kreischen. Queen Liz, wo bist du. Zum Staatsdinner im Kruppschloss hätte sie erscheinen sollen, alle Fernsehkameras waren eingeschaltet, alle westdeutschen Staatsgrößen waren versammelt. Sie erschien aber nicht. Kam plötzlich und unerwartet abhanden. Verschwand in einem Glashaus, in tropischer Hitze. Als hätten fleischfressende Orchideen sie verschlungen. Die Schlagzeilen werden einander erschlagen. Die Revolverblätter werden sich gegenseitig erschießen. Blut- und Krawallblatt *SUN* wird auf Seite eins nur noch ein einziges Wort drucken: ‚WHERE!!!'. Ja, gellend schreien wird allen voran das marktbeherrschende Krawallblatt Super-*SUN*: WO!!! Wo ist unsere heißgeliebte, unsere großbritannische Gesamtmama!"

„Irre. Aber leider vollkommen unmöglich. Tut mir leid, irre seid jetzt allein ihr, weil das total schief geht. Gleich zu Beginn. Was ihr den Politkämpfern vorwerft, gilt ganz offensichtlich auch für euch. Ihr seid nicht ganz von dieser Welt."

„Im Gegenteil, wir sind auf Zack. Fehlerlos organisiert. Ab Sonntag haust dort drüben hinter der neuen Polstertür für drei oder vier Tage Ihre Majestät Lilli Battenberg. Drei oder vier Tage lang wohnt sie dort in einer engen aber niedlichen Klause, wie zu Hause, nur bescheidener, in *German*

Gemütlichkeit und mit irischem Polster- und Teppich-Charme, *very very cosy*. Und sammelt in unserem Nora-Barnacle-Kabinett Pollen an ihre Strampelbeine. Hochpolitische *Informationen*. Kriegt zu hören, wie in ihrem Königreich die Grundrechte zertreten werden. Was sie unbedingt wissen muss, da sie ja nicht nur weltliches Oberhaupt der Briten ist, sondern auch geistliches, nicht nur Chefin des Militärs, sondern auch oberste Hirtin aller großbritannischen Seelen. Du schnappst nach Luft?“

„Meint ihr denn, die Queen könnte an den Zuständen in Nordirland irgendetwas ändern? Kann sie nicht. Nicht im geringsten, das Regieren besorgt ein Premier – “

„ – ist uns irgendwie bekannt – “

„ – und den Premier wählt und kontrolliert bekanntlich ein Parlament und der Premier ist derzeit eine eiserne Lady – die Queen ist *for show*, ein sentimentales Symbol – “

„Wissen wir.“

„ – eine Stillmutter, eine Ikone fürs Volk.“

„Und diese Stillmutter, diese großbritannische Beruhigungs-Ikone, die nehmen wir vollkommen ernst und nutzen sie. Um Entscheidendes zu verbreiten. Wenn Wählervolk und Medienmarkt am kommenden Sonntag händeringend wissen wollen, wo Lady Elizabeth geblieben ist, dann füttern wir das Wählervolk mit Neuigkeiten. Erinnern die Queen ebenso wie ihre Untertanen an das, was manche für Elisabeths Hauptjob halten, an ihre Rolle als Päpstin.“

„Da hat sie genauso wenig Macht wie ihr Kollege in Rom. Ist außerdem eine offenbar ziemlich übliche Frau, eine banale Nettigkeitenfrau, die lebenslang Königin spielen muss. Kümmert sich aber lieber um Pferde, um Hunde und Orchideen, liebt komische Hüte, fliederfarbene Kostüme und seltsame Handtaschen. Punkt. Eure Zuversicht möchte ich haben.“

„Egal, wie skurril sie ist, sie ist DAS Symbol des großbritannischen Staatsbewusstseins. Ein starkes Machtsignal. Mit enormen Sympathien beim

Wählervolk. Und über das, was in ihrem Namen an Unrecht geschieht, werden wir Sonntag nicht nur Lady Liz informieren, sondern zugleich alle, die sich dann über ihr Verschwinden aufregen, also weltweit so ziemlich jeden. Wenigstens sämtliche Fernsehkonsumenten. Und am Ende weiß man überall: Nicht nur in Afrika und nicht nur in Asien werden Menschen seit langem staatlich beraubt und entwürdigt. Auch im selbstherrlichen Europa."

Sie stand auf. Und ging in den Duschraum und kam zurück in Slip und ärmelloser Bluse. „Die Queen verschwindet, als hätte sie der alte Wasserdrache Nessie ins Loch Baldeney gezogen. Und dann werden Schlagzeilen und Kommentare sich international überbieten. Mit Behauptungen, mit Fragen, wo denn Frau Königin – und diesem Hunger nach *Informationen*, dem servieren wir Futter. Knackiges Futter. Radikal und *real.* Einiges hattest auch du schon zu schlucken."

Nahm eine neue Flasche Burgwallbronn, öffnete, trank und reichte ihm das Wasser. „Schon unsere erste Denkschrift macht klar, dass es der guten Queen gut geht. Und dass sie, sobald die *Realitäten* publiziert sind, wieder Königin sein wird in Großbritannien."

„Ihr seid reif für die Klapse. Obendrein für den Knast."

Sie beugte sich über ihn und nagte an seinen Ohr. Kaute sein Ohrläppchen. Ließ dann wieder vielfingrig Wirbel über seinen Rücken rieseln. Und raunte von klugen Orchideenfrauen, von den *Idisi*, die es nur als Wort nicht mehr gebe. „Wir enden weder in der Klapse noch im Knast. Sei froh, dass du nicht alles weißt."

„Beschreib mir eure Tricks. Eure *Orchideenlist.*"

„Eine gute halbe Stunde weilt der Staatsbesuch ganz offiziell in Heinrich Hertzens tropenheißem Treibhaus. Und Professor Hertz stellt dort nach etwa zwanzig Minuten eine sehr freundliche und sehr harmlose Frage. Der kluge und seriöse Gelehrte wird fragen, ob Frau Königin nun nicht doch Lust habe auf ein wenig frische Luft. Auf einen kleinen *netten* Rundblick über Krupps Freigelände und Orchideenhügel. Im selben Moment erblickt Madame hinter dem heißen Glashaus einen englischen Luxusjeep, den, der ihr seit langem der liebste ist. Und dann wird sie dort einsteigen und ein bisschen spazieren gefahren. Über blumige Hügel und unter mächtigen Kaiserbäumen. Und wird am Ende die Pilzmücke sein in einer höchst interessanten, in einer hoch unterhaltsamen Neuigkeitenhöhle."

„Sie wird von Sekunde zu Sekunde überwacht. Von Unmengen Polizei und Geheimdienst. Von *Scotland Yard, MI 5, MI 6*, von LKA, BKA, BND."

„Stimmt."

„Unmöglich zu entführen."

„Wir VERführen."

„Zunächst mal ja wohl nur mich, scheint mir. Du kannst es jetzt schönreden, wie du willst. Euer Coup funktioniert nicht. Der Krupp-Park ist perfekt ummauert und umzäunt, ist ringsum vergittert und bewacht, und am kommenden Sonntag herrscht rings um Villa Hügel Sicherheit hoch sieben. Schon die Spezialisten aus Düsseldorf operierten bei Kemal Özkan wie überdreht. Wenn Kemal seine Tische wegnehmen, wenn auf der Frankenstraße *freie Bahn* sein soll, dann meinten die freie Schussbahn."

„Bei Kemal wird Lady Liz ungestört vorüberfahren. Muss ich dir jede Einzelheit verraten? Muss ich dir unbedingt sagen, warum die Sicherheitsleute an *Nora's Day* schier nichts werden unternehmen können und niemand die verschwundene Königin verfolgen kann? Weil auf die Frage ‚WO?' keiner eine Antwort weiß?"

Die Blusen- und Slip-Frau trank und reichte ihm das Wasser aus der alten Essener Quelle. „Was du treffend *Programmstörung* genannt hast, ist lückenlos durchdacht. Millimeterweise organisiert. Nur ein einziger Punkt bleibt noch unsicher. Und das ist diese unvorhergesehene Alk-Assel mit ihren graublauen Grübelaugen. Die hier in einem leeren Puff herumhängt und von frühromantischen Freiheitsopern träumt."

„Wo steckt jetzt Micheál?"

„Der probt. In diesen Augenblicken testet der den wichtigsten Moment an *Nora´s Day*. Die entscheidenden Sekunden. Testet unter identischem Tageslicht zum zwölften Mal, was bis jetzt elfmal funktioniert hat. Orchideenprofessor Hertz hat uns einen geheimen Weg gezeigt, über den man unbeobachtet in den vergitterten Kruppwald hineinfährt. Und über den man vor allem ebenso ungestört wieder hinauskommt. Auf diesem Geheimpfad transportiert Heinrich Hertz seit fünfzig Jahren seine intimen bösen Blümchen. Und dieses Sträßchen zum Tor II erreicht man einzig aus der kleinen Hintertür seines Glashauses."

„Er testet Tor II?"

„Tor II war einst der Haupeingang zum Park. Das ist im Wald ein abseitiges, ein hohes vergittertes Stahltor mit Kettenschlössern, die nur von Hertz und seinem Sicherheitschef zu öffnen sind. Mit Sicherheitscodes, mit geheimen *Daten*. Und diese *Daten* gab uns der weise Pflanzenprofessor, der Botaniker mit den philosophischen und literarischen Neigungen, speziell zu deutschen Schattengeschichten. Tor II will Micheál im Schlaf öffnen können. Und wenn sich Tor II auch beim zwölften und dreizehntenmal unbemerkt passieren lässt, dann hat unsere *Idisi-Aktion* an *Nora´s Day* nur noch ein einziges Hindernis und das hängt jetzt schlaff und schlunzig herum in einem ausgefransten Bordell."

Langensiepen versuchte sich aufzurichten. Sah, wie sich Fontanes „Irrungen und Wirrungen" drehen wollten. Er blieb sitzen, hielt sich die Hand über die Augen. Und murrte Verwünschungen. Auch *Idisi* seien Geisterfahrer.

„Geisterfahrer ist einzig derjenige, der meint, friedensstiftende und lebenserhaltende *Informationen* weltweit verhindern zu sollen. Los, zieh dich an. Wir entern deine Spelunke AMOK-KOMA."

Er stand auf. Schwankte. „Klar, wer hier Amok läuft. Wer ins Koma will. Glaub mir, die englischen wie die deutschen Geheimdienste kontrollieren am sechzehnten Juni rings um Villa Hügel im Krupp-Park jede Buche, jedes Gebüsch, jeden Mammutbaum. *Millimeterweise*."

„Stimmt. Aber unser Hügelgärtner, in seiner Sympathie für die *Methoden* der Orchideen und der Ohnmächtigen, dieser weise und erfahrene Pflanzenprofessor öffnet uns einen Weg, der in den Planungen für das Staatsbesuchstheater keine Rolle gespielt hat. Weil dieser Weg seit Jahrzehnten vom Schloss her in keiner Weise erreichbar ist. Weil er einzig aus dem Glashaus heraus befahren werden kann. Weil vom Krupp-Palast aus seit siebzig Jahren das Glashaus breit und transparent im Weg steht. Krupps ‚Pflanzenschauhaus'. Obendrein mächtig prächtige Bäume aus Kaiserzeiten. Und tiefsinnige Gartenarchitektur. Über Hertzens Extrasträßchen fahren seit Jahrzehnten einzig die schamlos Schönen, die ungeniert ihre Vulva zeigen und ihre Brüste, oder ihre Stempel, Hoden und Schäfte. Fast immer sehr ansehnliche und gleichmäßig schöne Brüste. Und wenn am kommenden Sonntag Frau Königin plötzlich und unerwartet nicht mehr zu sehen ist, werden der Queen weder englische noch deutsche Hysteriker und Bullengeschwader folgen können. Nicht nur, weil vom Palast aus kein Wagen in dies Abseits eindringen kann, sondern auch, weil einfach niemand wissen wird, wohin sich anschließend Madames Spazierfahrt gewendet hat. Ob nun düsseldorfwärts oder ins Neandertal oder in die Wald- und Wiesensträßchenverwirrnis rund um Radevormwald oder in sauerländische Autobahnnester wie Wermelskirchen, Anröchte oder Brüllense."

„Phantastisch. Selbst wenn euch der Anfang gelingen sollte, die Verfolger nutzen eine Armee von Fahrzeugen. Nutzen Funktechnik. Rastertechnik. Haben Hubschrauber und umzingeln das komplette Ruhrgebiet. Spätestens nach einer Stunde haben sie euch."

„Nein."

„Nein?"

„Was wir tun, ist nicht nur gut gemeint, sondern auch genügend böse organisiert. Wir fahren weder nach Düsseldorf noch nach Brüllense noch ins Neandertal, sondern dorthin, wo uns niemand vermutet. Biegen schon nach wenigen Augenblicken über Bredeneyer Nebensträßchen zurück in Richtung Krupp-Schloss. Und verschwinden dort in einem sehr nahegelegenen abseitigen Souterrain."

Er rieb sich die Augen, die Stirn.

„Wenn die Verfolger aus dem Hügelpark losjagen wollen, bleiben ihnen nur Tor I und Tor III und die anschließenden Fernstraßen. Wir dagegen bringen Lady Mountbattan über Tor II und durch die Seitenwege des Villenvororts Bredeney zurück zum Krupp-Gelände. Schon nach zwanzig Minuten fühlt sie sich wohl im Inneren einer betäubend süßen Orchideenvagina." Sanft, sehr zärtlich glitten ihre Fingerkuppen über seine Lippenschwünge. „Lady Lilibeth lebt dann zwei oder drei Tage lang in einer höchst informativen Höhle. Vor der jetzt nur noch ein grübelstarkes Restrisiko lauert. Ein Musiknarr. Ein egomantischer Romanleser, *dezent*, *zahm* und verzagt."

„Den du nun testen willst, ob er dem Alk widersteht?"

Sie sprang auf, schnellte mit Ballettsprüngen durch den großen leeren Raum, schwang sich vor der Panoramascheibe durchs rote Abendlicht. Und kam dann langsam zurück und redete wieder sehr leise. Auch sie müsse ihm was gestehen.

„Dass du in Kiel holsteinische Meisterin warst im Rückwärtsspringen?"

„Meisterin im asiatischen Kampfsport *Wing Tsu*."

„Ach. Ich dachte, du lehnst Gewalt ab?"

„*Wing Tsu* bringt niemanden um. Wing Tsu hat mich gerettet. Mit scharfen, mit hilfreichen Griffen. Aber du hast recht, das geniert mich. Im Kämpfenkönnen war ich idiotisch leichtsinnig."

Er setzte sich wieder. „Erzähl."

Sie hockte sich auf seinen Schoß. Schmiegte sich um seinen Hals. „Eine Literatenparty, hinter Essens Uni. Beim Rotlichtgetto, das in Essen sinnigerweise hinter der Uni liegt. Am Ende der Party, um einen extrem schönen Herrn loszuwerden, einen hartnäckigen Schönling, hab ich dem Herrn mutig erklärt, ich könne und wolle alleine nachhause. Und bin zu Fuß los. Nachts, hinter Lagerhäusern. Richtung Taxistand. Am Ende einer Dunkelstrecke sah ich sie dann von weitem. Zwei Männer lauerten da. Und da hat im Laternenlicht irgendwas geblitzt."

„Eine Waffe?"

„Ein Messer. Da kommt eine Frau, die ist solo, der setzt man das Eisen an den Hals. Dann lässt die alles mit sich machen. Hab das registriert, bin aber weiter. Bin, weil ich ja kämpfen konnte, zu Fuß weiter, über den dunklen Weg hinterm Lagerhaus. Bin auf die los, wie eine aufgezogene Puppe, drei Jahre *Wing-Tsu*-Training im Leib. Bin auf die Dumpfköpfe zu, und dann, drei Meter vor denen, im Dunkel, redet meine Kämpfer-Blödigkeit. ‚Vorsicht, ich beherrsche *Wing Tsu*!' Und dann war deutlich die Antwort zu verstehen. ‚Lass jucken'. Doppelsprung. Handkanten in die Kehle, Fußstoß in die Eier. Und zwar als Rückstoß, aus der Drehung heraus, die volle Hacke ins Erbgut."

Sprang auf und drehte vor der breiten Glaswand im Abendlicht wieder zwei oder drei Drehungen. Kam langsam zurück, kniete sich vor seinen Knien und blieb sehr leise. „Notarzt musste kommen. Gequetschter Hoden. Bluterguss im Hals. Luftröhrenschnitt. Dann kam's sogar zum Prozeß. Zwei Männer hätte ich umbringen wollen. Mit der Richterin hatte ich Glück, die fand die Fingerspuren beachtlich, auf dem Messer, das im Gebüsch gelegen hatte. Neben den anschwellenden Herren. Auch der Gutachter war auf meiner Seite, Kurt Kernspecht aus Kiel, Chef des Verbandes für *Wing-Tsu* und Selbstverteidigung." Sie stand auf. Stand nun dicht vor ihm. Und beugte sich über ihn. „Was also ist jetzt, verrottender Bulle. Ständig durch Ruhrwälder stapfen, aber kneifen beim Menschenrecht für ALLE?"

Er hielt seinen Kopf in Schieflage. Klagte leise über den Lärm in Discos.

Und bekam zu hören, er könne sich natürlich auch anders entscheiden, nur müssten sich dann ihre Wege trennen. „Künftig verkriechst du dich in deine Bücherwälder. Und schwörst, dass du uns nie gesehen hast. Und dass dir die Menschenrechte sowieso wurscht sind und alle Ermordeten total egal."

Er schloss die Augen. Spürte das Stechen durch die Kopfmitte. Und sah die silberne Harfensaite, die herzdurchbohrende Klage. Knöpfte sein Hemd zu, stand auf und glaubte sekundenlang, dass sich die Leihbücher vom Regal hoben und senkten. Musste sich gegen den Tisch lehnen.

„Schwindel?“

Er setzte sich wieder. „Ich stell mir jetzt genau vor, wie das sein wird. Wenn alles schiefgegangen ist. Das heißt dann Freiheitsberaubung. Nötigung. Menschenraub. Morgen nenn ich dir die Paragraphen. Und neben dem Versteck, neben dem alten *Geräteraum* wohnt dann, das kriegt man ziemlich rasch raus, ein Exbulle. Kann der so tun, als hätte der nie was bemerkt?“

„Folglich, Nachbar, ist unsere Trennung gar nicht mehr machbar. Hättest uns früher verpfeifen sollen. Musst dich jetzt leider mit uns vertragen. Vor allem mit mir.“ Sie schlängelte sich über ihn her, sehr dicht. „Ausgerechnet mit einer *Wing-Tsu*-Bestie. Ich komischerweise mag Asseln. Am liebsten die verpanzerten, die *schrundigen*. Die knackigen sind die leckersten – ich kann dich leiden -“

Sprang dann wieder zur Panoramascheibe und warf Drehschatten in die Dämmerung, vor den Himmelspurpur, vor die Feierabendfarben des Reviers.

In ihrem Fiat-Coupé
gelangen ihm keine lenkbaren Gedanken mehr, die Tempofahrt wollte er ignorieren, hielt die Augen geschlossen, suchte nach Haltegriffen im überforderten Kopf, verwirrte sich aber in *subkutanen* Blitzbeben und unwiderstehlichen Kampfsportarten. *Verrottender Bulle – alle Ermordeten total egal* – was heißt das alles und was heißt dieses Hertz-Urteil *Ich vertraue einem Leser* – war er jetzt Mitglied in einem Geheimbund?

Hasste seit je diese gepolsterten Raketen, unterwegs beschwerte sie sich über Benzinfresser, über hirnlose Hunderttausendmarkswagenfahrer. Micheál habe für seine Wörter-Arbeit auch Nutten interviewt und habe staunen müssen über das Wort „Verkehr“. Die Preise bei den Nutten richteten sich nach der Art des *Verkehrs*, Mick habe sich gar nicht mehr beruhigen können, die Deutschen und ihre Verkehrswörter, schon habe er mit Nora *traffic* machen wollen.

Und bemerkte, dass sie zurücksetzte, er öffnete die Augen, in der Rosastraße besetzte sie eine Parklücke. Unmittelbar vor „Ampüttes Rüttentüttrhythmus".

Im Glitzerlärm lenkte sie ihn an einen der Tische im Hintergrund und ging zur Theke, um Gläser und bittere Zitrone zu holen. Er blickte ihr nach und war sich sicher, dass er solch ein Gehen nie gesehen hatte, so schwerelos, so schweben wahrscheinlich Elfen in Irland, so gleiten irische Feen und Zauberinnen oder Barnacles und *Idisi*. Diese Frau, die daran gedacht hatte, ihn *aus dem Verkehr* zu *ziehen*, die betäubte ihn nun zweifellos mit neuen Trick-Mixturen aus Circe und Carmen, die kam nun mit den Getränken und setzte sich eng neben ihn, schlang einen ihrer makellosen Arme um seinen Hals und bat ihn um beziehungsfrohes Minenspiel. Und fragte, ob er noch immer an Strafparagraphen denke.

„Seit fünf Minuten an Unsittliches."

„An mich?"

„Als ich so jung war wie diese hier, diese Frischbrüstigen, da – "

„ – da?

„ – phantasierte ich mir das mit den Mädels in allen Varianten."

„In Wirklichkeit aber hocktest du in irgendeiner Ecke, und keine einzige hat dich wirklich interessiert." Unterm Tisch kommunizierte sie mit strategischem wie handwerklichem Geschick.

„Hielt mich für unmöglich. Für absolut unattraktiv. Für eine Zumutung. Und trieb es in Gedanken um so penetranter. Fand mich abnorm. Adenauer-Zeit. Lübke-Zeit. Lübke und sein perverses Reinheitsgebot. Das Staatsoberhaupt und seine obszöne ‚Aktion Saubere Leinwand'. Ich machte daraus eine Lachnummer im Schülerkabarett und taufte die Düsseldorfer Schulministerin Christine Teusch Tristine Keusch."

Umkreiste mit ihren Lippen sein Ohr. „Ein Leihbücherwurm mit Schuldgefühlen. So einer ist mein Thema. Verkappte Lüstlinge in Geschichte und Gegenwart." Unter dem Tisch gärtnerte und verwöhnte sie ihn sachkundig und erklärte, Neoromantiker wie ihn müsse sie nun endlich begreifen. „Mit dem Kopf nie im Hier und Jetzt. Sondern immer im Kopf." Und wollte wissen, was er gegen das Tanzen habe.

„Zu diesem Lärm?"

„Zum Tanzen ist das optimal.

„Von Musik unterste Schwundstufe. Marschierschläge. Ausschließlich zweiviertel, vierviertel. In Mammis Fruchtwasser, pränataler Herzton. Die uralten Gleichschrittsgreuel, dünn getarnt mit Synköpchen. Offenbar vibriert in ihrem Leben so wenig, dass sie Maschinen benötigen, von denen sie sich niederstampfen lassen. Sieh dir die Musiker an, die beiden da links, dies infantile Gitarrenrreiben. Onanistisches Fingergezappel dicht vor der Hose. Die Instrumente in Erektionsrichtung. Das Mikro in Schniedelform."

„Na und?"

„Dröhnkommerz. Der Ruhrmensch sagt: Bekloppt!"

„Aber das SchniedelCockpit-Mikro, das ist elegant geschwungen und weibliche Lippen hängen dran – ist da was einzuwenden, im Ernst?" Ihr geöffnetes, ihr Orchideenlächeln.

„Nichts gegen Cocktails *real.*"

„Aber?"

„Alles gegen Betäubungen."

„Wie oft warst du schon in Tanzschuppen?"

„Nie, aber den Lärmterror fahren sie einem ja ständig vor die Ohren, aus Blechkäfigen wummern Grässlichbässe."

Sie betrachtete ihn, schien fasziniert, küsste ihm zart die Ohren, nannte ihn ein Monster von der anderen Mondseite und raunte, auch seine schöne Vielstimmigkeitsklassik wolle doch gar nichts anderes als ins Andere. Und das Betäuben und das Ausschalten des Großhirns sei seit langem medizinisch anerkannt, als Heilschlaf. „Und jetzt folgst du mir, ohne Murren." Bog ihm einen Arm auf den Rücken und schob ihn in Ampüttes Rüttelblitzzentrum.

Im Lichtlärm hat er dann jeden Widerstand aufgegeben, warf sich Langensiepen ins Schlingende und Schüttelnde und war auf Anhieb hin und weg und tief drin im rüttentüttrhythmisch *Bekloppten.*

Im Kellerflur beim Eingang F
ging sie vor ihm her, an seiner Tür vorbei, bis vor das nachtschwarze Raster der Glasbausteine. Und öffnete den Raum *N.B.*. Das fertig präparierte Verlies.

Er zögerte, blieb in der Tür stehen. Und betrachtete. Eine pinkfarbene Höhle. Ein Plüsch- und Blumenparadies. Rosafarbene Paradekissen. An der Wand Großfotos von den Hintern zweier unbehaarter weißer Köter. Diese Schweinebacken, hörte er, seien Frau Elisabeths Lieblinge.

Der goldgerahmte Riesenspiegel hing über dem feinen Tischchen, dies antike Tischchen, sagte sie, sei aus besonderem Ebenholz, aus Kalamander. Langensiepen ging näher heran an das Regal und las die Titel der Bücher, der Videos, der Sachbücher, Bildbände, Dokumentarfilme. Die koloniale Vor- und Nachgeschichte des *Bloody Sunday.* Die Studentin pries die *British Broadcasting Corporation.*

Und in jedem Winkel farbstarke Orchideen. Und zwischen den Prachtblüten etwas auffallend Unauffälliges, da stand in einer zarten blauen Glasvase ein bescheideneres Gewächs. Ob er begreife, warum dies hier stehe. Und antwortete gleich selber. Diese Orchidee blühe, wie er sehe, in den Farben der irischen Republik, in den Farben Grün, Weiß und Orange. Dies sei die irische „Drehwurz“. „Hock dich auf den Blumenthron.“

Er nahm Platz in dem geblümten Polstersessel, setzte sich unter den goldfarbenen Glockenrock-Lampenschirm. Das Licht erlosch, auf dem breiten Bildschirm fuhren mit Lärm Lastwagen auf ihn los, Lastwagen und Panzer, graues Militärmetall, Geländewagen, Mannschaftsfahrzeuge, Soldaten in Tarn- und Kampfanzügen, bildfüllend vermummt, gasmaskenmaskiert, stürmend, lärmend. In der Gegenrichtung preschten andere nach vorn, ebenfalls verhüllt und getarnt, in den Fäusten Flaschen. Molotow-Cocktails. Explosionen, Stichflammen, Getöse, Schreie, Krawall, Steineschleuderer, Flaschenschleuderer. Über kreischenden Kindern und protestierenden Frauen Hubschrauberrotorengeheul, attackierendes Getacker.

Plötzlich Stille. Ein älterer Prediger beschwor seine Gemeinde. Sprach von „Tradition“ und „Gottes heiligem Willen“. Eine Unterzeile nannte ihn „Reverend Ian Paisley“. Der Geistliche mahnte und appellierte, erinnerte an die „Tugenden des ehrwürdigen Weltreichs“. In Nordirland, sagte er, kämpfe noch immer Christus gegen barbarischen Ungeist, führe Jesus mit Flagge und Bibel „höllische Finsternisse empor ins Licht“. Harter Schnitt, neue Straßenszenen, Soldaten, Prügelgassen, Menschen wurden hindurchgestoßen, Frauen hochgerissen, an den Straßenrand geworfen, Schüsse, Blut, Geheul, Notarztwagen, Schreie, Verletzte, Getötete.

In feierlicher Ruhe, in Gold und in Rot eine hohe alte Halle. Die Königin, lächelnd. Verlieh Orden an Uniformierte. Die wurden namentlich aufgerufen wurden und traten vor. Anschließend eine seriöse Bücherwand, davor ein bedeutender Herr, eine Unterzeile nannte ihn „Winston Johnson, Professor für Philosophie (Oxford)“. Noch jetzt, sagte der Herr, müssten sich in Nordirland immer wieder neue Livingstones in Urwälder des reduzierten Denkens hineinwagen, in eine prae-vernünftige Welt, in einen Dschungel der Irrtümer, noch jetzt hätten mutige Briten unaufgeklärte Milieus zu zivilisieren, unterm Einsatz ihres Lebens, ja, in Ulster kämpfe der alte Heldenstolz des frei geborenen Engländers noch immer gegen mittelalterliche Rückständigkeit. Diese edle Aufgabe bleibe die Aufgabe des modernen Briten, und für diese Fortschrittsleistung sage die Welt dem *Empire* leider immer noch nicht den angemessenen Dank. Anerkennung erhoffe man sich vor allem von Englands großer und eigenwilliger Tochter jenseits des Ozeans.

Kreischende Schlussmontage, militaristisches Prügeln und Schießen. Dann Schluss und Stille. Das goldfarbene Lampenlicht. Langensiepen rieb sich Stirn und Augen. Starrte auf die ferkelbackigen Nackthündchen.

Die Jeansfrau hob einen Zettel vom Kalamander-Tischchen. „Micheál war hier. Hat Tor II zum dreizehnten Mal passiert. Problemlos. Der Orchideenweg funktioniert."

Langensiepen hielt sich die Hände über die Augen. „Tor II kenne ich. Vom Plattenwald wollte ich manchmal den Rückweg abkürzen. Musste jedesmal umkehren."

„Tor II wird Sonntag geöffnet."

„Unmöglich. Schon im Glashaus geht das schief. Wie wollt ihr sie da rausbringen. Umgeben von Journalisten, von Politikern, von Düsseldorfer und Londoner Schnüfflern. Beschreib mir euren Zaubertrick." Er hatte den Blumensessel verlassen. „Und was meinst du, wenn du von *Verführung* redest. Beschreib mir das genau. Vor dem Gesetz ist das ENTführung. Und eindeutig kriminell. Morgen sag ich dir die Paragraphen."

Auch sie war aufgestanden, stand nun wieder dicht vor ihm, mit ihren lichtstrahlenden Augen. „Im Orchideenhaus nutzt Professor Hertz keinen *Zaubertrick*. Sondern benimmt sich *nett* und liebenswürdig. Öffnet am Ende seiner Führung eine kleine Hintertür und macht freundliche Gesten und Bemerkungen. Auch das haben wir gründlich geübt. Da nutzen wir die *Methode Aristolochia arborea. D*ie Schlauheit des Pflänzchens mit der geheimen Höhle. Mehr musst du gar nicht wissen. Was du nicht weißt, macht dich nicht kopfscheu, kannst du auch unter Pressionen nicht verraten."

„Es gibt offenbar unterschiedliche Pressionen. Auch hinreißende."

Ihre glitzrigen Augen. „Du willst mich also verpfeifen? Eine total Friedfertige?“

„O NervenNora, mit eurem Zorn, mit eurer Gerechtigkeitswut habt ihr mich längst überzeugt. Da bin ich auf eurer Seite, seit ich *Simplicius* las, schon seit Fontane und seit dem Mann, der schon 1848 eine Anti-Terror-Oper gemacht hat, die bis heute auf keine der zehntausend Bühnen dieser Welt kam.“ Wieder benötigte er Luft. „Aber eure *Methode* – auf *Methoden* legt ihr doch so viel Wert – ist irreal.“

„Irreal?“

„Nicht realisierbar.“

Sie nahm seinen Kopf in die Hände, küsste ihn auf den Mund, lange und ausdauernd. „Unsere *Methode* bleibt tatsächlich zweifelhaft. Nach meinem kapitalen Fehler. Mich im unpassendsten Moment zu verlieben.“ Kuss. „In einen frühromantischen Kellermönch.“ Kuss. „In ein Fliegenaugenmonster von der Rückseite des Mondes.“ Ihre Zunge.

Jetzt jedoch müsse sie ihn leider verlassen, beim Eingang E werde sie erwartet. Ob es zu Frau Jessikas Etablissement einen Zweitschlüssel gebe.

„Nimm den in der Tür. Mach dir ein Doppel.“

Die Orchideenhöhle *N.B.* schloss sie ab, ging mit ihm hinüber zur „Jessika“-Tür und zog dort den Schlüssel heraus, morgen bekomme er den zurück. Tat dann, als wollte sie zur Straße hinauf, wendete sich aber und ging hinein, hockte sich in der großen dämmrigen Leere auf die hintere Kiste, sah ihn an und erklärte, dass er an *Nora´s Day* sehr gut mitwirken könne. Hilfreich mitwirken. Stand dann wieder auf und drehte sich gegen die dunkle Panoramascheibe. „Überlassen wir nichts dem Zufall. Unser zufälliger Waldgänger und Briefbote ist der *Simplicius*-Leser. Am Sonntag um achtzehn Uhr dreißig bist du derjenige, der die Botschaft bekommt. Unseren *hinreißenden* Appell.“

Die Manegen-Augen sahen ihn an. „Plötzlich kommt da aus Tor II ein silbergraues Allradfahrzeug, hält an und du kriegst die Mitteilungen, die wenig später, wenn die Queen verschwunden ist, von allen Mitteilungen dieser Welt die begehrteste ist. Vier gleichlautende Texte, in der Innenstadt abzugeben. Bei BILD, WDR und DPA und bei der größten deutschen Abo-Zeitung. Bei der Westdeutschen Allgemeinen, der WAZ. Mach die vier Texte zu Geld, das ist am glaubwürdigsten." Sie drehte eine bedächtige Runde durch den leeren dunklen Wohnraum.

„Das ist ein *real deal.* Sonntag, so wirst du erzählen, bist du wie üblich durch deine Wälder gestreunt, kamst vom Plattenwald wieder mal vor den früheren Haupteingang, und das Tor war auch jetzt verschlossen. Diesmal aber wurde das von innen geöffnet, kam aus dem Park ein *Rover* und hielt an und eine Person weiblichen Geschlechts und vermummten Gesichts hat dir Couverts herausgereicht. Diese Briefe, hat die Frau gesagt, seien wichtig und dringend und die Menschenrechte und überhaupt, der Spaziergänger solle mal in den *Rover* hineinsehen. Auch mehrfaches Hineinschauen, wirst du sagen, änderte nichts an dem verwirrenden Anblick. Im *Rover* saß die britische Königin, saß tatsächlich Queen Elizabeth. Die werde jetzt, so hörtest du, aufs Angenehmste spazieren gefahren, auf einem Lehrpfad. Alles Nähere in den Briefen. Das seien *Hydra*-Briefe."

Langensiepen, vor der breiten dunklen Scheibe, sah ins Finstere. Beobachtete die Lichter eines Sinkflugs. „*Hydra*?"

„Am Beispiel Nordirland erzählen wir in unseren Texten die uralte Geschichte von *Hydra*. Schon am Anfang aller Kulturen wussten *Idisi*, Gewalt ist ein vielköpfiges Scheusal. Wer *Hydra* die Köpfe abschlägt, wem zur Gewalt nur Gewalt einfällt, der erfährt, dass der Gewalt die Köpfe nachwachsen. Und zwar doppelt so viele. Und doppelt so scheußliche."

„Verdammt, dann, bitte, beschreib mir jetzt endlich eure *Aktion.*" Er setzte sich auf die Kiste. „Beschreib sie mir Schritt für Schritt. Fang an mit dem Glashaus. Wenn ich mitmachen soll, dann schildere das restlos, Schritt für Schritt."

Sie näherte sich ihm, Schritt für Schritt. Drückte ihren Schoß gegen seinen Kopf. Presste und schmiegte ihn gegen seinen Mund. Er solle froh sein, dass er Einzelheiten nicht wisse. Es funktioniere.

„Fünfzig Prozent?“

„Mehr als neunzig. Im Gegensatz zu dir habe ich vernünftige Dinge immer sofort voll und ganz geglaubt. Glaubst du etwa die Weisheit der *Idisi* nicht? die Wahrheit der *Hydra* nicht?“

Schon als Achtjährige, wenn sich ihr clever frommer Vater in Kiel mit seinen Kindern in der Kirche habe sehen lassen und wenn beim Singen wieder mal das verrückt rhythmische „Preiset den Herrn, Halleluja“ zu singen war, dann habe sie mit Inbrunst nicht „preiset“ gesungen, sondern „reitet“. „Reitet den Herrn, Halleluja!“ Und sei vollkommen überzeugt gewesen, das müsse so heißen. „Bisschen mehr Glaubensstärke, mein Lieber, wünsche ich dir. Hertz sagt, das einzige, woran man mit Herzensglut und heftigster Liebe und hochreligiös glauben soll und darf und muss, das sind nicht die *wahnsinnigen Religionen* und dergleichen Verhängnisse, sondern *DER* Mensch. Und sein vom *Grundrecht* geschütztes Miteinander. Sein ‚Recht auf Lebendigkeit'. Für ALLE. Schlag nach bei Kant.“

Eine Weile atmete er in ihre Schoßhitze. „Am Abend davor, hast du gesagt, feiert Hertz seinen achtzigsten Geburtstag?“

„Morgen abend. Der Termin steht fest. Seit der Jahrhundertwende. Fünfzehnter Juni 1900. Und *Nora´s Day* steht ebenfalls fest, seit 1904. Und der englische Staatsbesuch ist ebenfalls seit langem terminiert. Auch der lässt sich unmöglich verschieben. Und die Leiden in Nordirland, die fanden und finden statt, *real* und seit Jahrhunderten. Alles uralte Fakten.“ Rieb ihren Leib und sagte, er liebe doch Erzählungen. Ob es denn nicht märchenhaft und begeisternd sei, eine zeitlos erhellende Geschichte verbreiten zu helfen, die im Schock friedensstiftende wahre Sage der *Hydra*. „Jetzt wünsche ich dir die ärztlich empfohlene tägliche Bewusstlosigkeit. Traumhaften Tiefschlaf.“

Und ging aus dem Raum. Mit „Tschökes“ und mit wunderbaren Schritten.

Wie in Narkose
und lange noch saß er auf der Kiste. Nein, nicht wie in Narkose, sondern in rasenden Fragen.

Hatte er sich einverstanden erklärt? Machte er mit?

Ging dann, wankend, in seine Nische. Fiel auf sein Lager, drückte im Wörterwirbel sein Gesicht in die Kissen. Nichts sehen, nichts hören.

Sprang aber wieder auf und wollte die Flurtür verschließen, doch im Türschloss fehlte der Schlüssel. Sie hatte ihn eingeschlossen.

Löschte das Licht über der Tür, tappte im Dunkeln vor die gläserne Schattenwand. Sah in die Finsternis. Öffnete schließlich das *Monsterfenster*, ging hinaus, reckte in der warmen Nachtluft die Arme und atmete tief. An diesem Tag, sagte er sich, habe ich „m. Schw. gebr.". So notiert er das. „Meinen Schwur gebrochen"? Habe ich mich nicht mehr herausgehalten aus der „S.H.W. – der Schlachthauswelt – , habe ich etwas getan, was Folgen haben wird. Wahrscheinlich fürchterliche. Oder großartige. Schwindelerregend großartige. *Begeisternde.* Wie war doch mein Leben hier unten so wunderbar unbehelligt.

Und uninformiert.

Hydra-Briefe soll ich verbreiten helfen. Statt der *wahnsinnigen Religionen* die *Grundrechte.* Statt der mörderischen *Projektion* Gott den *einzig glaubwürdigen Glauben.*

Habe ich gesagt, dass ich mitmache?

Entführung der weltberühmten Queen. *Neunzig Prozent Sicherheit.* Und zwar *gewaltfrei. Unblutig.* Auf den Geheimwegen der klugen Frauen und Orchideen. Gegen die *Allesverkäufer* auf *beiden Seiten.* Gegen die Schattenverkäufer, die Planetenverkäufer. Die Sinkflieger –

Einzelheiten weiß ich in der Tat nicht. Weiß nicht mal ihren Namen. Weder ihren Nachnamen weiß ich noch ihren Vornamen noch die Namen ihres Micheál. Die Namen nicht und die Adressen nicht. Micheál ist natürlich katholischer Tarnname. Kämpfender Erzengel Michael. Und Nora nennt sie sich in Begeisterung für die Gefährtin des James Joyce, für diese irische Nora ohne Punkt und Komma und Hemmungen. Mit ihrer Theorie, wonach Poeten wie Politkämpfer parallel und nachhaltig das *Reale* verpassen, die Wirklichkeit in Irland wie in Deutschland, in Romanen ebenso wie in der Politik, klar, mit so einer These muss sie sich *Nora* nennen. Schon weil der Name *Nora* zugleich Signal ist. Ein starkes Programm. *No RA. No Republican Army.* Und *No Royal Army.*

Ächzend, wie unter unerträglichen Gewichten ging er in der Nachtluft umher, tappte auf der schmalen Ziegelsteinterrasse hierhin und dorthin, atmete schwer und seufzte und murmelte und rätselte.

Und NORA auf deutsch?

Nie ohne radikale Aufklärung. Oder?

Am linken Terrassenrand blieb er stehen und sah in die schwarzen Buchenschatten hinauf. Es stimmt. Inzwischen bin ich von der *Aktion* nicht mehr zu trennen.

Auch der *Professor*, auch der Hügelgärtner macht mit. Der achtzigjährige, der philosophische Botaniker. Wahrscheinlich ein Jude. Womöglich Nachfahr eines berühmten romantischen Dichters. Mit diesem Heinrich Hertz muss ich reden. Sofort, gleich morgen früh.

Ließ die Glaswand geöffnet und ging zurück in seinen dunklen Untergrund. Schaltete hinter der halben Nischenwand das Tischlicht, zog die rote Kladde aus dem Regal und begann mit dem Notieren. Wenigstens das Wichtigste.

Aber alles an diesem Tag war das Wichtigste. Und war alles ineinander verwickelt. Die Andeutungen und die Mitteilungen dieser *Nora*, die hatten sich vielfältig verwickelt mit den Sensationen auf diesem Schafshautlager, die Argumente und die Signale dieser Frau waren verflochten in Tiefschlafnähen und in Griffe und in Auskünfte und Antworten, die immer wieder neue Fragen aufwarfen.

Schon tanzten überm Kladdenpapier Fragezeichen mit Nachtfaltern, Sommermotten mit Hirnflausen, Langensiepen löschte das Licht, legte sich auf die Felle und ehe er noch entscheiden konnte, um welch frühe Uhrzeit er morgen die notwendigen Auskünfte vom Wissenschaftler Hertz verlangen könnte in einem der oberen Stockwerke beim Eingang E, fiel er in schweren Schlaf und in neue Träume.

CHAMISSOS SCHATTEN. HYDRA

Und geriet in einen Morgen, der hell war, aber nicht sonnig, milchiges Weiß bedeckte den Himmel über den grünen Hügeln. Er nahm die Rohrzange, bereicherte mit Nüssen sein *Alpen-Müesli* und sah beim Kauen, was er geträumt hatte. Zweifellos einen Männertraum. Zu Otto Vordenbäumen hatte er sich geflüchtet in den Norden der Stadt, hatte dem Freund aber keine Fragen gestellt zu IRA und RAF oder zum Hügelprofessor Hertz, sondern hatte geklagt, dass sein Küchenquirl nicht funktioniere. Nie hatte Langensiepen einen Küchenquirl besessen.

Mami in Münster nutzte Quirle, nun, im Traum, besaß auch er so einen drehbaren Rührbesen und der hatte sich verklemmt. Vordenbäumen wusste Rat, gegen Verklemmungen helfen Klempner, sagte der. Immer wieder Wortwitze in Träumen, *Gassenhauer, Sicherheitsschlösser, Verklemmungen*, und als er im Traum den Laden des Klempners betrat, hatte der es eilig, Langensiepen solle aber schon mal Platz nehmen, im Hinterzimmer.

Im Hinterzimmer standen rundliche Sofas und Sessel, und Langensiepen begann schon mal, den Quirl auseinanderzunehmen. Auf den gewölbten Polstern fielen die Teile aber ständig herunter, und es erschien eine beträchtliche Dame und fragte, was er auf diesem Sofa treibe, dieses sei ihr Arbeitsplatz.

Kein guter Morgen. Er hielt sich an *Nutricomp*, Version Schoko, hockte sich vor seine rote Kladde, wusste aber auch jetzt kaum Abkürzungen, notierte schließlich „Rt.los.kt.", schob das dicke Heft zurück ins Regal. Ja, Ratlosigkeit. Warf sich in den leichten Anorak und lief zur Tür.

Die Wohnungstür war nicht mehr abgeschlossen. Über die Flurfliesen schoß ein Schlüssel, von seiner Schuhspitze getroffen. Der Schlüssel hatte auf einem Zettel gelegen. „Achtung acht Uhr Achtzigster unheimliche Liebe".

Verschloss die Tür, tat Schlüssel und Zettel in die Anorakjacke, warf keinen Blick mehr hinüber auf die neue Sicherheitstür schräg gegenüber, sondern lief die Treppe hinauf auf die Straße, ins Freie, in diesen hellgrauen grellen Morgen, eilte die Frankenstraße hinab und nach rechts hinunter unter die Buchen, an der Mondscheinwiese vorbei zur Ruhr und redete fast ohne Pause, redete leise und streng gegen sich hin, mahnte, drohte, appellierte, forderte Wachsamkeit. Selbstkontrolle. Disziplin. Taten.

Professionell hat sie mich reingelegt, flachgelegt. Mit allem Charme, mit aller Schamlosigkeit, mit perfektem Handwerk und Mundwerk. Mit speziellen Sorten Kampfsport, mit *Orchideenlist*, mit *Wing Tsu*-Technik. Mit *Idisi*-Tricks. Nicht verklemmt hat sie mich, sondern abhängig gemacht. *Achtung unheimliche Liebe*. Mit *Liebeskenntnissen.* Hat eine Hauptsaite in mein Innerstes gebohrt, in einen Invaliden, in einen Nervengeschleuderten.

Im schnellen Gehen richtete er immer wieder Attacken, vor allem gegen sich selbst, reingefallen bin ich, wie die Mücke auf den scheinbaren Pilz, reingefallen auf eine adressenlose Studentin, auf eine quirlige sogenannte *Nora*, heißt wahrscheinlich Woglinde Hinkelmann-Klein und wird seit 1977 steckbrieflich gesucht.

Über dämmrige Wege eilte er, unter grauen Holzriesen und Säulenleibern, am Waldrestaurant „Kluse" vorbei. „Kurzferien bis einschl. 16. Juni".

„Einschließlich"? Wortfundstück für den irischen Micheál, der Ruhrlyrik analysieren, der die Queen einschließen will. Im ‚Erdgeschoss'.

Gewaltfrei?

Auch auf den alten Hertz bin ich reingefallen, auf diesen Pflanzenprofessor mit seinem seltsamen Hohn auf Düsseldorf und Köln, als ließe sich nicht jede Stadt, wenn man sie nur genauer ansieht, verhöhnen, erst recht

Essen, das demontierte, das bombardierte, das immer misshandelte Essen, ausgerechnet Essen pries der, als sei Essen insgeheim Kulturhauptstadt, vorhistorische Eschenstadt, Nibelungenstadt, dieses grässlich zerschundene Essen, die Kruppstadt, Konzernstadt, Konsumstadt, entstellt in Bombenkrieg wie im Nachkrieg. Im Profitkrieg. Im Wachstumskrieg.

Ja was mache ich eigentlich, rief er in sich hinein und wiederholte das laut und in Empörung, was mache ich hier und was macht diese Frau mit mir, die organisiert meinen Absturz, mein endgültiges Ende, in Knast und Klapse. Wenn rauskommt, dass ich von der *Aktion* gewusst, aber nichts gemeldet habe, dass ich sogar Kurierdienst leistete mit Briefen an die Medien, dann gelten die Terrorparagraphen. „Unterstützung einer kriminellen Vereinigung". Und das heißt Knast, das heißt Ende. Penner, Platte, Aus. Nicht die Queen, sondern ich selbst hänge tief drin in der Orchideenfalle.

Am Hügel Heimliche Liebe blieb er unterhalb der Höhe, lief über die Waldwege den Steilhang weiter entlang, keine Spaziergänger waren hier unterwegs, und wenn, dann hätten die auch hier von Renditen geredet, von Provisionen und Renten. Hoch über der Ruhr kam er zum Gasthaus „Schwarze Lene", wo einst der reitende Stahlfabrikant Krupp eine schwarzhaarige Wirtin namens Lene gekannt haben soll, reitet den Herrn, Halleluja, nur weiter hier und weg hier. Aber wohin.

Zur Lichtung „Korteklippe" kam er, zwischen schwarzen Felsen war hier außer ihm niemand, gab es den freien Steilblick hinab auf die lange hellgraue Seefläche, vom Stauwehr bei Werden bis zu den Bergen hinter Kupferdreh. Im milchig verschleierten Himmel röhrten und heulten die Jets. Laut Hertz *autistische Arroganz.* Die Stahlvögel jaulten auch jetzt nah und nervend wie immer, heute aber unsichtbar, verhüllt ins Nebelweiß, alle zwei Minuten getarnte Giftriesen.

Wie lieblich schimmern unten die kleinen Täler hinterm südlichen Ufer, Idyllen im äußersten Süden der Stadt, aber ausgerechnet dort, zwischen diesen wonnigen Wald- und Wiesenhügelchen wurden drei Jungens erwürgt, wusste Vordenbäumen, staatlich stranguliert wurden da drei Sechzehnjährige aus dem Nordstadtteil Borbeck, im April 45, nur drei Wochen vor dem vorläufigen Ende des Massenmords hatten die drei sich im Norden der Stadt versteckt, hätten sich melden sollen beim „Volkssturm", waren aber untergetaucht in Schrebergärten, die Befreier waren ja schon zu hören, die US-Panzer rumorten und schossen ja schon am Kanal und in Altenessen, und die drei Jungen aus Essen-Nord, aus dem Revier der sogenannten Einfachen, diese *Simplicissimi* glaubten nicht an die Nebelwörter, nicht an Vaterland, Treue, Ehre, Heldentum und heilige Pflicht, sondern versteckten sich. Und sind verpfiffen worden. Dort unten, in dem schönen Grün, da tagte das Schnellgericht, der Vorsitzende war ein Doktor der Medizin, der redete von Verrat und Vaterland und Fahnenflucht und verfügte die Exekution. Landjäger vollstreckten das, taten das sofort im frühlingsschönen April 45, machten das Allerentsetzlichste, drei Wochen vorm Aus und Ende in dem *netten* Tälchen dort unten und wurden niemals belangt. Nie auch der Vorsitzende, der Mediziner, solche Entscheidungsköpfe, sagte Vordenbäumen, die haben Karriere gemacht, die wurden Polizeichefs, Klinikchefs, Justizchefs, Regierungschefs.

Und diese niedlich süßen Wald- und Wiesenhügelchen dort unten, die haben das gesehen und gehört, die Todesnotschreie der Sechzehnjährigen, die nach der Mutter geschrien haben, hat eine Nachbarin gewusst, wusste Vordenbäumen, die Nachbarin war damals zwölf und war auf einen Baum geklettert, um sehen zu können, was sich auf der Lichtung tat, in einem der langen schmalen langen Tälchen dort unten, in einem der „Siepen", *Siepen* heißt Tälchen, wusste Vordenbäumen, Tälchen lassen sich alles bieten, auch Unsägliches, auch Allerentsetzlichstes.

Warum nur immer mir solche Bilder ins Hirn, solche Blicke auf die Schreienden, aufs Erwürgen, auf den Sturz ins Seil, immer allein mir, mir, mir!, warum solche Sekunden nicht hinein in JEDEN Betonkopf, in jeden, der Krieg will, der Gewalt, der Exekution will, wären solche Sekunden in Jedermann, die Welt wäre anders. Wäre sie's?

„S.H.W.". Schlachthauswelt notiert Langensiepen abermals. Und fragt, ob vom weltweit ständig neuen Horror je irgendein Sinn bleibe. Irgendeine Wahrheit? Heiligkeit? Trost? Erkenntnis?

Zwischen den schwarzen Karbonfelsen der Korteklippe ging Langensiepen herum, ging im Kreis und wusste nicht weiter. „Nach drüben ist die Aussicht uns verbaut", hatte er bei dem gelesen, der unter den Dichtern als der Größte galt. Was meinte der Goethe mit seinem *Nach drüben*, offensichtlich das Jenseits, den Himmel, das Andere, das Wahre, das Sinnvolle. *Verbaut* sei das, sagte der, für immer unfaßlich und unsagbar. Selbst für den Größten der Dichter: unsagbar.

Als Langensiepen in der Stadtwaldbücherei die letzten Seiten des „Faust" aufgeschlagen hatte, ungeduldig die letzten Seiten im großen zweiten Faust-Teil ohne all die vielen Seiten davor, weil er den letzten Weisheiten des Besten ohne Umwege hatte auf die Spur kommen wollen, da fand er, dass der Doktor Heinrich Faust am Ende seines langen Lebens feststellt, nach drüben sei *die Aussicht uns verbaut.* Hatte dann das zwölfhundertseitige Kirchenlexikon aufgeschlagen, das in Düsseldorf hergestellte „Lexikon des Christentums", das müsste doch Erkenntnisse mitteilen über *Jenseits* und *Diesseits*, unter *Diesseits* aber bot das nur eine einzige Eintragung, „Gegenbegriff zu Jenseits, siehe dort". Unter „Jenseits" lieferte dann schon das Register Kolonnen von Seitenzahlen, Hinweis-Salven auf ausführliche Lexikontexte, die Langensiepen aufschlug und tatsächlich sämtlich unlesbar fand, *verbaut*.

Die drei Jungens aus Essen-Nord hatten keine Chance. Das Diesseits galt nichts. Das kriegte eine einzige dümmliche Eintragung, bekam die rote Karte, das Diesseits konnte getrost *vermüllt* werden, das Wahre war einzig das Jenseitige, das Himmlische, das Paradies, Walhall, Vorsehung, Vaterland, das Ewige, das Heilige, die *Projektion*. Halleluja war Himmelsjubel. Wie redet der Ruhrmensch? Die Drei „mussten dran glauben".

Projektionen, sagt die Studentin. *Wahnsinnige Religionen* sagt der irische Dichter. Wahrheitswahnsinn, sagte Langensiepen. In Langensiepens Notizen steht „W.w.s.".

Am östlichen Horizont die Langenberger Sendemasten, die stießen wie schwarze Bleistifte spitz hinauf ins milchige Himmelsdeckweiß. Langensiepen wusste nicht, wie er das ertragen sollte, dieses Grellgraue, dieses hell verhüllte Giftgeheul, dies erdumspannende Freiheitsgedröhn. Er stieg zum Gasthaus „Schöne Aussicht", mied dort die *Aussicht*, stapfte tief hinein in den ferneren Stadtwald. Und gelangte aus den hohen Buchenwaldhallen plötzlich in ein Dickicht von jungen Bäumen, von niedrigen Stämmchen, alle eng beieinander, gerade mal neun oder zehn Jahre alt, und in diesem Stämmchengedränge fand er nun endlich die kreisrunde Vertiefung, die er seit langem gesucht, die ihm im AMOK-KOMA ein alter Bergmann geschildert hatte, hier und jetzt fand er den moosüberwachsenen Deckel über dem Hauptschacht des „plattgemachten" Anthrazit-Bergwerks „Gottfried Wilhelm".

Auf die runde Abdeckung stellte er sich und glaubte sofort zu hören, dass der Schacht keineswegs still war, kein bisschen „stillgelegt", sondern hier rumorte es, dröhnte es untergründig, hier ging es jetzt knapp tausend Meter in die Tiefe, eine winzige Tafel meldete „986 m", hundert Jahre lang waren Menschen unter ihm hinunter gefahren, rasend schnell hinab zur ältesten und besten aller Kohlesorten, zum silbern glänzenden, zum diamanten schimmernden Anthrazit, den, so sagte der alte Hertz, schon der junge Mann aus Xanten genutzt haben musste, der *Nidgir*-Besieger, der energische, der energiereiche Schmied lange vorm Weltkriegsschmied Krupp. Allesamt nicht gut geendet, diese Feuerbezwinger.

Schloss die Augen. Waren wirklich Geräusche zu hören? Irgendein Knistern? Welcher Ingenieur könnte beteuern, dass die Verstrebungen unter dem kreisrunden Abdichtungsdeckel nie nachgeben würden, dass nicht irgendwann der Sturz fällig war.

Hielt die Augen geschlossen, mit Händen, die schweißnass geworden waren, sah sich im freien Fall und hörte wieder die Wirtin in Südtirol, deren Söhne den Südturm der Großen Zinne bezwungen hatten, mit großem Ehrgeiz, mit der Aussicht auf bergweltweites Aufsehen, und als sie oben gewesen waren im Triumph, da passierte beim Abstieg der Sturz des Jüngsten, der die anderen mitriss. Wurden weithin gehört, die Schreie.

Schreie. Nach der Mutter. Die Augen schlug Langensiepen weit auf, sah rings die Jungbäumchen im Wind, biegsame Biomasse. Wie in der Disco, viel zu eng, zu dicht. Ums Leben zappelnd.

Sprang auf den Waldboden zurück, griff sich aus altem Laub einen dunklen Stein, betrachtete den, steckte den ein, stolperte und redete wieder gegen sich hin, was denn machen wir uns vor, sind alle im Sturz, jede Sekunde stürzt ab ins endgültige Vorbei, klammern uns aber an *Aussich-*

ten nach drüben, an Sicherungen, an Verstrebungen, die ewig halten und schützen müssen, die ablenken sollen mit schalldichten Polstern, mit dauerhaft tragenden Dichtungen, mit musikalischer Musik. Oder mit betäubender. Oder mit süßen Illusionen vom Menschenrecht für ALLE.

So redete er, redete laut, trug den dunklen Stein in der ausbeulenden Seitentasche, eilte durch die Renteilichtung und kam in Rellinghausen auf die Frankenstraße, ging die lange Straße durch Rellinghausen hinauf bis zur Stadtwaldbücherei und dort hinein und sofort in den Lesesaal und im Lesesaal zum breiten roten Rücken des Strafgesetzbuchs, hockte sich mit der Loseblattsammlung unter das Fenster. Und las im Paragraphen 239 von „Menschenraub". Von „Erpressung". „Wer einen Menschen einsperrt oder des Gebrauchs der persönlichen Freiheit beraubt", den erwartete eine „Freiheitsstrafe bis zu fünf Jahren."

Paragraph 258 erklärte, dass eine „Strafvereitelung" dann vorlag, wenn jemand „wissentlich" eine Untat nicht anzeigte. Mache ich das? *Wissentlich*? Was denn *weiß* ich. Was *weiß* von dem, was an *Nora's Day* passieren soll, lächerlich wenig *weiß* ich, fast nichts hat sie herausgelassen, nur Wunderbares von Gewaltfreiheit, von klugen und *realistischen* Frauen namens *Idisi*, dem ältesten deutschen Wort, Frauen gegen das Militär, frühe Frauen, die von *Hydra* wussten, die schon am Anfang aller Historie das Militär stoppten. Und nunmehr die britische Weltmacht?

Wüste Unheimlichkeiten *weiß* ich, nichts *konkret*.

Zusatz 6 zum Paragraphen 258 teilte mit, dass *Strafvereitelung* dann straffrei bleiben könne, wenn derjenige, der eine Straftat nicht angezeigt habe, „Angehöriger" sei. Das betrifft mich, o ja, *angehörig* bin ich ganz und gar, denke und fühle mit diesen *Amateuren* dieselbe humane Empörung, ich liebe sie sogar, diese faszinierende, diese fesselnde Frau, diese wunderbar energiereiche und glatthäutige *Wing-Tsu*-Frau, *angehöriger* geht es gar nicht, wer denn verfügt eigentlich, ob jemand *angehörig* ist oder nicht, dieser Jeansfrau und diesem Herrn Hertz und sogar diesem eisigen Micheál habe ich ausführlich und mit Gewinn zugehört. Und habe dieser sehr beweglichen Frau *hingerissen angehört*, erst in einer Ehe wäre ich *Angehöriger*? Kirchendenken im Gesetzbuch, das „bürgerlich" heißt?

Blätterte weiter und erschrak. In der Hand hielt er ein Blatt, auf dem es – Paragraph 102 – *konkret* um das zu gehen schien, was an *Nora's Day* offenbar ablaufen sollte, da ging es um „einen Angriff auf ein ausländisches Staatsoberhaupt". Woher wussten das die Verfasser des Paragraphen 102 so genau und fügten auch noch hinzu: „ … während sich der Angegriffene in amtlicher Eigenschaft im Inland aufhält … Freiheitsstrafe bis zu fünf Jahren."

Verließ die Stadtwaldbücherei
in neuen Unruhen, eilte weiter die Frankenstraße hinauf, von Rellinghausen zum Stadtwaldplatz und geradeaus weiter nach Bredeney. Beim „Wohnpark Stadtwald" wartete der rote Fiat vorm Eingang E, Langensiepen ging da hinein und sagte sich, nun werde er dem Professor gratulieren zu seinem achtzigsten Geburtstag und werde ihm den dunklen Stein schenken, werde ihm aber Fragen stellen und werde so lange weiterfragen, bis jede Einzelheit und jeder Schritt geklärt war. Drückte den Knopf neben „H. Hertz", es wurde geöffnet, er nahm den Lift und hielt in der Hand, was er unter dem Waldlaub entdeckt hatte.

Im siebten Stock stand die Hertz-Wohnung offen. In der Tür die *Wing-Tsu*-Frau. Wie kann ein Anblick, wie kann ein Körper dermaßen das Denken elektrisieren, wie kann honigbraune Haut das Denken lähmen oder in Schwung bringen oder blockieren, ein Körper als Harfensaite, als Stromstoß und Stich. Umarmung, Kuss und Hirnschwindel. Hertzens Wohnung schien überfüllt mit Erinnerungsstücken, mit Bildern und alten Möbeln, mit Steinen und Pflanzen, und im Gewirr der denkwürdigen Dinge das weißhaarige Haupt. „Nun
besucht er mich endlich der *Simplicissimus*-Leser."

„Der Ihnen zu Ihren vielen Jahren gratuliert, mit einigen Pflänzchen, die es geschafft haben, doch noch ein bisschen älter zu werden als Sie."

Hertz hob und drehte den dunklen Brocken gegen das Licht, rückte die Brille. „Nora, schau dir das an. Abdrucke auf Karbonschiefer, grün, zart und lebendig gewesen vor dreihundert Millionen Jahren – das Sanfteste hat überdauert. Überstand Millionen Jahrhunderte. Und Millionen Tonnen Gebirgsgewicht. Woher wissen Sie, dass mich so etwas rührt, bis zu Tränen. Fünf zierlich gefiederte Farnblättchen. Widerstehen dem gefräßigsten aller Ungeheuer, der Zeit. Ich lade Sie ein. Kommen Sie heute abend zu uns ins Gasthaus ‚Heimliche Liebe'. Wir feiern da ein bisschen, und dann beantworte ich auch all Ihre kritischen Fragen." Setzte das Karbonstück unter einem breiten Fenster in eine Art Steingarten.

Langensiepen sah die bunt blitzenden Steine und sagte, er habe allerdings einige Fragen. Kürzlich habe er sie beide beobachtet. Weit nach Mitternacht. Vor seiner Terrasse. – Hertz blickte entsetzt. – Mit Licht und Spaten seien sie gekommen, mitten in der Nacht und hätten einen silbrigen Metallbehälter vergraben. „In der Nacht danach hab ich mir erlaubt, das, was Sie da versteckt haben, auszugraben. Keine Sorge, es ist nichts beschädigt. Liegt alles wieder so unter der Erde wie zuvor. Wasserdicht und luftdicht. Aber nun bitte ich Sie, Offenheit gegen Offenheit, in was verwickeln Sie mich. Die Empörung gegen das Unrechtsregime in Nordirland, die teile ich, aber was heißt es, dass Sie solch wunderbare Chamisso-Dokumente verbergen und nicht etwa in ein Museum bringen. Und was heißt es, Sie wollten die Intelligenz der Orchideen nutzen, *Naturhumor*, archaische Überlebenskunst oder dergleichen – um die Queen zu entführen?"

Langensiepen war aufgestanden, war nun sehr erregt. Doch dann setzte er sich hart wieder hin. „Abgesehen davon, dass es unmöglich ist, einen so prominenten Staatsgast zu entführen, die Queen wird nicht nur perfekt überwacht. Sondern das ist auch schlicht kriminell. Schon der Versuch ist strafbar. Da gibt es eindeutige Paragraphen. Mit einer Freiheitsberaubung für ein freies Irland? mit Unrecht für Gerechtigkeit? Tut mir leid, ich muss wissen, woran ich hier bin."

Hertz tat heftige Atmer, benötigte Luft, wendete sich in seinem Sessel hierhin und dorthin. „Stimmt. Wir haben Sie überrumpelt. Wobei allerdings auch Sie uns erschreckt haben. Gleich zu Beginn als geheimer Wohnungsbesetzer. Und jetzt mit Ihrem Geständnis. Nun brauche ich den russischen Rauchtee. Stimmt, wir müssen Auskunft geben."

Die Jeansfrau war aufgestanden, wollte nun wohl Tee machen, blieb aber in der Küchentür stehen.

„Und da wäre nun einiges mitzuteilen. Auch über die Dokumente in dem Silberkasten. Und ich hoffe sehr, Sie waren aufrichtig und haben wirklich nichts zerstört. Schreck, nun zittern mir die Knochen. Wer in der Dubliner Staatsbibliothek eine der wunderbaren uralten Handschriften lesen will, der wird mit den Dokumenten in einen Käfig gesperrt. Nur so, mein Freund, hätte ich Ihnen meine Schätze zeigen wollen. Heute abend, auf Essens höchstem Punkt, da erzähle ich euch alles über die Sachen im Silberkasten. Nora kennt das nur unvollständig, Micheál noch gar nicht. Aber was jetzt das Wichtigste ist, mein Lieber: Beim Staatsbesuch am kommenden Sonntag begehen wir keinerlei Straftat."

„Sag ihm alles." Die Jeansfrau ging in die Küche hinein, ging auf ihren Mokassins, im Katzenschritt.

„Im Auftrag der Konzernleitung und der Landesregierung und mit Wissen des Protokollchefs des Bonner Auswärtigen Amtes führe ich morgen abend eine bedeutende Besucherin durch mein Glashaus. Einen Staatsbesuch."

„Planen aber ein Zusatzprogramm."

„Es gibt jetzt keinerlei Grund, zu Ihren früheren Kollegen zu laufen und Alarm zu schlagen. Wir planen nichts Kriminelles. Aber es muss unbedingt etwas getan werden. Wir verbreiten *Daten*, weltweit. Überfällige *Informationen*."

„Wie?"

„Mit einem unüberhörbaren, mit einem schockierenden Appell. Mit einer ungewöhnlichen Erinnerung an unser uraltes Grundverhängnis. An unsere Ausgeliefertheit an *Hydra*."

„Schockieren wollen Sie? Wie?"

„Wir *wollen* nicht, wir müssen." Hertz redete sehr leise, in einem fragenden, in einem komisch erstaunten Tonfall, wie wenn jemand einen Tatbestand schildert, der seit langem für Entsetzen sorgt und unerklärlicherweise nirgends bekannt geworden ist. Oder er läßt kalt, weil er als unabänderlich gilt. „In England regiert derzeit eine Frau, die befreundet ist mit Leuten wie Pinochet, mit dem chilenischen Diktator und Mörder. Eine Frau ist in England Regierungschefin, die sich nicht scheuen würde, für einen Schafsdreck blutig Krieg zu machen. Und für blutiges Unrecht sorgt diese regierende Madame schon jetzt, in Nordirland. Und ihre Gegner dort, die katholische Seite, scheut sich nicht, mit gleichen Mitteln zurückzuschlagen. Tag für Tag hinterhältige Morde. Als Antwort auf hinterhältige Morde. Und diese Situation ist Modell. Die ist Weltmodell. So wie in Nordirland die Menschen ineinander verbissen sind, so steht bekanntlich Ost gegen West – beide nuklear irrwitzig hochgerüstet. Ein einziges falsches Signal und das einzigartige Leben auf diesem Planeten wird zurückgeschleudert, wird sekundenschnell zurückgeschleudert um Millionen Jahre. Das ist die Situation. Und in Deutschland will einer Kanzler werden, der bis 1945 Einpeitscher war als NSFO."

„NSFO?"

„Als ‚Nationalsozialistischer Führungsoffizier'. Als Spezialist ‚für wehrgeistige Führung'. Das konnte bei den Nazis nur einer werden, der ‚Durchhaltewillen' zeigte, ‚Kampfmoral'. NSFO-Posten waren Auszeichnungen. Die gab es nur für ‚bedingungslose Nationalsozialisten', für ‚kämpferisch fanatische Nationalsozialisten'. Nachzulesen im soeben erschienenen ‚Neuen Schwarzbuch Franz Josef Strauß'. Und so wie dieser Kanzlerkandidat und so wie Premier Thatcher und so wie das Wahnsinnswettrüsten mit dem wechselseitigen zigfachen Vernichtenkönnen, so ist auch die Situation in Nordirland: modellhaft hirnrissig. Auch in Ulster sind Dialog und Abrüstung nirgends in Sicht. Statt dessen Gewalt, die immer nur eines produziert, Gewalt. Und nun mache auch ich Ihnen ein Geständnis." In dem achtzigjährigen Gesicht war wieder dies faltenreich entsetzte, dieses fast weinende Lächeln. „In meinem Leben will ich nicht ein zweites Mal nur hilflos zuschauen müssen."

„Bisher hielt ich Sie für einen sachkundigen und realistischen Wissenschaftler. Der alle Phantasterei ausdrücklich verdammt."

„Jetzt aber?"

„Meinen Sie etwa, Sie könnten den Rüstungswahnsinn stoppen?"

„Unsere Aktion ist Modell. Für kreatives, für friedliches Konfliktlösen. Für vernünftige Koexistenz. Nehmen Sie die Formel, die Sie am meisten überzeugt. Für *Würde DES Menschen.* Ehrfurcht vor der Einzigartigkeit Mensch. JEDES Menschen. Für allgemeines *Grundrecht.* Für das *Recht auf Lebendigkeit* für ALLE."

Hertz redete leise und mit zitternder Stimme, aber sehr konzentriert. Es gehe um das ständig sich erneuernde Verhängnis, nicht Kommunikation zu suchen, nicht *Daten*-Austausch und *Information*, sondern, in Vorverurteilungen verpanzert, Vernichtung zu organisieren. Immer wieder grassiere der Wahn, man wisse, wer der Drache ist, wer schuld ist am Elend in der Welt und wer darum auf Todeslisten müsse. Wer zum „Reich des Bösen" gehöre, wer dagegen zu *God's own country.* So zertrenne neuerdings der aussichtsreichste Kandidat der kommenden US-Präsidentschaftswahlen die Menschheit. Der Planet benötige aber keine neuen Selektionen. Und keine neuen Gottesstaaten und keine Kreuzzüge. Sondern Intelligenz. Kenntnis. Fairneß. Statt Phantasterei Phantasie.

„Und benötigt deswegen eine Entführung?"

Die Frau brachte Tee und Gebäck, hantierte sehr vertraut mit Beistelltischchen und Geschirr.

„Sie sind es, der von Entführung redet. Aber es stimmt, Sie sollten nun jede Einzelheit kennen. Sollen ja nun unser Botschafter sein. Heute Nachmittag, jetzt, in diesen Stunden absolviert die Queen einen Regimentsbesuch bei Paderborn. Die Visite in Paderborn gehört zu ihrem Geburtstagsprogramm. Offiziell hat die Königin an diesem Samstag Geburtstag. Immer an einem Samstag Mitte Juni. Übrigens aus botanischen Gründen, weil Englands Gärten dann aufs Schönste blühen. Morgen verwandelt sich ihr Geburtstags- und Truppenbesuch in einen Staatsbesuch. Dann reist sie von Paderborn nach Düsseldorf. Ausdrücklich nicht nach Bonn, sondern in das ehrgeizige Dynamikerdorf an der Düssel. Abends geht es von dort hinüber in den Essener Süden, ins Krupp-Schloss Villa Hügel. Diesmal hat die Ökonomie den Vortritt. Und das Besuchsprogramm folgt Schritt für Schritt einem minutengenauen Drehbuch. Um siebzehn Uhr fünfzig wird Majestät auf Villa Hügel eintreffen. Um neunzehn Uhr beginnt im größten Saal des Palastes ein festliches Bankett, mit Reden, Toasts, Tafelmusik und so weiter, anwesend sind alle Regierungsmitglieder. Zwischendurch aber, vor dem Dinner, zwischen achtzehn Uhr und achtzehn Uhr dreißig habe ich die Besucherin durch mein Glashaus zu führen. Habe ich eine halbe Stunde Zeit für ein Rendezvous."

Vor gut zwanzig Jahren sei er, Hertz, sieben Monate Gast in den Londoner *Kew Gardens* gewesen, im Stadtteil *Richmond*, auch dort habe er schon mal kurz das Vergnügen mit Madame gehabt, zwar nur für einen kleinen Wortwechsel, aber immerhin, sie habe den Deutschen wahrgenommen und habe ihn nach einer ausgesprochen unschönen Spezies gefragt, nach dem sogenannten Stern von Bethlehem. „Der gilt bei den meisten als hässlich, den finden viele geradezu abstoßend, eine dreißig Zentimeter lange violette Zunge streckt der heraus, weiß der Teufel, was Lady Liz daran entzückt. Aber zurück zu Ihrer sogenannten *Entführung* – ich nenne das anders."

„Wie?"

„VERführung. Sonntag wird es um eine lebensfreundliche Täuschung gehen. Auf diesem Planeten sind Täuschung und Tarnung das von Grund auf Übliche. Und sind das von Grund auf Hilfreiche. Sind jedenfalls ungleich sinnvoller als jede Form von Aggression. Ohne gut inszenierte Betörungen kommt es zu keinerlei Mischung, zu keinem Austausch, zu keiner Verbesserung von *Informationen* und *Daten*. Ohne Kunst kein Überleben."

„Was genau werden Sie Sonntag tun?"

„Nach etwa der Hälfte der Besuchszeit, nach rund fünfzehn Minuten im feuchtwarmen Tropenhaus, dreißig Grad Celsius, neunzig Prozent Luftfeuchtigkeit, werde ich dem Gast vorschlagen, nun doch auch mal hinauszugehen an die frische Luft, durch die Hintertür. Freundlich und sehr leise werde ich das sagen, so dass die Leibwächter, die nach dem staatlichen Drehbuch beim Haupteingang stehen bleiben sollen, davon nichts verstehen können. Und etwas sehr Reizendes, Majestät, werde ich sagen und werde die kleine hintere Tür schon mal ein bisschen öffnen, einige besonders seltene Orchideen warten auf Sie hier draußen in unserem Freiland, unter anderem die sehr kuriose irische, die seltene und eigenartige ‚Drehwurz', in Blüte schon jetzt, mitten im Juni. Herzlich lade ich Sie ein zu einer kleinen Rundfahrt mit unseren jungen Gartenfreunden."

„Das sind für uns die Stichworte. Freiland, junge Gartenfreunde, Rundfahrt, Drehwurz."

„Wenn die Queen dann durch die Hintertür hinausgeht, steht alles, was danach passiert, nicht mehr in meiner Macht. Aber ich will nicht ausweichen. Nicht ungenau werden. Wenn sie draußen ist, werde ich eine Zeit lang die Tür deutlich aufhalten. Damit die Sicherheitsleute, die das Hinausgehen natürlich bemerkt haben werden, nachrücken können – plötzlich aber wird dann von draußen die Tür zugeschlagen. Eine stählerne Tür. Mindestens ein dutzendmal haben wir das geprobt." Hertz machte drehende Bewegungen mit der Schulter, rieb sich das Gelenk. „Linke Schulter und linker Arm sind inzwischen ganz schön ramponiert."

Vor vier Jahren, sagte die Jeansfrau, habe die Queen nach *Bloody Sunday* zum erstenmal wieder Nordirland besucht. Zum 25jährigen Thronjubiläum habe sich das nicht mehr vermeiden lassen. „Besucht wurde aber nur das protestantische Uni-Städtchen *Coleraine*. Ursprünglich hätte es *Derry* sein sollen, wo die Uni modernisiert worden war. Im sogenannten *Londonderry* waren große Feiern geplant, aber dann kam der blutige Sonntag und die Sicherheits-Experten rieten ab und empfahlen als Ersatz den Campus im protestantischen *Coleraine*. „Sechs Monate war ich damals im Land, war frisch verliebt in Mick und geriet sofort in Streit. Für Micheál und seine katholischen Klabautermänner war die Queen ein Monster, das den Mördern Orden angesteckt hatte. Ich aber nervte sie, noch nie sei Mörderisches gestoppt worden durch Mörderisches, prompt war ich die unausstehliche Zicke aus dem hasenfüßigen und verlogenen Westdeutschland, penetrant pazifistisch, aber Spitze beim Waffenprofit."

„Offenbar wurde die Queen dann weder entführt noch ermordet."

„Zu fünft hatten wir uns eingeschrieben an der Provinz-Uni *Coleraine*. In *Coleraine* gab es dann eine Bannmeile wie nie zuvor, nur die Erlauchten und Erhabenen durften dem Zeremoniell beiwohnen. Und als dann die Mittagssonne schien und die langweiligen Reden per Lautsprecher über die Parkwiesen übertragen wurden, da hatte es eben zwölf Uhr geschlagen, als im zentralen Grün, wo niemand sich aufhalten durfte, mit Getöse ein Müllcontainer in die Luft flog. Entsetzen und Verwirrung. Niemand verletzt, aber Entsetzen und Verwirrung. Und als nun Micheál zu überlegen begann, welche Sorte Schock auf Villa Hügel sinnvoll sein könnte, erinnerte ich ihn an den Schrecken von *Coleraine*, an das aufgeregte Echo quer durchs *Commonwealth*. Schon beim Wort *Commonwealth* flucht Mick, ob ich da einen Wohltätigkeitsverein meinte oder ein verdammtes altes Weltreich mit dem Schlachtruf *Rule Britannia*. Und mit der Lizenz zum Foltern. Und zum Töten."

„Was passiert morgen *Sinnvolles* auf Villa Hügel?"

„Bis Honolulu, bis Moskau und bis Kapstadt wird verbreitet, dass auch im alten aufgeklärten Europa Menschenrechte verletzt werden. Auf mörderische Weise."

„Professor Hertz, sagen Sie's mir bitte genauer. Was geschieht, wenn Ihr Staatsbesuch das Glashaus durch die Hintertür verlassen hat?" Der Alte und die Frau sahen sich an.

„Mick knallt dann Ihnen, dem Achtzigjährigen, die Tür gegen die Schulter?"

Hertz nickte und blickte auf die Studentin, deren Haarspitzen wippten, auch sie schien zu nicken und sagte: „Je heftiger Mick das macht, desto glaubwürdiger wird, dass Heinrich mit der Sache nichts zu tun hat."

„Wird die Queen den Schlag nicht bemerken?"

„Inzwischen ist sie hinter der Ecke des Glashauses, freut sich dort über den *Rover de Luxe*. Majestät, herzlich willkommen zu einem kleinen Ausflug." Und Hertz sagte, mit Vergnügen werde sie einsteigen in ihren geliebten Luxusjeep. „Alsdann öffnen sich vor ihr unter alten Baumriesen Tore aus kaiserlichen Zeiten, kutschieren wir sie zu blühendem Grün und in ein hoch informatives Botanik-Kabinett. Die Pilzmücke Elizabeth erblickt die Drehwurz auf einem Tischchen aus Koromandel. Aus Kalamanderholz, mit glänzend dunklen und hellen Purpurstreifen vom Baum *Diospyros hirsuta*. Dies Tischchen ist so gebaut wie ihre schönsten Möbel auf *Balmoral*."

„Dort sperren Sie die Frau ein?"

„Nach wenigen Tagen öffnet sich, wie bei *Aristolochia arborea*, die Orchideen-Vagina und entlässt die hohe Frau *ins Freie*. Und plötzlich steht sie am kläglichsten aller deutschen Hauptbahnhöfe und wird sich erkundigen müssen, wie sie von diesem schauderhaften Ort heimkommt nach London."

„Selbst wenn das alles tatsächlich funktionieren sollte – man wird rauskriegen, wer das organisiert hat. Man wird Sie zum Beispiel fragen, woher Sie diese jungen Gartenfreunde kannten. Was sagen Sie dann?"

„Seit fünfzehn Jahren, werde ich sagen, bin ich Rentner und hatte keinerlei Kenntnis vom aktuellen Personalbestand auf dem Hügel. Diese jungen Leute, werde ich sagen, hatten sich mir vorgestellt als die Praktikanten und Werkstudenten, die derzeit Außendienst tun im Park. Seit je wechseln die am Monatsbeginn und in der Monatsmitte, am sechzehnten Juni waren sie also glaubwürdig ‚die neuen'. Und diese Neuen, werde ich sagen, präsentierten mir stolz die englische Luxuskarosse, die Betriebsleitung habe den Lieblingswagen der Königin organisiert. In der Tat, auch dieser Punkt war mit den Sicherheitschefs besprochen worden, zur *Drehwurz* stand ja ein Fußweg an und der Gast war alles andere als feldmarschmäßig ausgerüstet."

„Wer soll den Jeep steuern?"

„Die jungen Leute, nach meinen Anweisungen. So war es vereinbart. Am besten schildere ich jetzt mal so präzise wie möglich diesen allerdings entscheidenden Moment. Im Glashaus wird es keine Presse geben und kein Publikum, nicht mal Prinzgemahl Philipp wird anwesend sein, weil er Orchideen ähnlich verabscheut wie Leser Langensiepen. Nach dem

Wortwechsel über die irische Seltenheit *Drehwurz* werde ich der Besucherin die kleine Hintertür aufhalten, Queen Liz wird aus der Tropenhitze wie befreit hinausgehen in die Sommerluft und wird sich hinter der Glashaus-Ecke über den geliebten Wagen freuen, ich aber halte die Tür weiterhin auf, wende mich zurück zu den Sicherheitsleuten, die bis dahin in knapp dreißig Metern Entfernung beim Haupteingang des Treibhauses stehen blieben, von wo sie alles gut überblicken konnten. Wende mich also zu denen zurück, halte die Tür demonstrativ offen, blicke zwischen draußen und drinnen hin und her, was ich mit leichten Bewegungen der Tür gut verdeutlichen kann, mache den Wachleuten klar einladende Gesten, die eilen herbei – in diesem Moment trifft mich die Kruppstahltür. Gehe ich zu Boden. Die Wachleute wollen die Tür wieder aufreißen, es zeigt sich, die ist versperrt. Die Gorillas wollen dann sehr wahrscheinlich die Glasverkleidung aufstoßen, doch die gläserne Außenwand durchzieht ein Kruppsches Stahlraster. Da ist kein Durchkommen. Die Wächter sehen dann nur noch, wie draußen der Geländewagen davonfährt. Heftiger Funkverkehr, und es stellt sich heraus, dass eine direkte Verfolgung unmöglich ist. Vom Krupp-Palast zur Rückseite des Pflanzenschauhauses ist alles blockiert. Blockiert vom Glashaus, von exotischen Kaiserbäumen und von eindrucksvoller Gartenarchitektur. Von Essener Barock. Der ist edler noch als der berühmte Gelsenkirchener."

„Am wegfahrenden *Rover* erkennt man eine Autonummer?"

„Durch die Glaswand sieht man ein DO. Das Zeichen für Dortmund bastelt unser schwäbischer Freund mit zwei schwarzen Klebebändchen. Das geht sehr leicht, wenn man schon ein DU für Duisburg hat. Der Edeljeep wurde in Duisburg korrekt gemietet."

„Wie kam der Jeep hinters Glashaus? Was werden Sie sagen?"

„Durchs Tor II kam der, werde ich sagen. Ich durfte annehmen, dass unser Sicherheitschef für die jungen Leute und für den *Rover* dies Tor II hatte öffnen lassen. Niemand außer ihm und mir hat die Schlüssel und die Codes zu Tor II. O, ich werde dann von den Youngsters zutiefst enttäuscht sein, bin sozusagen völlig am Boden, liege wie erschlagen da. Jedenfalls sind die jungen Leute inzwischen mit der Queen unbehindert auf und davon."

„Warum unterstützen Sie, was das Strafgesetzbuch als Freiheitsberaubung bezeichnet? Egal, wie kurz die Spazierfahrt dauert und egal, wie gewaltfrei und wie witzig Sie das inszenieren?“

Hertz schien sich zu freuen. Er an Langensiepens Stelle würde genauso fragen. Trank einige Schlucke vom russischen Tee. „Meine acht Lebensjahrzehnte haben mir immer wieder eines vorgeführt. Gewalt produziert Gewalt. Und lähmt die Ganglien. Die Bomben auf den Nazistaat haben nicht demoralisiert, sondern stärkten die Diktatur. Wer *Hydra* die Köpfe abschlägt, erfährt jedesmal neu, dass sich die gehassten Köpfe verdoppeln. Und verscheußlichen. Diese uralte Erkenntnis hat sich das Großhirnwesen nie wirklich zu eigen gemacht. Ich beteilige mich morgen weder an einem Kidnapping noch an einer Geiselnahme. Sondern an einem Lernprozess. An einer *Aktion* für Dialog, Datentausch, Kunst. An einer lebensfreundlichen *Verführung*. Die, so hoffe ich inständig, einen ersten Anstoß liefert für ein anderes Weltbewusstsein.“

„Sie beeindrucken mich, aber Sie beteiligen sich an einer Tat, die in einem Kellerraum enden soll. In drei Tagen Gefangenschaft.“

„Unsere *Aktion* ist laut Strafgesetzbuch sehr wahrscheinlich nicht legal. Aber sie ist ungeheuer gerecht. Ein Gericht hätte Güter abzuwägen. Wenige Tage Isolierung einer einzelnen Person gegen jahrhundertelange Unterjochung vieler Hunderttausender.“

Es folgte eine Weile Schweigen. Teetassengeklapper. Hertz verrührte den Teezucker, der längst verrührt war. „Und es leuchtet mir sehr ein, wenn unser Appell gleich zu Beginn in die bestmöglichen Hände kommt. Morgen Abend, Verehrter, da sollten Sie derjenige sein, der auf dem Sträßchen vor Tor II unterwegs ist.“

„Ab 18 Uhr dreißig. Neben dir hält dann ein luxuriöser Allradjeep. Und eine vermummte Frau wird dir Briefe herausreichen. So wirst du das darstellen.“

„Und in Wirklichkeit?“

„Bekommst du die Briefe jetzt. Bist morgen für die Queen einer unserer Wald- und Gartenfreunde und hebst, wenn der Jeep kommt, ein bisschen den Arm und grüßt. Wir halten kurz an, so dass du am hinteren Nummernschild die Klebebändchen abziehen kannst. So dass aus dem DO ein DU wird."

Die gymnastische Frau war aufgestanden und hielt dem Exkommissar vier braune Umschläge entgegen. „Briefe für die City. An WAZ, WDR, BILD und DPA. Meinetwegen mach das zu Geld. Je hunderttausend Mark sind möglich. Sind glaubwürdig."

Er nahm die Briefe nicht.

„Was ist? Mit dem Text haben wir uns Mühe gegeben. *Hydra* am Beispiel Irland. Hertz sagt, eine Bombe explodiert nur einmal, ein guter Text aber immer neu. Und unblutig. Die Umschläge sind noch offen, kannst alles lesen, einiges kennst du inzwischen. Ursachen und Folgen des *Bloody Sunday*, die Dummheit der Gewalt. Am Schluss ein genauer Friedensplan für Nordirland. Nordirland, endlich auf Grundrechte gestellt, auf Gleichberechtigung, Dialog, Kennenlernen, auf gegenseitiges Anerkennen und Versöhnen. BILD wird kürzen. Wirst sehen, wie sie im Kürzen fälschen. Worte von Terroristen, wird BILD sagen, kommen nicht in unser Blatt. Das stimmt, nur Worte von Reichen und Einflußreichen."

„Warum nicht anonym? per Post?"

„Noch am selben Abend muss die Botschaft verteilt sein. Noch vor Redaktionsschluss. Vor Beginn der Tagesschau."

„Unmöglich."

„Wieso?"

„Vor allem dann, wenn ich die Briefe verkaufen würde, säße am Ende nicht die Queen in der Falle, sondern wir. Wir alle." Er atmete tief. „Ziemlich rasch werden sie merken, dass zwei von denen, die was mit dem Ereignis zu tun hatten, nebeneinander wohnen. Der Orchideenfachmann und der harmlose Spaziergänger. Wohnen beide im Wohnpark Stadtwald. Und dann verfügte man ja auch über diese oder jene Schilderung der Queen, in welcher Örtlichkeit sie ihre Studientage verbracht hat. Dann wüsste sie von engen Fensterschlitzen oben unter der Decke. Und man fände im Wohnhaus des Professors den *Geräteraum*. Und daneben die Wohnung dessen, der die Briefe in die City brachte. Aus und vorbei. Für uns alle."

„Was folgerst du?"

Langensiepen atmete, als trüge er eine Zentnerlast. Die beiden betrachteten ihn mit großem Interesse, respektierten nun ganz offensichtlich, wie schwer ihm dies alles fiel und wie ernst und genau er das nahm. Seufzte in verschiedenen Graden und Tonlagen, stand auf, setzte sich wieder und sagte schließlich: „Ich finde euch ekelhaft hinreißend. Ihr seid ein einmaliges, ein tolldreist gutes Gaunerpaar. Aber – " – er presste beide Hände gegen Stirn und Schläfen, als könnte heftiges Drücken irgendwas ändern an dem, was er dachte. Stand dann wieder auf und ging zum Steingarten unter dem breiten Fenster. Blickte hinaus. Drüben glänzte jetzt der Hügel Heimliche Liebe, leuchtete nun im Sonnenlicht. Unten war wenig vom See zu sehen, und die Segel und zwischen mächtigen Baumwipfeln das kupfergrüne Palastdach.

Ging dann in der fremden Wohnung umher. Und setzte sich endlich wieder. „Handschuhe," murmelte er. „Und neue unberührte Couverts. Handschuhe und totale Anonymität. Wenn der Brieftransport konsequent anonym bleibt, wenn die Blätter professionell gesäubert sind und dort eingeworfen werden, wo kein Pförtner lauert, kein Hausmeister und keine Kamera, wenn niemand registriert, wer sie gebracht hat, dann allerdings – dann kann ich's machen."

Umständlich steckte er die Umschläge ein. Stopfte sie in seine leichte helle Sommerjacke. Mit flattrigen Fingern tat er das und schien sehr aufgeregt. Warm war ihm geworden, die Jacke zog er aus und hängte sie über eine Stuhllehne. Aus der Innentasche ragten die Briefe.

Das Telefon läutete, Hertz ging mit dem Apparat hinter ein Bücherregal. Die Studentin rückte ihren Stuhl neben Langensiepen und küsste ihn, schob ihre Beine gegen seine Beine und sagte, noch heute werde er vier unberührte Briefumschläge bekommen, frei von jedem Fingerabdruck, dazu als Sammelumschlag einen unberührten größeren. Und bedrängte ihn mit ihren Fingern und Ellenbogen, bestieg ihn und küsste ihn, schien aber gleichzeitig hören zu wollen, was Hertz am Telefon redete. Da gab es neue Anweisungen für den Staatsbesuch. Hertz sagte mehrfach, er sei einverstanden und fragte, was geschehen solle, wenn Madame auch bei Regen ins Freigelände wolle. Schließlich war nur noch zu hören, dass er „danke" sagte und „alles klar" und dass er auflegte.

Er kam zurück. „‚Alles klar', sagt man in Essen. Sagt das auch dann, wenn alles verkauft ist und vernebelt. Der Sicherheitschef meldet, auch die Schlussprüfung hätten wir glänzend bestanden. Gestern waren zum dritten Mal englische und deutsche Spezialisten im Glashaus, mit Hunden und sensiblen Geräten, länger als zwei Stunden suchten die nach Sprengstoff mit Sonden und Hunden und Infrarot, misstrauten jedem Müllbehälter und jedem Blumentopf und drehten alles um. Und jetzt höre ich, die Herren waren hoch zufrieden. Es könne alles so laufen wie geplant. Ja, falls Majestät das wünschen, auch ein Gang *ins Freie*. Dorthin müsse die Begleitung dann allerdings folgen. Dafür werde ich sorgen, dass Majestät *ins Freie* will. Und es wird sich herausstellen, dass die Begleitung nicht folgen kann. Nun brauche ich nur noch ein Stoßgebet zu meinem Urahnen Adelbert." Das Gesicht des alten Hertz zeigte rote Flecken.

„Heute Abend wollen Sie uns erklären, warum Sie die Chamisso-Schätze vergraben haben?"

„Hört endlich auf mit euerem Sie, ja, heute abend erzählt Hertz, wie er sogar Nazis verführt hat. Heinrich liebt Verführungen."

„Ich? Ich liebe Weltverbesserungsromantik," lächelte Hertz.

„Romantik?" Nora blickte streitlustig. „Gib zu, du glaubst an gar nichts."

„Ich glaube und liebe sehr vieles. Mit Wonne zum Beispiel liebe ich Jean Paul. Welche Wunderwerke an Wörtermagie der schuf, allein schon in einem Titel wie diesem: ‚Rede des toten Christus vom Weltgebäude herab, dass kein Gott sei'."

„Jetzt weiche nicht aus, sag, an was du glaubst."

„Trotz allem und wie verrückt an die Einzigartigkeit Mensch. An das, was dies kuriose Wesen kann, zum Beispiel das, was ihr kommenden Sonntag machen wollt, bis ins Kleinste ausgetüftelt und doch getragen von einer Vision, der all meine Sympathien gehören. Kurzum, ich glaube an *DEN* Menschen. An seine Kunst, seine *Projektionen,* an die hinreißenden wie an die mörderischen. Sogar an das Turiner Grabtuch."

„Wie bitte? Das Grabtuch? Das, sagt die Kirche, zeigt Jesus!"

„Jesus war bekanntlich ein hinreißender Erzähler. Der erfolgreichste und folgenreichste. Seriöse Theologen bedauern freilich, höchstens fünf Prozent Bibel seien historisch. Immerhin, welch großartige fünf Prozent."

„Aber das Tuch ist Betrug!"

„Das Tuch ist genial. Ein überaus glaubwürdiges Genie im fünfzehnten Jahrhundert tat, als hätte er das Genie Jesus abgebildet. Konkretisierte zum erstenmal das Prinzip *Projektion* – machte eine Fotographie. Operierte mit lichtempfindlichem Material und mit der *camera obscura.*"

„Welches Genie?"

„Das Genie fotographierte sich selbst. Das berühmte Tuch zeigt eine altes Bartgesicht. Der erste aller Fotographen war Leonardo da Vinci." Heinrich Hertz strahlte und freute sich, seine Wangen waren nun nicht mehr gefleckt, sondern durchgehend rot. „Das Genie Jesus als Projektion eines genialen anderen. Irgendwann erkläre ich euch auch das genauer. Jedenfalls ist es das, was ich bewundere und was ich glaube. Jesus oder Jean Paul oder Mozart oder Leonardo. *List* und *Kunst DES* Menschen. Für mich existiert nur eines, was allgemein begeistern oder erschaudern lassen muss, was romantisch stimmen darf, liebestoll, verrückt oder glaubensstark – nicht Wahrheit oder Paradies, nicht Gott oder Nation, sondern *DER* Mensch."

Sie stand auf und küsste Hertz die Stirn.

„Schon vor 1848 wünschte Heinrich Heine uns Menschen statt aller Himmelsgeschichten die *Grundrechte.* Die zehn Gebote des neuen Weltglaubens'. Auch er, Heine, würde Schwarz-Rot-Gold hissen, würde diese Fahne zur Fahne des ‚freyen Menschthums'. Der Grundrechte für ALLE. Ach, auf diesen einzig glaubwürdigen Glauben wartet er noch immer, der arme Planet. Und wartet immer dringender."

Die Frau küsste den Alten ein weiteres Mal.

Dann jedoch stellte sie sich hinter Langensiepen, legte ihre Hände um den Hals des Exkommissars, öffnete Langensiepen den Hemdkragen und schien wieder mit ihrem Fingerzauber beginnen zu wollen. „Nun muss auch ich was gestehen. Muss meinen Freund Heinrich informieren über die Finten und Tricks, mit denen dieser hier operiert. Dieser Leser, dieser Grabräuber. Muss gestehen, dass ich mit ihm im Bett war, und nicht zu knapp, ich weiß, Heinrich behält solche Sachen für sich, liebt die heimlichen Lieben, aber er sollte wissen, dass mir dieses Grübelmonster auch im Bett nicht verriet, dass er uns beobachtet hat. Beim Vergraben von Chamissos Schatten."

Da begann Hertz wieder, das Simulieren als Hauptbetriebstrick des Überlebens zu rühmen, aber nun lärmte erneut das Telefon und als diesmal eine Hertz-Nichte aus Hamburg ausführlich zum Geburtstag gratulierte, kniete sich die Frau auf Langensiepens Schoß, stieß ihre Stirn gegen seine Stirn, attackierte ihn hart und verlangte, dass er sich für Grabfrevel und Hinterhältigkeit zu entschuldigen habe, und zwar sofort und zwar in seinem Souterrain, er nickte, nickte wie zu einer finsteren Vollstreckung, sie gab ihn frei, er nahm die Sommerjacke und folgte, folgte ihr wie in Benommenheit, von der Tür her winkte sie dem Telefonierenden zu.

Und im Lift und auf der Straße
redete sie dann leise und sehr eindringlich über *Nora's Day* und über die nordirische Güter-Abwägung im Verhältnis Eins zu mehreren Millionen und dann, ohne Übergang, über Simulation und Tarnung als den naturgemäßen Grundübungen *DES* Menschen, und diese Grundübungen, sagte sie, fielen um so raffinierter aus, je stärker das sei, wovon abgelenkt

werden müsse. Mit den ungeheuersten aller Täuschungen, mit geradezu phantastischen Leistungen in Sachen Selbsttäuschung, mit dem Allerraffiniertesten lenke das *Großhirntier* sich vom Unveränderbaren ab, vom Tod, vom Nichts, vom gnadenlosen Verschwinden, und die gewitztesten und die ausgekochtesten unter den grandiosen Selbsttäuschungskünsten *DES* Menschen, die nenne man Kunst. Oder man nenne sie Religion. Nur *doped with religion* überstehe das denkende Wesen das Unausweichliche. „So viele Leute, so viele Illusionisten. So viele Selbstbetäubungen. So viele Münchhausen-Übungen, so viel Emporziehen am eigenen Schopf."

Stumm eilte er neben ihr her, hörte ihr gern zu und bewunderte die Eleganz, mit der sie auf ihren Mokassins dahinging, geradezu zu schweben schien sie, zwar interessierte ihn alles, was sie sagte, aber noch faszinierender fand er ihr Gehen und dass sie in ihren Indianerschuhen gleich groß neben ihm her glitt, dass sie mit ihren wunderbaren Augen auf gleicher Höhe mit den seinen blieb, auch das fesselte ihn wie seit kurzem fast alles, was sie sagte und was sie tat.

Auf den Heidschnuckenfellen akzeptierte sie dann keine Einwände mehr, seine Jacke mit den Briefen lag sehr rasch auf dem befleckten Auslegeplüsch, zielsicher und leibhaftig nutzte sie *Wing-Tsu*-Techniken und sagte, die alkoholfreie Kellerassel solle jetzt nur nicht so tun, als sei ihr hier irgend etwas unangenehm.

Später dann, auftauchend, hörte er ihre Stimme anders. Da flüsterte sie, flach lag sie neben ihm und raunte, sie sei so wie er.

„Wie?"

„Wie jemand, der nichts besitzen will. Schon gar nicht einen Menschen."

„Aber am kommenden Sonntag – ?"

„Was ist da?"

„Da bemächtigt ihr euch eines Menschen."

„Bemächtigen? Geht anders."

„Hast du wirklich keine Angst?"

„Wovor?"

„Was wird passieren, wenn die Queen sich weigert? Wenn sie schreit?"

„Die Queen schreit nicht. Nie."

„Wenn sie Gefahr wittert, wenn sie zögert, nicht in den Wagen will."

„Dankbar lächeln wird sie. Wie immer. Sie ist eine Lady *de luxe,* wird lächelnd das Angebot annehmen, nicht zu Fuß gehen zu müssen, sondern gefahren zu werden, in ihrer geliebten britischen Geländekutsche, mit Allrad und Extrafederungen und hinten viel Polsterplatz, glücklich wird sie sein. Keine Sorge, wir tun das Richtige."

„Das glauben alle Wahnsinnigen."

„Wir sind nicht wahnsinnig, sondern *Amateure.* ‚Liebhaber' des dringend Notwendigen." Und belegte ihn mit ihrem Körper, langgestreckt und paßgerecht legte sie ihren Leib auf den seinen, in voller Länge robbte sie über ihn hin, schlängelte sich vor und zurück.

„Was macht ihr, wenn die Medien eueren tollen Text nicht veröffentlichen?"

„Dann werden sie ein Video bekommen. Das zeigt die lächelnde Queen in einer nicht identifizierbaren Klause. Da sitzt sie dann an einem schönen alten Holztischchen, auf dem ein wundersames Blümchen blüht, und die lächelnde Königin wird sagen, dass es ihr gut geht und dass es endlich auch allen Iren in Ulster so gut gehen soll wie jedem Menschen in demokratischen Demokratien. Und dass sie, die Königin, dann wieder in England sein wird, wenn der Text der Orchideenfreunde ungekürzt veröffentlicht wurde, und zwar in BBC und in SUN und in der ARD und im CNN."

„Ihr seid irre." Langensiepen hatte tief zu atmen. „Den Mick nennst du *Feuerkopf*. Wenn er jetzt hier hereinkäme, wen würde er zuerst umbringen. Dich oder mich?"

„Da ich oben liege, zuerst mich." Schob ihre Leibeslänge immer neu in die Position, die ihr die angenehmste schien, klammerte und schmiegte. „Findest du mich gut?"

„Am meisten deinen Optimismus."

„Nicht meine Figur? meine regelmäßigen Brüste? meine irischen Augen?"

„Deine irre Zuversicht. Zu glauben, man könne die Queen kidnappen. Was nun auch ein potentieller Säufer glauben soll."

Da zischelte sie, er solle sich bloß nichts einbilden, von deutschen Männern sei jeder siebte ein Alkoholiker. Und von den Iren jeder vierte. Flüsterte und sagte, auch der klugen Nora Barnacle sei mit ihrem saufenden Joyce nichts anderes geblieben als Optimismus. – Bewegte ihren Leib auf dem seinen in schönen Wellen, schmiegte Schenkel, Hüften, Bauch und Brüste im Gang ihres gezischelten Redens. „Unglaublich, wie dieser Asselmönch sich hier unten verklausuliert. In einem abgehalfterten Bordell, da liest er und lernt er und grübelt. Trinkt Gesundheitssäfte und träumt von Freiheitsopern. Hört Musiken von einem Mozart, der alt und traurig geworden ist." Sah ihm in die Augen und sagte, seine Augen seien rot umrandet. Ob er seit kurzem schlecht schlafe. Ob er seinen Fliegenaugen zu viel zumute.

„Weniger den Augen."

„Aber wie sehen die aus. Du hast sie dir wundgekuckt." Und weil er, Langensiepen, inzwischen alles über den kommenden Sonntag erfahren habe, müsse jetzt auch sie alles über ihn wissen. Müsse er ihr erzählen, wie er als Kind war. Offensichtlich sei er aus völlig anderem Holz als sie. „Beschreib mir dein Familienholz."

„Einzelkind."

„Mit einer ungeheuer lieben Mami?“

„Mit einer ängstlichen. ‚Vorsicht Rücksicht Einsicht!‘“

„Besser als das Motto von Elizabeth. *Never explain, never complain.*“

„Bei euch in Kiel dagegen?“

Ihre Mutter habe sie ermutigt, die Tochter wie die drei Söhne. Und Daddy habe üppig verdient in der Landespolitik. Wie Langensiepen an seine Traummusik gekommen sei.

Das sei keine Traummusik, sondern *Real*musik. Vom Freiheitsmarsch der Tiroler habe sie sofort Parallelen ziehen können zu Irland.

Betrachtete ihn eine Weile und sagte dann, noch immer wisse sie nicht wirklich, wer er sei. „Erklär mir, was du an Opern findest. Ich hasse Opern.“

„Warum?“

„Mit meinem politischen Vater war ich in der Hamburger Staatsoper, in ‚Don Carlos‘. Zur Arie des Königs – ein heulender Vater.“

„Zu ‚Sie hat mich nie geliebt‘?“

„Auch das kennt er, der Klassikmönch. König Philipp hat soeben für Inquisition gesorgt. Für Folter, für Exekutionen. Zieht sich dann in seine Privatgemächer zurück und bedauert sich hochmelancholisch.“

„Aber das ist doch wunderbar wahr, das zeigt doch, wie den machthabenden Herren vom Menschlichen nichts bleibt als Selbstmitleid. Wie Hitler im letzten Bunker. Wenn sie gut sind, sind Opern Weissagungen. Wenn sie gut sind, sind es Liebesnächte. Das stimmt, das hat recht. Schon in früher Romantik, schon 1848 entstand eine Krupp-Oper, eine *Hydra*-Geschichte, eine Oper gegen Terrorismus.“

„Terrorismus? in früher Romantik?“

„Für Vernunft, für Grundrechte. Nicht nationalistisch, sondern europäisch. So wie 1848 die besten Köpfe europäisch waren. Aber diese Oper findest du in keinem Plattenladen, in keinem Sender, auf keiner Bühne. Und wenn im Finale der Selbstmordterror droht – "

„Selbstmordterror? 1848?"

„ – wenn da passiert, was heute so heißen würde, wenn da der Gewaltmensch mit offener Flamme ein Munitionslager besteigt, weil er sich und alle in die Luft sprengen will, weil er die Frau nicht bekam, ‚die mich erschauen ließ ein irdisch Paradies', dann wird er in letzter Sekunde von der Frau, die er entführt hat, erschossen. Regina heißt die, und so heißt die Oper. Das Finale ist ein Freiheitsrausch, eine Tanzverrücktheit in Schwarz-Rot-Gold, ein Walzer. Walzer war 1848 der letzte Schrei. Käme ‚Regina' je in einem unserer zweihundert deutschen Opernhäuser auf eine Bühne, endete das mit einem Tanz der Entzückten. Nach dreißig Jahren Terror in Metternichs Polizeistaat kam 1848 endlich das, was erträumt wurde, Freiheit. Stell dir deine Iren vor, wie sie jubeln würden in Besoffenheit, würden sie endlich die Besatzung los. Oder denk dir die Deutschen, wenn endlich die Mauer fiele, sie würden ‚wiedervereinigt' – in solch einem wahrhaft historischen Moment entstand 1848 ‚Regina'. ‚Nun kommt der Freiheit großer Morgen – nun kommt dem Volk die Herrlichkeit' – so singen im berauschten ‚Regina'-Walzerfinale ‚Arbeiter aus allen Klassen'."

„Arbeiter aus allen Klassen?"

 „Wörtlich so. Lortzing schrieb als erster Komponist seine Texte selber."

Sie küsste ihm Augen und Stirn, lobte sein Engagement und sagte, mit ihrem Leib passgerecht auf seinem, den *Regina*-Autor solle er grüßen, irgendwann gebe es Gerechtigkeit auch für ihn und für sein schwarzrotgoldenes Antiterror-Stück."

„Als er es fertig hatte, am 9. November 1848, da waren auch Republik und Schwarzrotgold am Ende. An diesem 9. November wurde sein Freund, der Paulskirchenmann Robert Blum exekutiert. Den Schopenhauer gern hätte hängen sehen. Siegten Gewalt und Militär. Und Lortzings zu frühe

Freiheits-Oper kam nie auf eine Bühne. Bis heute nicht. Blieb allein für mich. Meine heimliche Liebe."

„*Regina* heißt auf englisch ‚Queen'. Und wenn es in ‚*Regina*' um Entführung geht – könnte es sein, dass wir dabei sind, ‚*Regina*' zu inszenieren?"

„Du siehst, wie millimetergenau ihr mich durchbohrt."

Sie gab ihn frei und rollte zur Seite. „Verrate mir, wie einer wie du Polizist werden konnte."

Ehe er eine Antwort fand, wenn ihm denn eine eingefallen wäre, geschah etwas anderes. Beide hörten ein Geräusch. Hörten Schritte hinter der Kellertür. Sie hatte den Kopf hochgerissen. Sprang auf, wollte sich Slip und Bluse überziehen, brach aber ab, blieb wie starr. Denn nun klopfte es an der Tür. Dreimal.

Und dann bewegte sich die graue Klinke, langsam nach unten.

Sie habe abgeschlossen, flüsterte sie.

Die Klinke blieb zwei Sekunden lang unten. Hob sich dann wieder.

Sie zog den Slip hoch, warf sich die Bluse über und war mit wenigen Schritten an der Tür, wartete eine Sekunde, drehte dann mit rechts den Schlüssel und riss mit links die Tür auf. Und sah hinaus, nach links in den Flur, zur Treppe hin –

– verschloss dann die Tür und kam langsam zurück. Langensiepen betrachtete sie. Fand auch jetzt ihre Griffe und Bewegungen elfenhaft und treffsicher schön und fragte sich, warum immer wieder der Menschenkörper imitiert werden musste als Skulptur, wo doch die Wirklichkeit um so vieles *hinreißender* –

„Könnte es sein, dass Hausmeister Ashoff dich besuchen will?"

„Das könnte sein."

„Könnte es auch sein, dass eine Frau dich besuchen wollte?"

„Eine Frau?"

„Von der Treppe hörte ich Frauenschritte. Leise, auf hohen Absätzen. Könnte das sein?" – Er schwieg. Sie legte sich wieder neben ihn. – „Deinem Hausmeister habe ich gesagt, dass er unsere heikle Arbeit hier unten vorerst in Ruhe lassen muss. Mindestens eine Woche absolut in Ruhe."

„Es könnte sogar sein, dass die Besitzerin dieser Wohnung ihren Besitz hat betreten wollen. Karin Michalke."

„Frau *Jessika*?" – Er schwieg. – „Dann sag mir jetzt endlich, wie einer wie du Polizist werden konnte."

„Wahrscheinlich so, dass eine Mami für ihren ängstlichen Jungen die Beamtenlaufbahn organisierte. Bei Münster gibt es eine große tolle Polizeischule. Es könnte aber auch sein, dass ich Auskunft wollte. Über das, was außerhalb von Mamis Ängstlichkeitenkäfig los war. Das kam dann. In der Essener Mordkommission."

„Hat Mami das nicht gegraust? Ihr Liebling unter Mördern und Nutten?"

„Sowas hat sie beiseitegelächelt. Ihre Lieblingsfarbe war beige. Sandfarben. ‚Gedeckt'. Bei neuer Kleidung ‚bitte was Gedecktes. Auch für den Jungen'."

Gedecktes Geducktes sei für ihre Mutter nie in Frage gekommen. „Sie liebte Flammenfarben. Als sie rauskriegte, dass ihr Ehemann eine Zweitfrau hatte, eine Aquarellkünstlerin in Hamburg, machte sie Aufstand. Erschien bei einer Vernissage mit Feuer und entflammte sieben Aquarelle. Drachenszene. Die Bilder der Rivalin in Flammen. Und ihr sozialpolitischer Gatte brachte sie vorübergehend in die Psychiatrie. Was war dein Vater?"

„Studiendirektor. Latein, Geschichte, Ethik. Und ging ebenfalls fremd."

„Und Mami kämpfte nicht? Um ihren, um ‚meinen' Mann?"

„Schnüffelte in Briefen, in Quittungen, Versicherungen. Litt daran, wieviel er investiert hatte in die andere. Das BMW-Coupé für diese Person, für sie nur der Ford. Immerhin in beige. Der Preis-Unterschied war's, der ihr den Atem nahm."

Sie kam wieder über ihn, presste Leib gegen Leib. „*Regina* als Weissagung. Mit dem Ende als Walzer." Küsste ihn zärtlich. Und walzerte sanft. „Erzähl, wie du zum Mondmonster werden konntest, zum Grübler."

Er schwieg. Redete dann sehr langsam und leise. „Nebenan in Münster wohnten seltsame Leute. Sehr reich. Der Sohn, in meinem Alter, hatte Knochenkrebs. Mit Thomas täglich die Fahrten zur Schule. Im BMW, mit Chauffeur. Danach gemeinsam Hausarbeiten. Und dann die Diskussionen. Endlos."

„Über Literatur?"

„Nie über Literatur. Unser Deutschlehrer verehrte Natur. Das Höchste war für ihn Natur-Lyrik. Thomas giftete, *Natur* sei das Recht des Stärkeren. ‚Die Löwin lässt sich von dem begatten, der ihr den alten Partner umbringt und obendrein die Kinder. Literatur sollte Besseres können als *Natur*.'"

„Auch Hertz verehrt *Natur*. Sagt allerdings ‚nicht kopieren, sondern kapieren'."

„*Natur* ist Krieg, hat Thomas gesagt."

„Auch Liebe?"

„Liebe, wenn es gut geht, sagte Thomas, ist Waffenstillstand. Die Riefenstahlkörper in den Illustrierten, die Schönen in der Werbung, die nannte er *Terror*. Wonach eigentlich, fragte er, suchen wir uns unsere Freunde aus. Sind Pickel, sind krumme Nasen, sind Schielaugen ein Argument? Ist all unser Tun nichts weiter als permanente Tanzstundenpeinlichkeit? Auffordern oder Sitzenlassen? Was in uns entscheidet, wer begehrenswert ist? ein schlanker Körper *à la* Nora? Was in uns selektiert da? Hängen unsere Gefühle an Fleischerhaken? Sind wir Tiere? Misslungene Tiere?“

„Ist er tot?“

„Warum, hat Thomas gefragt, tun Jungens hart und schnell. Das nannte er ‚Heldenstreß‘. Bis zuletzt war er sehr klar. Mikrobiologie hat er studieren wollen, die Sache mit den Genen. Ich höre ihn noch. ‚Die *Natur* des Mannes als Naturkatastrophe‘. Dies ‚des Mannes‘, das war für ihn ‚Gottes Genetief‘.“

Ob Langensiepen verheiratet gewesen sei.

„Ich bin es.“

„Kinder?“

„Zwei.“

„Und?“

„Weihnachten und zum Geburtstag kommen sehr schöne, sehr *nette* Päckchen. Mit Kuchen und mit Nüssen. Und mit *Nutricomp*.“

„Warum willst du mit niemandem was zu tun haben?“

„Mache zu viele Fehler. Unser Vorhandensein, diese endliche Materie, die ins Denken geraten ist – das finde ich dermaßen absurd und aberwitzig, dass ich das bisschen Lebenszeit unbedingt nutzen will. Um drüber nachzudenken. Um *Informationen* zu sammeln. Um *Projektionen* zu entgehen.“ Er stand auf, schüttelte sich, ging im leeren Wohnraum umher. „Wie kann etwas sein und gleichzeitig nicht sein. Als wären wir wie das Licht, das gleichzeitig Materie ist und zugleich Nicht-Materie. Lichtmaterie? Ist Selbsttäuschung lebensnotwendig? Da will ich Aufklärung.“

„Ja ja, *enlightenment*.“

Ging immer noch im leeren Raum umher, tappte zwischen den vier Teppich-Eindrücken hin und her, Eindrücken vom Arbeitsplatz der Frau Jessika. Ging, als durchmesse er einen Boxring, blieb dann vor ihr stehen und beschwerte sich. Auch über sie, über die *Wing-Tsu*-Meisterin produziere er nur *Projektionen*. Über die Studentin, die sich Nora nenne, wisse er so gut wie nichts, nicht mal ihren wirklichen Namen, und solle trotzdem mitwirken bei einer tolldreisten *Aktion*. „Nora" sei ja wohl ein Kürzel, ein Signal, *No RA* in doppelter Version. *No republican army*, aber auch *No royal army*. Und NORA wahrscheinlich auch im Deutschen nichts weiter als eine Abkürzung.

„Wofür?"

„‚Nie ohne radikale Aufklärung'."

Da lachte sie, lachte schwindelerregend und zog ihn zurück auf die Felle, umarmte ihn, küsste ihn, küsste ihm viele Körperteile, flüsterte „traumhaft" und immer wieder „traumhaft" und sagte, auch die deutsche Version gefalle ihr sehr, und dann verdrehte sie ihn und verhakte ihn vielgliedrig zu neuen Leibesübungen und Kunststückchen, Langensiepen war es inzwischen möglich, ihre Gier, ihr meist sehr detailliertes Verlangen zu genießen, das gelang ihm immer ausdauernder, und wenn er im Zwischeneinander ihr Geflüster richtig verstanden hat, dann hat sie abwechselnd „überhaupt" geraunt und „unterhaupt" und dann flüsterte sie vom „kommunizierenden Röhren" und tat schließlich, was sie „Umarmen mit den Beinen" nannte. Und was sich beide ins Endlose wünschten.

Waren darüber eingeschlafen. Vielleicht schlief auch nur er, jedenfalls notierte er später, dass plötzlich dicht an seinem Ohr ihre Stimme war. Das Wort „gestehen" verstand er und dann das Grobwort, er solle gestehen, dass er auch Jessika ficke.

Er schnappte nach Luft, rollte sich zur Seite und knurrte. „Was soll das. Und warum *gestehen*? Wäre das kriminell?"

„Du bezahlst sie."

„Wovon?“ Er hockte sich gegen die Zwischenwand. Wartete mehrere Minuten, sah sie drei- oder viermal an, nahezu dompteurhaft stark. Und flüsterte schließlich: „Karin sagt, ich mache es liebevoll. Sie brauche das.“
Da stand sie auf, ging schwungvoll durch den großen leeren Raum, sagte beim schwebenden Gehen mehrmals „liebevoll“, als ob sie das Wort singen wollte, verschwand im Duschraum und rief dann von dort, jetzt habe sie Lust auf den Essener Höhepunkt, auf die Heimliche Liebe.

Oben überm See und hoch über der Villa,
neben dem Eingang des Gasthauses „Heimliche Liebe“, auf wetterharter Kupferplatte stand ein Reim in Fraktur. „Kein Feuer, keine Kohle kann brennen so heiß wie heimliche Liebe, von der niemand nichts weiß.“ Vor der Tür zu einem Nebenraum klebte ein handgeschriebener Hinweis. „Geschl. Gesellschaft Hertz“.

Micheál kam als Letzter, kam ohne seinen „deutschen Kumpel“. Der Mann aus Schwaben wolle „keinen unnötigen Bekanntheitsgrad“. Mick begann, den Raum zu untersuchen, tastete Lampen ab, griff in die Ecken und sah unter die Tischplatte, rückte sogar die Anrichte von der Wand, fand nirgends Wanzen.

Beim Begrüßen hatte Nora den Hügelgärtner geküsst, auf den Mund, Gratulationsküsse waren das, klar, und mehr. Micheál hatte *jolly good fellow* gemaunzt, und Hertz bedankte sich und zeigte Flugtickets, am Tag nach *Nora´s Day*, am Montag fliege er zu seinen Kindern nach Denver in Colorado. Und blickte sich um und als er sah, dass kein Kellner im Raum war, erklärte er, dass er sich in diesem Gasthaus botanisch verhalten werde, auch Pflanzen böten ihren Gästen Nahrung, erwarteten dafür aber Dienste. Alle Programme im Glashaus seien inzwischen akzeptiert. Das Codewort sei „Elisa“, englisch auszusprechen. Um achtzehn Uhr beginne die Führung, bitte nicht allzu wissenschaftlich, habe der Staatssekretär des Auswärtigen Amtes gebeten.

Es kam ein Kellner, sie bestellten die Getränke, und Hertz wollte dann wohl für *nette* Ablenkung sorgen und erzählte, was er in der neuen Tageszeitung gelesen hatte. Ein Ureinwohner Australiens sei auf einem Containerfrachter bis nach England gelangt, sei in Dover auf einen der schönen weißen Küstenfelsen gestiegen und habe oben an einem langen Ast eine abenteuerlich bunte Fahne gehißt, weithin sichtbar über den hellen Kreideklippen habe die geweht, eine exotisch farbenfrohe Flagge, unten im Ort habe man sich gefragt, was da mit soviel Prächtigkeit geehrt würde, schließlich sei Polizei hinaufgefahren und habe den Mann angewiesen, das Hissen zu unterlassen, der aber fragte, warum verboten würde, was für alle edlen Britannier durch Jahrhunderte Tradition gewesen sei, an fremden Küsten einen Pfahl in den Boden zu rammen, die heimatliche Flagge flattern zu lassen und zu erklären, hiermit nehme man auch dieses Terrain in Besitz. Vormals in den Besitz der britischen Krone. Dieses fortschrittliche Verfahren jedenfalls könne man nicht einfach abschaffen, er jedenfalls, Jack Xarantaboil, Sohn des Häuptlings John Adam Xarantaboil, glücklicher Bewohner des ehrwürdigen britischen *Commonwealth*, lege Wert auf diese ersprießliche Sitte, hisse mit Stolz die Fahne seines Heimatlandes Quibull und erkläre hiermit vor Gott und der Welt die Insel England zu Quibulls rechtmäßigem Besitz.

Als die Runde genügend gelächelt hatte und Hertz gefoppt wurde, da sehe er, was es brächte, käme es zu gleichen Rechten *DES Menschen*, nämlich zu gleichen Raubrechten, bat ein älterer Kellner um die Bestellungen. Nun ging es um „autochthone Kost“, um Mahlzeiten aus dem Ruhrgebiet, das Bestellen der rustikalen Speisen lenkte gut ab von *Nora's Day*.

Kaum war der Kellner fort, wollte Micheál mit Nora reden und zwar draußen. Die beiden verließen den Raum. Hertz schien verlegen und meinte, hier rühre sich wohl immer noch das Misstrauen gegen den Expolizisten.

Die kamen zurück, schweigend, dann folgten keine Anekdoten mehr, sondern eher, so heißt es in den Notizen des Exkommissars, „wechsels. Bel.“, wechselseitiges Belauern? aber Hertz machte weitere Lockerungs- und Erheiterungsversuche, nun mit Bemerkungen zum Menu der Queen morgen Abend im Krupp-Palast, die Speisenfolge sei von vielen Zeitungen detailliert beschrieben worden, fünfunddreißig Kellner habe man aus München eingeflogen. Als gebe es an der Ruhr keine Kellner.

Im Fenster sahen sie unten im Abenddunkel zwischen den hohen Kaiserbäumen das Schloss. Festlich umstrahlt, von starken Scheinwerfern. Langensiepen war verwirrt. Welchen *Fehler* hatte er gemacht? Hätte er die Sache mit Jessika abstreiten, hätte er das für sich behalten sollen, das Wort *liebevoll*? Plötzlich bewegte ihn der Wunschtraum, dass der Plan, die Queen zu entführen und nicht etwa nur einen ihrer Hunde oder einen Kammerdiener, dass dieser verrückt schöne politische Plan nichts weiter als eine Orchideenphantasie war, eine Geburtstagspointe, ein Wunschbild oder ein Wahrtraum wie eine Oper.

Unterdessen erzählte Hertz, was er über einen Dortmunder gehört habe, der das Unfehlbarkeitsdogma des Papstes unmöglich fand und der erklärt hatte, dass im Namen Dortmund lateinisches und germanisches Denken wunderbar verbunden sei und wenn überhaupt, dann sei Dortmund ausersehen als Sitz einer obersten geistlichen Aufsicht, denn „Dort" käme aus dem altdeutschen *trut* für Herr und Gott und *mund* käme natürlich aus dem lateinischen *mundus* für „Welt", also sei, wenn überhaupt, Dortmund Sitz eines „Herrn der Welt" und Petersdom wie Weißes Haus gehörten, wenn schon, ins Ruhrrevier, nach Dortmund.

Etwas zu laut wurde gelacht. Etwas zu heftig begrüßte Mick die rauchige Kartoffelsuppe samt Bauernbrot, ein wenig zu hingegeben wurde gelöffelt, ins krustige Brot gebissen. Micheál blickte den Expolizisten auch jetzt immer mal wieder so an, als ob dieser Langensiepen einen wie ihn, Mick, nie werde begreifen können.

Der gab sich einen Ruck. „Findest du etwa nicht gut, dass ich eure Briefe verteilen werde?"

„Bullen fand ich noch nie gut." Mick löffelte. „Auch hatte ich gehofft, es seien auch deine Briefe."

Langensiepen spürte auf seinem Knie eine Hand.

Mick legte den Löffel beiseite. „Dann erzähle auch ich mal was unterhaltsam Koloniales. In einem Dorf bei Coleraine war 1961 Mary McAdam erschossen worden. Katholische Hausfrau und Mutter, Mutter von sechs Kindern. Umgelegt von Unbekannten. Auch im Dorf Kilroy wurde anschließend viel geschwiegen. Auch bei den McAdams. Nur das jüngste Kind blieb nicht still. Paul hat nicht aufgehört, Fragen zu stellen. Wenn da Suppe gelöffelt wurde, hörte das Kind einfach nicht auf mit seinen dummen Fragen. Was mit der Mutter passiert sei. Bekam aber keine Antwort. Und als Paul größer wurde, stellte er seine Fragen der Polizei. Bekam auch von der Polizei keine Auskunft. Und vom Gericht in Coleraine schon gar nicht. Bei den Gerichten fand sich weder eine Anklageschrift noch gab es Protokolle von Ermittlungen. Die Behörden wussten einfach nicht, wovon da die Rede war. Das war schließlich Mord gewesen. In *Her Majesty's glorious Great Britain*. Den Staatsschützern jedenfalls, denen war der Fall glatt entgangen. Mochte ja auch sein, so eine sechskindrige katholische *Mom*, die war einfach zu unwichtig gewesen, einfach zu einfach, eine *Simplicissima*. Dieser Paul aber blieb stur. Der wendete sich schließlich nach Straßburg. Und am Ende war es Europas Kommission für Menschenrechte, die Pauls dumme Fragen nach Belfast schickte und nach London. Vergebens. Da gab es einfach keine Akten und kein Verfahren. Offiziell jedenfalls nicht. Weder in Belfast noch in London. Auch die Polizeichefs erinnerten sich an nichts."

Micheál, obwohl für ihn ein Bierglas gedeckt war, schluckte aus der Flasche. „Wieder mal in seinem Dorf bei Coleraine, ging Paul abends an das Grab seiner Mutter. Betete in der Dämmerung und grübelte. Da kamen aus dem Dunkel drei Kerle. Die haben ihn verprügelt. Sie wird nicht wiederkommen, deine beschissene *Mom*. Kannst schreien wie du willst, Paul, sie wird dir deinen Arsch nie wieder wischen. Das war in Kilroy endlich mal ´ne klare Mitteilung. Und in der Finsternis war auch ganz gut zu erkennen, dass die drei Uniformhosen trugen. Da war wieder mal zu begreifen, in der Kolonie Nordirland ist der Terror *team-work*. Da ist das Gemeinschaftsarbeit von Justiz, Polizei und Militär. Und dies *team-work* und die Folter und die Morde werden gesteuert vom königlichen *Secret Service M I Five*. Aber in eueren Zeitungen, auch in den seriösen und im klugen Fernsehen, da terrorisiert allein die IRA."

Micheáls graue Augen zielten noch einmal kurz auf Langensiepen. Die Suppenteller wurden abgeräumt. Es kamen die Hauptgänge. Nun konnte man wieder essen, die Speisen vergleichen oder schweigen. Mick nahm sein Bier und wartete, bis die Kellner draußen waren. „Ja, irre Parabel. Und irreparabel. Wenn ich vor einer Kamera rausließe, dass die Hauptschuldigen in Ulster eine königliche Killertruppe sind, eine, ‚von der niemand nichts weiß', wenn ich das rausließe, wäre ich übermorgen eine Leiche."

Setzte die Flasche hart auf den Tisch. „Aber ich merke, ich verderbe euch hier die Geburtstagslaune. *Sorry for that.*" Mick stopfte Speckkartoffelsalat und Kassler. Langensiepen aß, was auch die Jeansfrau bestellt hatte, zu vegetarischen Spezialitäten Ruhrgebietsröstis, genannt „Pillekuchen".

Mick schob seinen Teller weg und zog ihn wieder heran. „Erzähl ich also was Positives. Von GUTEN Protestanten. Nur damit keiner sagen kann, ich hätte die katholische Nebelbirne. Erzähl ich von George Kerr. Gitarrist, Sänger, vierundvierzig Jahre, Junggeselle, Protestant. Hab dem George immer gern zugehört. Seinen Reiseliedern." Griff zur Flasche. Man wartete auf die Geschichte vom George Kerr.

„Am zweiundzwanzigsten April, jetzt also vor nur knapp zwei Monaten, da kam er wieder zurück, von einer Tour durch die Republik. Auch im Süden war er beliebt. Vielleicht war es das, was ihm den Hals brach. Drei Dutzend Auftritte hatte er hinter sich, wieder mal jede Woche in ´nem anderen Pub, mit Liedern und Balladen, mit Sagengesängen, mit all dem Romantikzinnober, wie Nora das nennt. Am zweiundzwanzigsten April also war George abends wieder zuhause. Wohnte mit Freunden am hinteren Ende der *Henrystreet*. Iren lassen ihre Haustüren gern unverschlossen. Am Morgen, es war noch dunkel, stand eine Maske im Zimmer, schrie ‚Polizei!' Und schoss."

Micheál schob Kasslerfleisch über den Teller. „Ausgerechnet George. Keiner Fliege tat der was zuleide. Den konnten alle immer *gut leiden*, würden hier ältere Frauen sagen. Vielleicht passierte es, weil George ständig die Grenze querte. Weil er auch im Süden beliebt war. Oder weil er lieber Keltenkram sang statt Englisches und Amerikanisches. Oder es war bloß ´ne Verwechslung, eine saublöde Verwechslung. Wo kein Hirn mitmacht, da passiert das ständig, das total Saublöde. Seit *Bloody Sunday* war das mehr als zweitausend mal so absolut schwachsinnig. Mord für Mord schwachsinnig. Was hilft es dem George, wenn auf seinem Grabstein steht, er war nicht gemeint. Und Langensiepen, weil ich deine Frage ahne, ob nicht auch Katholiken verrannt sind und fanatisch, weil ich das ahne, erzähl ich dir jetzt, was ein Katholik geredet hat, als in seinen Armen ein Polizist starb. Und inzwischen weißt du hoffentlich, dass ein Bulle in Ulster immer ein Protestant ist. Laut Protokoll sagte der Katholik über den Protestanten in seinem Arm folgendes."

Micheál atmete schwer, konzentrierte sich auf das, was der Katholik gesagt hatte. „„Dem verletzten Polizeimann hab ich gesagt, halt durch, Mann, halt durch, hab ich gesagt. Johnston, bleib stur, so hab ich immer wieder geredet. Mach weiter, Jesus liebt dich! Hielt ihm seine Hand, stützte ihm die Schulter. Er fror, er schlotterte, ich wärmte ihn, stützte ihn, und sagte immer noch mal, bleib stur, Jesus liebt dich. Das war die Hilfe, die ich ihm geben konnte. Die einzige in dieser beschissenen Situation. Mit ihm reden und sagen, der Arztwagen ist gleich hier. Er soll durchhalten, die Ambulanz käme jeden Moment. Und Jesus liebt ihn. Aber er starb.""

Danach sagte ziemlich lange niemand was. Und dann redete nur wieder der, dem das Kassler offenbar zu trocken war und der viel trinken musste. „Ja, Langensiepen, stimmt, in der Kolonie Nordirland sind beide Seiten plattgemacht. Platt von den Ansichten über die fürchterlichen anderen. Platt und kaputt von Regierungslügen. Von Priesterlügen. Gegen solche Nebelpest, da habt ihr in Deutschland das tolle Wort *Aufklärung*. Habt aber trotz euerer tollen *Aufklärung* das Entsetzlichste gemacht, was Menschen je gemacht haben. Wo, so fragen sich kluge Leute, wo blieb bei dem irrsinnigen deutschen Rassenmassenmord der Rat – wie heißt das? – der wunderbare Rat, sich ‚seines eigenen Verstandes zu bedienen'. Das empfahl euch euer Kant. Auf keinen Fall solle man dem Verstand eines anderen folgen. Und schon gar nicht dem Verstand von solchen regierenden Wichtigkeiten-Darstellern. Kommt doch alle mal rüber auf unsere Insel und erklärt uns eueren Kant. Oder Hertzens Herzenswunsch, das mit der *Würde DES Menschen*. Und wie denn jeder sich immer nur *seines eigenen Verstandes bedienen* kann, ohne dass sich da je irgendwer anderer einmischt. Ein Prediger, ein Priester, ein Papst oder sonst ein Guru oder Führer oder Besserwisser."

Mick zog sich den Kassler-Teller wieder heran und versuchte zu essen. Hertz lobte Micheáls Zorn. Die sogenannten einfachen Leute, sagte Hertz, die brächten den praktischen Kant auf eine Formel, die rund um die Welt jeder sofort verstehen könne, auch jedes Kind. ‚Was du nicht willst, was man dir tu, das füg auch keinem anderen zu'. Das begreife *DER* Mensch überall. Und um das zu begreifen, dazu sei keine Kirche nötig und keine Synagoge und keine Moschee. Das sei das menschenfreundlichste und segensreichste aller Gebote und Gebete. Im letzten November hätten mehr als hundert junge Männer aus religiösen Gründen das Heiligtum von Mekka mit Waffengewalt besetzt. Denn, so sagten sie, die saudischen Ölfürsten, die holten gottlosen amerikanischen Luxus in ihr Land. „Fünfzig von den Besetzern wurden bei der Befreiung der Moschee erschossen. Die anderen fünfzig wurden wenig später öffentlich exekutiert. Auch wenn das in der westlichen Politik ignoriert blieb – diese Wunde, fürchte ich, die traf sehr tief. Die wird wachsen. Und weit und breit ist dann wieder nirgends ein Kant."

Keiner wollte jetzt etwas ergänzen oder korrigieren. Langensiepen fand, dass bei gutem Essen das Denken schwer würde. Wie verbreitet man das Hilfreiche von Kant. Musste das unbedingt so eine Entführung sein, so ein waghalsiger Raub einer Königin? *Modellfall Nordirland?*

Dann sagte Micheál, auch in Belfast spitze sich die Situation zu. Der Widerstand der politischen Gefangenen, ihr Hungerstreik trete in eine entscheidende Phase. Der Bettlaken-Aufstand im *Long Kesh*-Knast habe nichts gebracht. Größere Gegensätze als die zwischen der regierenden Pinochetfreundin Thatcher und einer Freiheitsbewegung seien kaum denkbar. „Und seit dem Mord an Lord Mountbatten rotieren alle staatlichen Kurzschlüsse."

„Mit ihren Hunden und Sonden," sagte Hertz, „schlichen sie gestern durch mein Glashaus wie über ein Minenfeld. Hörten offenbar ständig den Schuss in Sligo. Den Mord am Vetter der Queen."

Es wurde abgeräumt, nun war Dessert zu bestellen, da ging es um „Herrentorte" und um „Himmelskuchen" und um „Errötendes Mädchen". Das errötende Mädchen sei Preißelbeeren mit Vanillesoße, sagte der Kellner.

Als er wieder draußen war, sagte Hertz, seine Kinder in Golden bei Denver hätten kaum eine Ahnung von dem, was außerhalb ihres wunderbaren Colorado vorgehe, höchstens zehn Prozent der Amerikaner läsen Zeitungen. Und in den Zeitungen herrschten Sex- und Blut-Geschichten und in der Regel Einfalt und Sektiererei, obwohl es in den USA die weltbesten Schriftsteller gebe. Hartes und kluges *reales* Erzählen, sagte Hertz und blickte den Leser Langensiepen an. In den Medien aber, da dominiere Schwarz gegen Weiß, Böse gegen Gut. Deutschland und Berlin seien Mauer und rote Agenten. Nordirland sei IRA und Terror. Punkt. Höchste Zeit, dass er noch einmal reden könne mit seinen Kindern. – Er blickte sich um, auch jetzt war kein Kellner im Raum. „Montag Abend, wenn ich ankomme kurz nach Mitternacht, werde ich ihnen einiges erklären müssen. He Henry, was ist los in *Western Germany*, warum schnappen die sich in deinem alten Essen diese langweilige englische Tante."

Ins Schweigen hinein fragte die *Wing-Tsu-Frau*, ob der Hügelgärtner sagen könne, wie die Queen sei. Er habe sie ja mal persönlich getroffen. Ob er sie sympathisch fand oder unnahbar.

„Sie erfüllt ihre Funktion. Unbeirrbar. Bis 1917 hatten die Windsors deutsche Familiennamen. Aus Battenberg wurde Mountbatten. Und wenn Prinz Charles oft mault, wann immer was nicht so läuft wie er möchte, etwa seine geliebte Fuchsjagd, dann hat er morgen mal Grund zum Grämlichsein."

„Egal, ob die Battenbergs so sind oder so," knurrte Mick, „was wir tun, das sind wir den Misshandelten schuldig." Hob seine Flasche und trank. Saugte an der Öffnung mit ziependem Ton. Zehrend, verlangend.

Es kamen die Desserts, Nora pries ihr Rübenkraut-Eis als zartestes Eis ihres Lebens. Ließ Hertz kosten und erinnerte ihn an sein Versprechen, an diesem Abend ein Familiengeheimnis zu lüften.

Hertz lächelte, grummelte von *Verführung*. Und sagte dann, was Langensiepen nachts vor seiner Terrasse beobachtet habe, das seien *reale* Geister gewesen. Die Schatten eines Poeten.

Die *Wing-Tsu*-Frau schenkte dem Kruppgärtner neu ein, Burgunder trank der, und bat ihn, vorweg zu erklären, warum sie den Silberkasten überhaupt vergraben hätten.

Wenn der Staat hysterisch wird, sagte Hertz, sei nirgends Sicherheit, auch nicht im Inneren eines Banksafes. Morgen täten sie etwas, was als nicht staatstragend gelte. Was, aller Sorgfalt zum Trotz, auch misslingen könne, zu rund fünf Prozent. Wenn dann Hausdurchsuchungen fällig würden in seinem siebten Stock, wolle er auf keinen Fall, dass seine Familienschätze abhanden kämen. Dass sie Staatsschützern in die Hände fielen, nur um anschließend jahrelang in Asservatenkammern zu verrotten. Also habe er seine Kostbarkeiten versteckt. Und sei beobachtet worden. Zum Glück von jemandem, der wohlgesonnen sei. – Hertz sah bei *wohlgesonnen* kurz den Iren an. – Schon hätten sie sich gemeldet, die fünf Prozent Risiko.

„Die Schätze im Silberkasten erzählen von dem deutschfranzösischen Dichter Chamisso. Als der Kind war, flohen seine Eltern vorm Revolutionsterror aus Frankreich, flohen über die Niederlande nach Berlin. Und soviel ich sehe, schrieb dann ihr Sohn Adelbert die ersten deutschen Gedichte, die sich um Soziales kümmern. Texte, die sich um Armut drehen, um Geld, um Gerechtigkeit, um Politisches. ‚Seid vergnügt, Sklaven!' ‚Der Herrschaft Zauber aber ist das Geld.' Und Chamissos Geschichte vom Peter Schlemihl, der seinen Schatten verkauft, die erscheint mir unheimlich aktuell. Zu diesem Dichter stehe ich in vielfacher Verbindung. Auch Chamisso war Botaniker. Zuletzt im großen Botanischen Garten in Berlin-Dahlem. Und unter denkwürdigen Umständen habe ich entdeckt, dass dieser Dichter mein Urgroßvater ist. Und wie ich das rausfand, das will und muss ich euch jetzt erzählen. Denn das variiert, was wir morgen tun werden. In der absoluten Ohnmacht Widerstand leisten. Gewaltfrei. Ohne den Schatten zu verlieren."

Langensiepen sagte, wenn er die Dinge im Silberkasten halbwegs verstanden habe, dann gehe es da um eine heimliche Liebe.

„Das ist die eine Hälfte der Geschichte. Die andere ist die Mimikry, mit der operieren muss, wer im Gewaltstaat überleben will. Ich sollte jetzt einfach erzählen, der Reihe nach. Hat jeder zu trinken? Lasst den Tisch räumen, bestellt Kaffee, Käse oder Zigarren oder was ihr wollt, meine Geschichte dauert ein wenig. Mir scheint hilfreich, Parallelfälle zu kennen. Was macht man, wenn man ohnmächtig ist vor absolutem Unrecht. Ich erzähle eine Parallel-*Aktion*."

Die Kellner räumten ab, brachten neue Getränke. In einem Bauchladen bot eine junge Serviererin Zigarren, Hertz empfahl die dunkelblättrigen Malafinas, aber Langensiepen sagte, das würde ihn ablenken, er wolle sich konzentrieren auf die Schattengeschichte.

„Also gut." Hertzens Malafina entließ klaren blauen Rauch, blau wie die Hertz-Augen. „Seit 1914 wohnen wir in Essen. Und von 1914 bis 1977 gar nicht weit von hier, nur fünf Spazierminuten. Und zwölf Jahre lang verfügte der deutsche Staat bekanntlich, dass einer wie ich ‚verjudet' sei. ‚Undeutsch'. 1938 waren unsere Töchter Austauschschülerinnen im Staat Colorado und wir haben es geschafft, dass sie dort bleiben konnten. Der Nazispuk konnte unmöglich lange dauern. So dachten auch wir. So hofften wir wie viele andere und hofften vergeblich."

Aus seiner Dunkelblättrigen wehten nun zarte Spiralen, stahlblau. „Meine Blütenwundersucht war bei Krupp gut abgesichert. Ich weiß, anderen Juden, auch bei Krupp, erging es anders. Der Botanikprofessor dagegen genoss großzügige Etats und fast alle Freiheiten. Hatte für undenkbar gehalten, dass ein vollkommener Schwachsinn zur Staatsreligion werden könnte. Der Kurzschlussbiologismus, den die Hetzschrift ‚Stürmer' verbreitete. Das ungeübte Volk hatte Stammtisch-Recken in die Regierung gewählt, unter Heldengedröhn, als sei Politik eine Wagner-Oper. In Größenwahn und im Hass auf alles ‚Undeutsche' sollte unser Volk erlöst werden vom ‚Fremdvölkischen'. Ach, das Erlösen. Jeder dachte sich in diesen Nebel irgendwas hinein. Und Philosophen und Dichter nebelten mit. Ernst Jünger in seinem ‚Kampf ums Reich'. Oder der evangelische Kirchenführer Dibelius, der schwärmte vom ‚begeisterten Aufblick zum eigenen Staat'. Clemens-August Graf von Galen, der berühmte „Löwe von Münster", verhieß per Hirtenbrief jedem Soldaten, der ‚im Kampf gegen den gottlosen Kommunismus' falle, den Rang eines Märtyrers. ‚Vergebung aller Sünden, direkten Zugang zur ewigen Seligkeit'. Kommt euch das bekannt vor?"

Hertz nahm Burgunderschlucke. „Ein Doktor Eberhard Taubert erklärte in seinem Film ‚Der ewige Jude': ‚Ratten begleiten den Menschen als Schmarotzer von Anfang an – hinterlistig, feige und grausam – nicht anders die Juden'. Herr Taubert gehörte später zu den Beratern unseres akuten Kanzlerkandidaten aus Bayern. Und Herrn Tauberts Sprachgebrauch blieb wirksam. Denn wenn Doktor h.c. Franz-Josef Strauß und sein Gehilfe Stoiber Schriftsteller als ‚Ratten und Schmeißfliegen' bezeichnen, dann fällt auf, dass in Tauberts Film die Juden nicht nur als Ratten gezeigt werden. Auch als Schmeißfliegen."

Zarte blaue Tempel zeichnete Hertzens *Malafina*-Zigarre in den dämmrigen Raum. In seinem Orchideenglashaus habe er lange wie in einer anderen Welt gelebt. Der Konzernchef persönlich hatte ihm versichert, er stehe unter besonderem Schutz. „Aber dann verschwanden Nachbarn. Freunde. Wurden abtransportiert. Und nirgends Protest. Statt dessen grassierte das, was ich *Angstlähmung* nenne. Unterm staatlichen Verfolgungswahn, unterm staatlichen Terror verbreitete sich *Angstlähmung*. Unter dem Furor und unter der Brutalität von idiotischen staatlichen Kurzschlüssen. Als ob es in deutscher Sprache einen Kant oder Lessing nie gegeben hätte. Oder Goethe. ‚Gottes ist der Orient. Gottes ist der Okzident', dichtete der west-östlich. Gottes war aber jetzt deutscher Größenwahn. Und Raublust. Über Nacht gab es Verkaufsstellen, bei denen man für erstaunlich wenig Geld Kostbares erwerben konnte. Möbel, Musikinstrumente, Gemälde. Und auch schon mal ganze Unternehmen. Fabriken, Grundstücke. Überraschend preiswert. Nein, die Deutschen haben von dem Entsetzlichen nichts gewusst. Aber sie bedienten sich. Und die den ‚Judenstern' tragen mussten, die durften in keine Straßenbahn, auf keine Parkbank, in keine Universität, in kein Theater. Und durften in den Bombennächten auch die Bunker nicht nutzen, die Schutzräume in den Bergwerksstollen. Und die *Waffenschmiede des Reichs* wurde radikal zerbombt. Beim Retten habe ich mir diesen Arm verbrannt." Er schob einen Ärmel zurück, man sah in der faltigen Haut schwarze Verfärbungen. „Die Rechnung des jüdischen Arztes, die ich zur Erstattung meiner alten Versicherung geschickt hatte, kam zurück. Solche Rechnungen würden von nun an nicht mehr erstattet. ‚Mit deutschem Gruß'. Da grüßte eine auch heute noch namhafte Versicherung. Ach, immer seltener gelang uns das Lebensnotwendige, der Traum vom Humanen. Von dem, was mit gelungener Kunst seit je gemeint war. Da will ich mir sicher sein."

Wie g. er j. w. vom Burg. tr., steht in Langensiepens Notizen. Und diese Kürzel dürften wohl heißen, wie gern oder wie genussvoll er jetzt wieder vom Burgunder trank. „Was half es uns, dass Mozarts Don Juan, wenn ihn die Hölle holt, dreimal sein ‚Nein' singt. Sein dreifaches stolzes ‚Nein!'. Ein Nein war im *Realen* nirgends zu hören. Statt dessen *Angstlähmung*. Die Töchter blieben zum Glück in Colorado. Die schrieben uns aus den Rocky Mountains, wir sollten kommen. Ab 1941 galten aber neue Bestimmungen. Und ab 42 begann dann, was der berühmte deutsche Philosoph in ‚Ecce homo' gefordert hatte. Und was der deutsche Staat und seine Sklaven nun mit Gründlichkeit praktizierten. Massenhaftes *schonungsloses Vernichten alles Entarteten und Parasitischen*. Der *Ratten* und der *Schmeißfliegen*."

Aus der Tiefe seiner Tweed-Jacke holte Hertz ein braunes Heftchen. Auf der Vorderseite sah man Adler und Hakenkreuz. „Dies Heft war der ‚Ahnenpaß'. Darin musste jeder nachweisen können, dass man ‚deutschblütig' war. Aber schon mit der deutschen Sprache hatten die Deutsch-Barbaren so ihre Probleme. ‚Dieser Ahnenpass ist von der Reichsstelle für Sippenforschung im Reichsministerium des Inneren zum Dienstgebrauch empfohlen.' Also nur zum Dienstgebrauch im Innenministerium? ‚Er ist nur für Deutschblütige bestimmt. Mischlinge und Fremdrassige erhalten Eintragungen nicht beglaubigt.'"

Nach der Logik der Vernichtungsbeamten seien Hertz und seine Schwestern *fremdrassig* gewesen. „Von unseren vier deutschen Großeltern waren drei jüdische Deutsche. Das war zu viel. Das machte uns zu ‚Volljuden'. Zu *Ratten*. Und die vergiftet man bekanntlich oder schlägt sie tot. Wären nur zwei Großeltern jüdisch gewesen, dann hätten sie uns als ‚Mischlinge ersten Grades' eingestuft, wären wir zwar verachtet und gefährdet gewesen, aber es hätte Hoffnung gegeben. Bei nur einem jüdischen Großelternteil war man ‚privilegierter Mischling'. Besonders absurd war, dass man bei vier halbjüdischen Großeltern *deutschblütig* blieb. Die Algebra des Idiotenstaates ging davon aus, dass sich beim Zeugen jeweils das ‚Wertvollere' durchsetzte, bei deutsch-jüdischen Vermischungen natürlich das sogenannte Arische, das Germanisch-Keltische. ‚Edleres' überwand ‚Minderwertiges'. *Survival of the fittest* in der blutigen Variante des Rasse-Spießers. Volksschullehrer Julius Streicher verbreitete in seinem ‚Stürmer' die Ansicht, dass eine *deutschblütige* Frau, die sich eingelassen habe ‚auf einen Verkehr mit einem Juden'" –

„ – auf *traffic*," rief Mick.

„ – wonach eine Frau mit solch fürchterlichem *Verkehr* auch dann, wenn sie später mit einem *Deutschblütigen* Nachkommen zeuge, Kinder kriege, ‚denen man das Jüdische ansehe'. Ach, und wenn nun diese Geistesriesen ständig ihren großen Popanz beschimpften, ihre *Projektion* von der Weltherrschaft der Juden, dann teilten sie ja nichts weniger mit, als dass diese *Minderwertigen* nicht nur das edle Deutschland um ihre bösen Finger wickeln konnten, sondern obendrein das ganze hochkulturelle alte Abendland samt all seiner Zivilisation und Intelligenz. Und überdies die komplette Weltwirtschaft. Und zwar die kapitalistische ebenso wie die kommunistische. Wie *minderwertig* waren denn die? Logik war nicht ihre Sache. Und Menschlichkeit sowieso nicht. Sie glaubten an ihr ungeheures Schreckbild, an das ‚Weltjudentum' und das malten sie wie den Teufel überall hin. Im Grunde wie mittelalterliche Irre, in hysterischem Angsthass. Wie in allen Religionen, so musste auch bei ihnen irgend etwas Teuflisches schuld sein an allem Miserablen in der Welt."

Für ihn, Hertz, habe es zwar beim „kriegswichtigen" Stahlkonzern die geschützte Position gegeben, aber für seine Schwestern in Hamburg und in Berlin sei die Lage inzwischen lebensgefährlich geworden. „Mit drei jüdischen Großeltern waren wir *Volljuden. Schädlinge.* Und fühlten uns erbärmlich im Stich gelassen. Wie seit je. Schon Luther, der in ‚Wider die Juden und die Türken` geifert: ‚Man soll ihre Synagogen und Schulen mit Feuer anstecken'. Und die heute so sehr verehrte ‚Bekennende Kirche', im Kommentar zu diesem Luther-Pamphlet, empfahl 1938 gegen Juden ‚harte Maßnahmen, sofern hinter ihnen eine echte Barmherzigkeit steckt'. Welche Krämpfe der Sprache! Otto Dibelius, 1928 als Generalsuperintendent an seine Brüder im Geiste: ‚Ich habe mich immer als Antisemiten gewusst'! Diese Hirnkrämpfe wollen mir nie mehr aus dem Kopf. Auch in den Universitäten redete man nicht von Diktatur, sondern von *Führerprinzip*. Wir prinzipientreuen Deutschen. Nach 1848, im wilhelminischen Geist waren wir endgültig entpolitisiert worden. Militarisiert und idiotisiert. Und von Intellektuellen und von Großdenkern im Stich gelassen, nicht nur von den Kirchen. Um so wunderbarer leuchten die Ausnahmen. Dietrich Bonhoeffer. ‚Verflucht sei, wer einen Blinden irreführt.' Fünftes Buch Mose."

Hertz ließ sich vom Burgunder nachschenken. „Ja, was macht man in einem Betäubungstollhaus. Was macht man, wenn man vor absolutem Unrecht absolut ohnmächtig ist. Schon kurz nach 1933 hatten einige unserer Tanten immer mal wieder gemunkelt, unter unseren vier Großeltern gebe es auch noch eine zweite Figur, die im Sinne der Nazis kein *Volljude* gewesen sei. Immer ungenierter redeten die Tanten und auch meine Schwestern von einer alten und kuriosen Familienpeinlichkeit. Zu später Stunde hatte das bei festlichen Abenden immer mal wieder Gekicher ausgelöst. Großvater Wilhelm Ludwig Hertz stamme gar nicht von dem ab, der als sein Vater galt. Urgroßmutter Marianne Hertz habe sich um 1820 mit einem anderen eingelassen, mit einem Poeten. Entweder mit August Varnhagen von Ense oder mit Adelbert von Chamisso. Wenn an dem Tantengemunkel wirklich was dran war, dann winkte Rettung. Und so fragten mich meine Schwestern nun immer direkter, ob man den Fehltritt der Urgroßmutter denn nicht beweisen könne. Bei Familienfesten war es ein besonderer Jux gewesen, dass Großvaters ältere Brüder sehr viel kleiner waren. Dass seine Brüder unter seinen ausgebreiteten Armen glatt hindurchgehen konnten. Großvater maß eins achtzig, seine älteren Brüder gerade mal eins sechzig – weih, wer war Großvaters wahrer Vater!"

Hertz wartete einen Moment. Der ältere Kellner war erschienen, erkundigte sich, ob es noch Wünsche gebe, die Runde hatte sich angewöhnt, zu schweigen, wenn der Service kam. Der Mann verließ den Raum.

„Zu beweisen war da also ein ‚Fehltritt' unserer Urgroßmutter. Ihr Mann, Joseph Jacob Johann Hertz, das bezeugten alle Dokumente und daran gab es nichts zu rütteln, kam aus einer jüdischen Familie, aus der Bankiersfamilie Hertz in Hamburg. Aber war er auch wirklich Großvaters Vater? Urgroßvater hatte in Hamburg das ‚Akademische Gymnasium' besucht und hatte Botanik und Mineralogie studiert. Die Familienpapiere bezeichnen ihn als ‚Drogenhändler'. Ihm ging es aber kaum um das, was heute Drogen heißt, sondern die Innung der Apotheker duldete keine Juden. Und so gründete Urgroßvater 1816 in Hamburg die ‚Drogenhandlung Hertz' und heiratete Marianne von Halle, vier Jahre jünger als er, ebenfalls aus jüdischer Familie. Der Ehe ‚entsprangen', so melden die alten Papiere, drei Söhne. Wurden alle drei bedeutende Bürgersleute, der älteste war am Ende Professor für klassische Philologie, der zweite Geheimer Oberjustizrat in der preußischen Regierung. Und der jüngste, unser Großvater, wurde Verlagsbuchhändler."

„Ihr wolltet einen Ehebruch nachweisen?"

„Wir mussten es. Immer deutlicher wurde, das war überlebenswichtig. Wenn Großvaters Vater ‚arisch' war, dann hätte er mit unserer jüdischen Urgroßmutter keinen Volljuden gezeugt, dann wäre der Verlagsbuchhändler und Großvater ‚Mischling' gewesen. Nachzuweisen war also ein ‚Seitensprung' von Urgroßmutter Marianne. Und zwar, da Großvater im Juni 1822 zur Welt kam, im Spätsommer 1821. Beweise das mal nach 120 Jahren. Beweise so etwas mal aus der Zeit des sogenannten Biedermeier, aus einem Polizeistaat, in dem das Maulhalten oberste Staatsregel war. In dem das Geheimhalten vollendet kultiviert worden ist."

Hertz nahm einen langen Schluck Burgunder. „1821 wohnte der ‚Drogenhändler' mit Frau Marianne und seinen drei Söhnen bereits in Berlin. Dort hatte er sich mit seiner Familie evangelisch-lutherisch taufen lassen. Für die Nazilogik ohne Wert, das böse Blut war nicht wegzutaufen. Joseph Jacob hieß nun immerhin Joseph Johann und durfte Apotheker sein. Nach der Taufe übernahm er in der Rosenthaler Straße die ‚Rothe Apotheke' und hat da offenbar so gut verdient, dass er schon nach zwölf Jahren die Konzession wieder verkaufen konnte, um nur noch seiner Botanik zu leben. Frau Marianne dagegen kränkelte. Starb auf einer Reise in die Schweiz. Bekam ein einsames Grab in Genf, auf einem protestantischen Friedhof."

Hertz nahm einen weiteren Schluck. Und schmauchte die Dunkelblättrige. „Eine der alten Tanten hatte uns vor ihrem Tod erklärt, Großvater Wilhelm Ludwig sei ein ‚natürlicher Sohn' gewesen. So nannte man das damals. ‚Euer Großvater war wahrscheinlich ein natürlicher Sohn des Varnhagen von Ense. Oder des Herrn von Chamisso.' Was half uns 1941 das Tantengemunkel, wir brauchten Beweise. Wir studierten Briefe, Drucksachen, Tagebücher. Und tappten im Dunkeln. Über Bankrott und Prozesse gibt es Akten und Urkunden, selten jedoch darüber, wie *natür-*

liche Söhne entstehen. Immerhin stöberte meine Frau eine Cousine auf, Cousine Erdmute, die war als uneheliche Verwandte bislang sorgfältig ignoriert worden, nun aber wurde sie interessant. Erdmute beteuerte, über die Erzeugung unseres Großvaters genauere Kenntnis zu besitzen. Dummerweise verehrte Erdmute den ‚Führer', entpuppte sich als begeisterte ‚Nazisse' und verspottete unsere Mühen mit der Ahnenforschung. Dieser hohen Frau mussten wir erst mal klarmachen, dass auch ihr Überleben davon abhängen würde, wer der Vater des Verlagsbuchhändlers war. Ob Erdmute ihr Wissen geheimhielt oder den Nazibehörden mitteilte. Ihr eigener Erzeuger war ein hochdekorierter jüdischer Offizier des ersten Weltkriegs gewesen, und Frau Ermute war fest überzeugt, der Tochter eines deutschen Helden drohe keine Gefahr. Erst nach langem Zureden ließ sie endlich eidesstattlich beurkunden, dass Großvater Wilhelm Ludwig ihr noch zu Lebzeiten versichert habe, sein biologischer Vater sei keineswegs der jüdische Apotheker Jacob beziehungsweise der verchristlichte Johann Hertz gewesen, sondern ‚ein nichtjüdischer Poet'. Damit endeten die Kenntnisse unserer heldischen Erdmute." Hertz drückte den Zigarrenrest in den Aschenbecher. „Wie dokumentiert und beweist man nach hundertzwanzig Jahren einen Beischlaf, aus einem Jahrhundert der Zensur und des Duckens und Geheimhaltens."

„Könnte es sein," fragte die Jeansfrau, „dass man um 1820 über das Kinder-Erzeugen sowieso nichts Genaues wusste? Unter den Romantikern kursierten kuriose Vorstellungen."

Der Kellner zeigte sich, Hertz winkte ihn heran und bat um eine leichtere Zigarre, die schwere blockiere ihn, er müsse jetzt komplizierte Dinge erzählen. Mit achtzig sei er nur noch halb so schlau wie mit vierzig, da werde er „brägenklütrig".

„Vom Kinderzeugen wusste man in der Tat höchst Undeutliches. Das hielt man für Gottes Werk, für Schicksal. Robert Schumann meinte, fürs Zeugen sei ein kurzer Beischlaf hilfreich, keineswegs ein langer. Wir aber brauchten Einzelheiten, so intim wie möglich. Forschten und schnüffelten und wühlten uns in Akten ein. Buchhändler und Verleger haben die Neigung, Papiergebirge zu hinterlassen, schier alles hatte Großvater dokumentiert, geschäftliche Erfolge und Niederlagen. Nicht aber, wer sein wirklicher Vater war. So schien es. Und da wir die Stecknadel im Heu nicht finden konnten, erließ die fatale Berliner Behörde namens Reichssippenamt ihr Urteil. De facto ein Todesurteil. Mit Bescheid vom 31. Juli 1941 erklärten die Schreibtischhelden meine Schwestern und mich weder zu Mischlingen ersten noch zweiten Grades, sondern zu *Volljuden*. Von vier Großeltern waren drei jüdisch, das war unerträglich. Heute wirkt das nur abstrus, damals war das nicht zum Lachen. Der Tod war ein Idiot und er kam aus Deutschland."

Der Kellner erschien mit einem Zigarillo, half beim Zünden und zog sich wieder zurück. „Gegen den Bescheid aus Berlin erhob ich Einspruch. So etwas war anfangs noch möglich, der Nazistaat wahrte rechtsstaatlichen Schein. Raffte all meinen Mut zusammen und gab an, demnächst Belege bringen zu können über die Identität des unbekannten Ariers, mit dem Urgroßmutter im September 1821 unseren Großvater gezeugt haben musste. Der Einspruch wurde akzeptiert, für eine kleine Weile blieben wir verschont. Blieben wir potentiell *Mischlinge*."

Blaue Paläste schwebten überm weißen Hertzhaupt. „Tag um Tag in Lesesälen, auf Dachböden, in Verlags-Archiven. Und dann, endlich, ein Licht. Da fand meine Frau meinen Schwippvetter Hans Hertz. Der erforschte seit langem in Hamburg und Berlin die Geschichte der Hertz- oder Hirsch-Sippe. Und der verriet mir, dass vormals, nach altem jüdischen Brauch, der Vorname des biologischen Vaters unter den Rufnamen des Kindes auftauchen musste, ja, auch bei unehelicher Erzeugung. Unter den Vornamen des Großvater gab es aber leider weder ein Adelbert wie beim Chamisso noch ein Karl August wie bei Varnhagen von Ense, der den Versuch der Deutschen, schon 1848 Demokratie zu machen, lebhaft dokumentiert hat, was noch immer nur unvollständig publiziert ist. Vetter Hans riet uns, bei der Suche nach Wilhelm Ludwigs Vater auf den Namen Ludwig zu achten, jeweils der zweite Vorname nenne den Erzeuger. Die kleinen älteren Brüder des Großvater trugen ja mit ihren zweiten Vornamen ‚Johann' ebenfalls den Namen des vormaligen ‚Drogenhändlers'. Des zum ‚Johann' verchristlichten Apothekers."

Für Sekunden stand ein Rauchkranz um Hertzens Kopf. „Wo fanden wir – unter Zeitdruck – einen Liebhaber, der Ludwig hieß. Einen Liebhaber unserer Urgroßmutter im Jahr 1821. Es drängte, denn inzwischen gab es grauenvolle Gerüchte. Nach den jahrelangen Drohungen gegen das *Pa-*

rasitenvolk machten die Nazis offenbar Ernst. Irgendwo im Osten praktizierten sie jetzt ihre Drohungen, die Ausmerzung des ‚Parasitischen'. ‚Judentum ist Verbrechertum' prangte am Essener ‚Glückauf-Haus', dem Sitz der ‚Gauleitung' Ruhr. Die berüchtigten Konzentrationslager oder KZs, die man mit hilflosem Witz ‚Konzertlager' nannte, waren unmöglich nur ‚Arbeitslager', wie es offiziell hieß, sondern das waren ja wohl Vernichtungslager – deportiert wurden auch Kinder und Greise – zum Arbeiten? Stadt um Stadt wurde ‚gesäubert', Städte und Regionen meldeten sich stolz ‚judenfrei'. Als erstes übrigens die Insel Borkum. Die deutschen Juden hießen nun ‚Ausländer' und ‚Feinde', ‚Fremdrassige'. Oder einfach ‚Verbrecher'."

Hertz trank das Burgunderglas leer und bat um Wasser. „Die Manuskripte des Varnhagen haben wir studiert, die Dichtungen und Briefe des Chamisso, obendrein sämtliche Papiere des Großvaters, des Verlegers, auch die Briefe der inzwischen verstorbenen Tanten. Und dann begann sich endlich etwas zu klären. Da war ich wieder mal unterwegs in den wertvollsten Hinterlassenschaften des Großvaters, in Büchern von hohem Sammlerwert. Da betrachtete ich mal wieder sein *Ex libris*, den lateinischen Hinweis auf den Bücherbesitz. Großvaters Goethe-Bücher waren noch Erstausgaben aus den Lebzeiten des Größten. Und das Latein in seinem *Ex libris* erschien mir rätselhaft. Da stand: *Certa habent acta mea iuventutis signum suum omenque.* Zu deutsch: ‚Gewisse Vorgänge in meiner Jugend haben ihre Zeichen und ihre Bedeutung.' Das hatte ich anfangs für eine Banalität gehalten. Welche Vorgänge in Kindheit und Jugend sind nicht *bedeutend* und *folgenreich*. Dann folgten da jedesmal vier punktierte kleine Buchstaben: *i.e.p.m.*. Und danach W. L. H., die Namenskürzel des Besitzers, des Wilhelm Ludwig Hertz.

Hertz schmauchte heftiger. „Was sollte der lateinische Spruch. Und was sollten diese vier kleinen Buchstaben. Selbstverständlich teilen sich *Vorgänge* durch *Zeichen* mit und haben *Zeichen* üblicherweise ihre *Bedeutung*. Und die Buchstaben *i.e.p.m.* meinten wahrscheinlich nichts weiter als *id est propria manu*, ‚dieses ist persönlicher Besitz', ‚dieses ist im handlichen Besitz" des W. L. H., des Wilhelm Ludwig Hertz. Schon wieder eine Banalität. Oder? Mir schwante, im Lateinischen, in diesem *signum* wie in diesem *omen*, da verbarg sich mehr. Und ich kann es euch sagen, da wartete die Rettung."

Hertz paffte. „So viel hatten wir längst begriffen, dass im Lebensbeginn des Großvaters *gewisse Vorgänge* ihre *Bedeutung* hatten. Aber nun ahnte ich, dass wir zu ungeduldig gewesen waren. Hatten ignoriert, dass Großvaters Latein eine indirekt Botschaft barg. In einem *Zeichen*. In welchem?“

Hertz schickte aufmunternde Blicke herum. Sah die Männer an und die Frau, immer nochmal die junge Frau, als sei sie es, die den Schlüssel finden müsste. „Mitten in der Nacht, beim Nachdenken über das lateinische Orakel, fiel endlich der Groschen. Der Dollar. Der unbezahlbare Scheck. In meiner Schlaflosigkeit hatte ich alles, was je von Poeten und Rhetorikern an *Zeichen* entwickelt worden ist, durchgegrübelt. Schreibmethoden, Redefiguren, Buchstabenspiele. Und dann kam die Erleuchtung. Man musste das Latein im *Ex libris* als Akrostichon lesen, einfach nur die Anfangsbuchstaben – greift sie euch heraus! *Certa habent acta mea iuventutis signum suum omenque.*“

„Chamisso!“

„Tausend Überlebenspunkte.“ Der Alte, Tränen in den Augen, fasste ihre Hände und küsste sie. Schaute dann jeden an, lachend, unter Tränen.

„Und was war das *i.e.p.m.*?“

„Das konnte ja auch heißen *ille est pater meus*. Dieser ist mein Vater. Der Verlagsbuchhändler, dieser Verleger in seiner tatsächlichen Verlegenheit, der hatte, was er nicht sagen mochte, aber unbedingt loswerden und dokumentieren wollte, doppelt verschlüsselt. Lateinisch und poetisch. ‚Chamisso, der ist mein Vater‘. In der Hoffnung, dass irgendwann ein Nachkomme das entziffern würde. Und das taten nun die Enkel, in höchster Bedrängnis, in akuter Lebensgefahr.“

„Und was sagte das Reichssippenamt ?“

„Groteskes. Die Schreibtisch-Henker weigerten sich. Sagten, da handele es sich um Größenwahn. Ihr habt richtig gehört, Größenwahn. Der alte Verlagsbuchhändler habe seinen Nachkommen suggerieren wollen, er sei etwas Besonderes gewesen. Bekanntlich gebe es viele Verrückte, die sich für Nachfahren Karls des Großen hielten, für Urenkel Napoleons oder

Richard Wagners. Ihr Erzeuger sei Fred Astaire oder Charlie Chaplin. Ausgerechnet die rassistischen Mordbeamten beanstandeten Größenwahn. Und verlangten Beweise. Beweise dafür, dass die Lateinbotschaft keine Spinnerei war. Wollten Belege dafür, dass es zwischen Chamisso und der Urgroßmutter 1821 eine intime Beziehung gegeben habe.“

Hertz trank vom Essener Burgwallbronn. Da sei also nichts übriggeblieben als weiterhin gründlichste Lektüre. „Lektüre als *Methode.* Gegen Staatsterror. Chamisso und Varnhagen, so fanden wir heraus, waren eng befreundet, publizierten gemeinsam einen ‚Grünen Musenalmanach'. Schon bei den Hertzens in Hamburg war Varnhagen Hauslehrer gewesen, später auch Chamisso, in der Familie des Hamburger Bankiers Jacob Moses Hertz. In den ‚Denkwürdigkeiten des eigenen Lebens' berichtet Varnhagen, dass der alte Jacob Moses als Witwer eine dreißig Jahre jüngere Frau geheiratet hatte, eine, wie es hieß, sehr schöne, und die, genannt Fanny, fand in den beiden Dichtern heftige Bewunderer, die verehrten in dieser Fanny eine Frommaid Bacher, eine Tochter des Taxator Selig Moses Bacher und der Blume Bacher, geborene Guggenheim, einer Halbschwester der Gattin des großen Aufklärungsphilosophen Moses Mendelssohn – ihr seht, auf welche Spuren wir gerieten.“ Hertz nahm einen Schluck und schickte verschmitzte Blicksignale in die Runde. „Ach, als der sehr merkwürdige Herr Lavater den wunderbaren Moses Mendelssohn unbedingt zum Christentum bekehren wollte, da antwortete der, den man bekanntlich zum Vater der deutschen Aufklärung ausgerufen hat: ‚Ich bleibe bei meinem jüdischen Unglauben'.“

Im Nebenraum der „Heimlichen Liebe“ schwebten blaue Phantome um die Köpfe, winzige Galaxien. Unter dem Tisch spürte Langensiepen die quirlige Hand.

„Der sehr alte Bankier Hertz wollte, dass die Kinder, die er mit der schönen jungen Fanny gezeugt hatte, von aufgeklärten Lehrern erzogen würden. Von protestantischen. So kam Varnhagen ebenso wie Chamisso ins ‚Hertzische Haus', und das Geturtel der Poeten um die schöne Frau dürfte eine der Ursachen gewesen sein dafür, dass noch Jahrzehnte später in vorgerückten Stunden manches gemunkelt werden musste. Schließlich hat man da wohl auch die Generationen verwechselt, zumal später der Apotheker J. J. J. Hertz für seine drei Söhne ebenfalls einen klugen Protestanten als Lehrer einstellte. Hauslehrer bei ihm wurde Urgroßvaters dichtender und forschender Freund und Botaniker, sein Studienkollege Adelbert aus Frankreich. Und Chamisso hieß urkundlich nicht Adelbert, sondern *Louis Charles Adelaide de Chamisso de Boncourt.* Hieß also auch Ludwig. Aber was wir nun brauchten, war ein handfester Nachweis. Ein Beleg dafür, dass der Dichter Chamisso 1821 engste Kontakte hatte mit Urgroßmutter Marianne. Chamisso nennt in seinen Tagebüchern Mariannes Ehemann Joseph Jacob Johann einen ‚erfreulichen Studiengenossen', der seinen Kopf durchgesetzt habe, der nicht das Bankenwesen betreibe wie die anderen Hertzen, sondern Naturforschung. Um 1813, im sogenannten Freiheitskrieg gegen das Revolutionsvolk, entstand Chamissos Erzählung vom verkauften Schatten. ‚Peter Schlemihls wundersame Geschichte', dieses wahre Märchen ging in hohen Auflagen um die Welt. Als Nebenfigur erscheint da auch eine ‚schöne Fanny'."

Nach dem Erfolg seiner Schattengeschichte sei Chamisso auf einem Forschungsschiff um die Welt gereist, auch er angesteckt von dem Geist, der damals viele fasziniert habe, vom Humboldtschen Erkenntnisdrang. Auch Chamisso habe sich für ferne Länder und Völker interessiert, vor allem für ihre Sprachen, auch für ihre Freiheitsbewegungen. Nach der Rückkehr sei er in Berlin eine Ehe mit einer Antonie Piaste eingegangen und sei siebenmal Vater geworden. „Die Zeit der Abenteuer war vorbei. So schien es. Wo fanden wir nun noch irgendeinen Beweis dafür, dass die Apothekersfrau, dass unsere Urgroßmutter von diesem berühmten Poeten und vielseitigen Wissenschaftler heimgesucht und geschwängert wurde. Falls wir aber den Beweis nicht beibrachten, meinten die Machthaber, uns umbringen zu müssen. Als ‚abartig', als ‚undeutsch'. Hitler hatte halb Europa im Griff. Niemand war da, der uns hätte helfen können."

Eigentlich brauche er jetzt einen Whiskey, sagte Hertz, oder einen Cognac, doch wolle er Rücksicht nehmen auf den kranken Mann am Tisch. Langensiepen widersprach, er sei standfest, Hertz solle sich bedienen. Nora ging hinaus, brachte drei Gläser und einen *Tullamore.* Und schenkte ein.

Hertz trank und sagte, Stärkung benötige er jetzt, weil im allerletzten Moment, weil im Spätsommer 1942 ein Ereignis eintrat, das ihm für immer unheimlich bleibe. „Einfach nur unheimlich. Nun passierte das Unmögliche. Es kam der rettende Beweis." Weißblauer Rauch wehte aus seinem Zigarillo, er blickte den zarten Gebilden nach, als wollte er schwebende Hieroglyphen entziffern. „Ein bisschen hatte ich dieses Wunder wohl auch herbeigezwungen. Hatte in Hamburg und Berlin alle Antiquitätenhändler angeschrieben, hatte sie geradezu angefleht, zu prüfen, ob es in ihren Vorräten nicht irgendwelche Chamisso-Sachen gebe, Erinnerungen an den Dichter der berühmten Schattengeschichte. Und am 30. September 1942, ich höre die Stimme noch heute, meldete sich am Essener Telefon ein Mann aus Berlin. Ein offenbar sehr alter Herr, ein Adam Enoch, Händler am Magdeburger Platz, Kluckstraße 25. Dem hatte ich gar nicht geschrieben, aber der hatte von unserer Suche gehört. Altwarenhändler nannte er sich. Er telefoniere aus seinem Laden in der Kluckstraße und besitze Chamisso-Sachen. Und er lege mir nahe, möglichst rasch nach Berlin zu kommen. ‚Sie wissen ja, so einer wie ich soll nun ebenfalls weg.'"

„Schon eine Stunde später saß ich in der Eisenbahn nach Berlin." Hertz trank vom Torfbranntwein. „Und noch am selben Abend war ich am Magdeburger Platz und stand im Laden des 86jährigen. In der Kluckstraße 25, in einem Kellergewölbe. Ein Graubart stellte da zwei hübsche Holzkästchen vor mich hin, perlmuttverzierte Schatzkästchen. Eines aus Kirschholz, das andere aus Ahornwurzelholz. Das seien Chamisso-Sachen. Ob ich nicht schon die Intarsien in den Deckeln entziffern könne, hier wie dort die Perlmutt-Buchstaben A und C. In meiner Aufregung hab ich das nur ungenau erkannt und hab ihn gefragt, wie er an diese Kästchen gekommen sei. Vor dreißig Jahren habe die Dame, die ihm das an der Haustür verkauft habe, beteuert, dies seien Hinterlassenschaften des Dichters Chamisso. Im Inneren der Kästchen fände ich je einen Schmuck. Den sollte ich mir genau anschauen. Er gab mir zwei Schlüsselchen, ich öffnete die Schatullen und in der Eile und Aufregung konnte ich die sehr kleinen Objekte nur oberflächlich betrachten. Zwei winzige Schmuckstücke aus Silber. Ein Anhängerchen mit Kette. Und ein Ring. Beide mit kompliziert verzierten Prägungen. Aber im Zierrat und im Geschnörkel erkannte ich das Entscheidende, die Jahreszahlen 1821 und 1822. Die Jahre für Zeugung und Geburt unseres Großvaters. Zitternd vor Aufregung verschloss ich alles wieder in den beiden Kästchen, bezahlte gern die zweihundert Reichsmark und wollte dann nur noch wissen, wo die Dame gewohnt habe, bei der Adam Enoch dies gekauft hatte. In der Bendlerstraße 13 habe die gewohnt. Allerdings, das war Großvaters letzte

Anschrift gewesen. Nach seinem Tod 1901 war seine Frau in eine kleinere Wohnung gezogen und hatte den Schmuck zu Geld gemacht."

Im blauen Gewölk war der Weißhaarige kaum mehr zu erkennen. Langensiepen schmerzten die Augen.

Noch am selben Abend habe er mit seiner Schwester Ring und Anhänger genau unter die Lupe genommen, und nun sei sie zu rekonstruieren gewesen, die Liebesgeschichte zwischen Marianne und Adelbert. Offenbar eine bittere Angelegenheit. Am anderen Tag sei er zurück zur Ruhr, und noch am selben Abend kam ein Anruf aus Berlin. Seine Schwester teilte ihm mit, der Laden in der Kluckstraße existiere nicht mehr. Gleich am Vormittag sei sie zum Magdeburger Platz, um eventuell weitere Chamisso-Sachen zu finden. Aber der Laden sei verschlossen gewesen, versperrt und versiegelt. Adam Enoch hatten sie abgeholt.

„Also buchstäblich im allerletzten Augenblick kam für uns die Rettung, kamen die Beweise. Zwei silberne Schmuckstücke. Die bewiesen eine enge, aber missglückte Beziehung zwischen Marianne und dem Dichter. *Zeichen und ihre Bedeutung.* Der winzige Anhänger hatte Herzform und zeigte auf der Vorderseite auf Porzellan Christus vor seinem irdischen Richter. Gemalt von Chamisso, der als junger Mann nachweislich in der Preußischen Porzellanmanufaktur die Porzellanmalerei gelernt hatte. In das Innere seines Geschenks, in das Innere des Silberherzens war dann, offenbar von Marianne Hertz, eine Harfe eingeprägt worden. Die Hauptsaite dieser Harfe durchbohrte ein Herz."

Der Hügelgärtner benötigte Luft. Langensiepen öffnete ein Fenster. In der nächtlichen Hügellandschaft prunkte der Palast, in Festbeleuchtung.

„Unter der herzverletzenden Harfe war zu lesen: ‚1821. *Tu chante, Louis – et mois? Je pleure!* M.'. Im Anhänger wie im Ring verbanden sich die Jahreszahlen 1821 und 1822 mit den Buchstaben A. v. C. und M. H., mit den Initialen der Marianne Hertz und des Adelbert von Chamisso. Und dann entdeckten wir obendrein eine Notiz im persönlichen Kalender der schönen Fanny, die, inzwischen Witwe, nach Potsdam verzogen war und die in ihrem Tageskalender festgehalten hatte, dass die Apothekerin Marianne und der Dichter Chamisso am 10. September 1821 bei ihr zu Gast waren. Das Haus der schönen Fanny in Potsdam, die Militärstadt war Liebesnest gewesen."

Hertz lehnte sich zurück. „Das war's. Nun konnten drei Todeskandidaten einen zusätzlichen *arischen* Großvater nachweisen. Konnten die Menschenverachter nach ihren eigenen Hirnrissregeln schlagen. Nach diesen Regeln war das jüdische Blut der Urgroßmutter gereinigt oder geadelt worden durch das fränkische, durch das arisch-germanische Blut des deutsch-französischen Poeten. So sah er aus, der Biologismus dieser Erlöser, dieser selbsternannten Retter unseres seit je so erfreulich und überaus wechselhaft durchkreuzten Teutonenvolkes. Dieses sehr bunten Mischvolks, in Europas uraltem Durchgangszentrum."

Presste den verrauchten Zigarillo in den Ascher. „Das Französisch im silbernen Herzen war nicht ganz korrekt. *Tu chantes* ohne s , dafür ein s hinter *moi*. Niemand, denke ich, wird je ergründen können, wie sie wirklich gewesen ist, diese heimliche Liebe zwischen der Apothekerfrau und dem berühmten Dichter von Adel. Ausgerechnet im Haus der schönen Fanny schwängert er Urgroßmutter Marianne Hertz."

Hertz trank langsam vom Wasser. „Aber am sechsten Oktober 1942 – fast auf den Tag genau am Beginn des maschinenhaften Massenmords – am sechsten Oktober 1942 bekamen wir aus der Hauptstadt den Bescheid des Reichssippenamtes. Das Amt teilte uns mit, dass wir keine *Volljuden* seien. Sondern *Mischlinge ersten Grades*. Ja." Er griff zum *Tullamore*. „Unser Fall sprach sich herum. Als meine Schwester in ihrem Berliner Wohnbezirk dorthin ging, wo man die Lebensmittelkarten erhielt, saß da am Schalter eine ältere Dame, die gab ihr den Markenbogen mit der Bemerkung: ‚Ich weiß schon. Chamisso!'"

Die Jeansfrau hob ihr Glas. „Auf Marianne!"

Als sie getrunken hatten, sagte Hertz, der damalige Kanzler habe seinen Wahrheitswahn religiös zelebriert. Mit Heiligkeitssprache. Wie eine Erlösungsvision. Hertz öffnete das braune Heft und las vor. „Die gesamte Bildungs- und Erziehungsarbeit des völkischen Staates muss ihre Krönung darin finden, dass sie den Rassesinn und das Rassegefühl instinkt- und verstandesmäßig ins Herz und Gehirn der ihr anvertrauten Jugend hineinbrennt. Es soll kein Knabe und kein Mädchen die Schule verlassen, ohne zur letzten Erkenntnis über die Notwendigkeit und das Wesen der Blutreinheit geführt worden zu sein! Damit wird die Voraussetzung geschaffen für die Erhaltung der rassenmäßigen Grundlagen unseres Volkstums. Adolf Hitler."

Mick kippte einen neuen *Tullamore*.

Die Jeansfrau fragte, wieso eigentlich den achtzig Millionen deutschen Mischlingen nie aufgefallen sei, welche Idiotie „Rassereinheit" sei.

„Aufgefallen ist das schon. Aber geh damit mal an eine Öffentlichkeit, in der die Ganglien blockiert sind. In quasireligiösem Irresein. Oder in Angst." Morgen aber werde die Welt eine überzeugende, eine klar formulierte Botschaft erhalten. Und Hertz pries die *Hydra*-Briefe.

Langensiepen sah sich um, es war kein Kellner im Raum. „Tut mir leid, aber ich meine, was morgen passiert, das endet, tut mir leid, in einem Verlies. Blumig und *nett*, aber ein Verlies. Eine Freiheitsberaubung für die Freiheit?"

Die Frau stand auf, drehte eine ihrer Pirouetten, tat aber in der Drehung keinen Stoß mit dem Fuß, sondern setzte sich wieder. Hatte offenbar Mühe mit dem Ruhigwerden.

„Unser Romanleser", sagte Hertz, „hat recht, wenn er meint, die Weltgeschichte wimmele bekanntlich von blutigen Eingreiftruppen im Dienst am Frieden, im Dienst am Wahren und Höheren. Exakt gegen solche Vollstrecker irgendeines Höheren richtet sich unser freundlich verrückter Versuch. Zugunsten dessen, der da unten immer wieder dran glauben muss, zugunsten *DES Menschen*."

„Wenn Lili morgen den *Rover* sieht," sagte die *Wing-Tsu*-Frau, „dann reagiert sie wie eine Gläubige. Dann handelt sie wie die Mücke, die an den Pilz glaubt. Und schafft in der Orchideen-Vagina Sinnvolles. Und nicht etwa unter Zwang, sondern unter einer schönen Täuschung, sanft wird sie behandelt wie die Pflanzen, die wachsen, wenn man ihnen Erde und Wasser gibt. Wie selbst Steine sich ändern unterm sanft fließenden Wasser."

Das sei ein schönes Bild, sagte Hertz, aber es sei zu schön um wahr zu sein. Weiches Wasser könne auf Dauer keine harten Steine erweichen. Auch Wasser arbeite mit zwickenden, mit lösenden Stoffen, operiere obendrein auch gern mit Sand und Steinchen und Brocken. „Ohne Zusätze hätte Wasser das Verändern von Landschaften nie geschafft."

„Gelobt sei das Zwickende," bruddelte Mick. Und die Frau legte dem Expolizisten eine Hand auf die Schulter. „Zwicker sind wir, hörst du? Nicht nur mit Sätzen zwicken wir, auch mit Zusätzen. Und versetzen den Gläubigen die Berge!"

„Fast wünschte ich mir," sagte Hertz, „dass es zu einer öffentlichen, zu einer gerichtlichen Abwägung käme. Ob die kurze freundliche Freiheitsbeschränkung für eine einzelne Person übler sein kann als eine endlos unfreundliche Freiheitsberaubung für Millionen. Auf diesem Vergleich würde ich bestehen. Bis hinauf zu einem Weltgerichtshof, wenn es den endlich gäbe."

Und murmelte dann mit leisem Eifer weiter, Bomben und Terror seien Armutszeugnisse. In jedem Konfliktfall gebe es Besseres als Bomben, könne man die Schritte des anderen vorausberechnen, unterlaufen, ausmanövrieren. „Wind aus den Segeln, Sand ins Getriebe. Mein Held bleibt Gandhi, der eine Weltmacht kampflos aus Indien rausbrachte. Weil er den Mächtigen zusetzte, mit Lösendem, mit Zwickendem. Zwickte sie in die Socken, in die kolonialen Wickelgamaschen. In Nordirland dagegen prallte und prallt Gewalt auf Gewalt. Dem *Bloody Sunday* folgte der ebenso hirnrissige *Bloody Friday.* In einer einzigen Stunde zweiundzwanzig IRA-Bomben. Nunmehr protestantische Leichen. Der *Hydra*-Horror. Dass Terror immer nur Terror schafft, das muss endlich weltweit Grundwissen werden. Als Wissen vom Grundrecht für ALLE. Egal, was sich Großdenker an Denkfehlern leisteten."

„Schon in der Grundschule?" fragte Langensiepen. „Zum Einmaleins die Unantastbarkeit *DES* Menschen?"

Hertz lächelte. „Pardon, hab nun zu viel geredet. Wohl auch zu viel getrunken. Wir sollten ins Bett gehen, morgen hellwach sein." Er wollte aufstehen, aber die Frau hielt ihn auf dem Stuhl. „Vorher erzählst du deinen Traum fertig. Heute Nachmittag besuchte dich dieser Expolizist und schenkte dir ein uralt versteinertes Grün, sehr schön, sehr sinnreich, aber das unterbrach deine Traumgeschichte. Jetzt will ich wissen, wie die endete."

Hertz rieb sich sein Runzelgesicht. Nahm einen langen Schluck Wasser. „Letzte Nacht beschloss der amerikanische Präsident, der Westen müsse seine Grundwerte sichtbar ehren. Im New Yorker *Central Park* wurde eine Ruhmeshalle errichtet, mit den Leitfiguren der zivilisierten Welt. Geehrt würden nun, so hörte ich im Traum, nicht die Zwielichtigen, nicht die, die durch Wörter und Geschichten berühmt wurden, sondern die, die das Eindeutige täten, Taten für das Gute. Heldentaten. In Stein gemeißelt wurden Staatsmänner, Generäle, Feldherren, Kämpfer, Haudegen. Man ehrte Alexander den Großen, Imperator Caesar, Karl den Großen, Männer der Tat, Präsidenten und Generäle, da sah ich, in Stein gehauen, die Herren Jackson und Carsson, ja, man ehrte auch die obersten Indianervernichter und Barbarenverfolger. Bis hin zu McNamara und Kissinger.

Plötzlich jedoch schritten andere den Broadway herauf, bärtige Gestalten, auch zarte, auch weibliche, da nahten Hannah Arendt und Homer, ich sah Albert Schweizer, Sokrates, im Gesichtergewimmel erkannte ich Jesus und Shakespeare, Cervantes, Jean Paul, Montaigne, Molière und Goethe. Da ging der zierliche Kant und der dünne Gandhi, da trug man in einer blauen Sänfte Ingeborg Bachmann, dahinter ging John Lennon, Anne Frank, Sophie Scholl, *frère* Roger, Mark Twain, Charlie Chaplin, Bertrand Russell. Sogar der Schnauzbärtige schien aufzutauchen, Nietzsche, o ja, in Gegenmomenten stärkster Pazifist. Da kamen Janusz Korczak, Martin Luther-King und Einstein, der ‚tiefreligiöse Ungläubige'. Kurzum, da kamen alle, die *sich ihres eigenen Verstandes bedient* hatten. Und all diese Figuren redeten im schwerem Takt ihres Gehens, murmelten zum düsteren Marsch von Beethovens sogenannter Heldensinfonie immerzu zwei französische Zeilen:

Il n'y a sottise
dont je m'avise

Da wollte Polizei wissen, was hier geredet würde, und es antwortete ein dreiundzwanzigjähriger, Büchner. Den hatte man auf seinem Sterbebett aus der Zürcher Spiegelgasse geholt. Und der rief:

„Keine Verrücktheit,
die ich nicht liebte –

– das schrieb im achtzehnten Jahrhundert Francois Marie Arouet, genannt Voltaire." Und der todkranke Dreiundzwanzigjährige warf mit wunderbarer Kraft einen Stein gegen die granitenen Generäle und Staatsmänner im *Central Park*, und siehe, sie zerfielen alle. Begeistert lief ich los, lief zu Büchners Stein und bückte mich und sah noch, dass Wörter darauf standen, hoffte noch, dass es mein Lieblingszitat wäre, aber ich erwachte."

„Dein Lieblingszitat?"

„Aber ich, wär' ich allmächtig – sehen Sie, wenn ich so wäre – ich könnte das Leiden nicht ertragen, ich würde retten, retten."

Hertz war aufgestanden. „Los, Freunde! Morgen unternehmen auch wir eine Verrücktheit. Eine aufgeklärt aufklärende – "

NORA'S DAY

Am sechzehnten Juni 1980 erwachte Langensiepen sehr spät. Mit Schattengeschichtenkopf, „mit H.zerf.k.“, Heldenzerfallskopf? Mittagssonne blendete in den leeren Wohnraum, auf dem zertretenen Teppichgrau flirrten Buchenblätterschatten. Dies war nun *Nora's Day*?

Warum, fragte er sich, war gestern, am Ende des Hertz-Abends, die Frau dem Iren gefolgt, als hätte ihre gelenkige Hand nicht ihn, Langensiepen, gemeint. Sondern nur ein gelenkiges *Ablenken*. Er hatte Mühe, seinen Groll wieder wegzuwischen, musste sich beruhigend zureden, selbstverständlich hatten die zentralen Akteure kurz vor der *Aktion* beieinander zu bleiben und naturgemäß hatte der Ire die älteren Ansprüche und war Langensiepens Eifersucht Besitzkitsch, lächerlich.

Blieb zunächst liegen, versuchte tief durchzuatmen. Bedachte die Menge der Gesichter im Hertz-Traum und in der Herz-Realität die Rettung durch das silberne Bild, mit dem der Dichter Chamisso gekennzeichnet worden war als Verletzer. Und fiel zurück in Halbschlaf. Und dachte sich abermals tief und gern hinein in die Idee, alles in den letzten fünf Tagen sei nur ein Traum gewesen, ein Wunschtraum vom Landschaftverändern, vom *aufgeklärt aufklärenden* Bergeversetzen.

Doch mit dem Gemurmel *würde retten, retten* ruckte er sich endlich aus der Decke, die ihm Jessika geschenkt hatte, tappte zur breiten sonnigen Südfront und rollte die Panoramascheibe zur Seite. Öffnete das *Fenstermonster*. Und hörte sein Argument. *Selbsttäuschung ist lebensnotwendig.*

Atmete in der frischeren Luft und machte die Übung, mit der die Tage in der Klinik begonnen hatten, verrichtete das „Morgengebet der Wirbelsäule“, ließ den Kopf langsam nach vorn sinken, Arme und Schultern,

Kopf, Glieder und Rumpf, alles langsam nach vorn tief hinab, Wirbel für Wirbel, Rumpf und Rücken, bis Kopf und Arme so tief hingen, dass er durch seine Beine hindurch die acht Stockwerke des Wohnparks Stadtwald sehen konnte, das Oberste als Unterstes, und das Oberste war das Souterrain mit der breiten Fensterfront und nebenan der Raum mit den Schießschartenlöchern, der alte *Geräteraum*. Nun ein pinkfarbener Orchideenraum, ein Nora-Barnacle-Kabinett.

Hielt die Umkehr eine Weile aus, in seinen Ohren wuchs rauschendes Pochen, er schüttelte den Kopf, schockierte den kopfstehenden Wohnpark mit einem verheerenden Kopfschüttelbeben und machte dann die Bewegungen in gleicher Langsamkeit in umgekehrter Richtung. Das Rückgrat dankte, meldete sanftes Entspannen.

Ging mit erhobenen Armen auf der Terrasse umher und versuchte sich klarzumachen, welch ein Tag begonnen hatte, dass es sich jetzt um keinen Spaßtag handelte und um keinen Traumtag, sondern in allem Ernst um *Nora´s Day*, um den *realen Aktion*stag, Signaltag, Fanaltag, Leuchtturmtag, weltweites Aufsehen sollte an diesem Sonntag hergestellt werden, an diesem 16. Juni, an *Nora´s Day*, durch eine ungewöhnliche Tat sollte an diese Tag weltweit Kommunikation geschaffen werden, neues Grundbewusstsein, *Information*, Erkenntnis des *Rechts auf Lebendigkeit* für ALLE.

Im Schock und Schreck vor *Hydra*.

Und weil dieser Tag nun schon im hohen Mittag war, zuckte er erschrocken, eilte zurück in den Wohnraum und lief sofort wieder hinaus auf die Terrasse, war irritiert, wendete sich nach rechts, nach links, hörte das Pfeifen und Düsenfauchen in der Höhe und erinnerte sich, dass Drachen am Anfang Flugdrachen gewesen waren, seien aber gefräßig geworden und fett, so dass ihnen die Flügel verfaulten. Seitdem zerbissen sie als Kriechdrachen und *Nidgire* dem Weltenbaum die Wurzeln.

Folgt in Langensiepens Notizen das *S.H.W.*, sein Kürzel für *Schlachthauswelt*. Und die Bemerkung, dass alles, was Mick am gestrigen Abend aus Nordirland und was Hertz aus Deutschland erzählt habe, dass dies alles beweise, die alten Drachenbilder stimmten. Die Finsternisbilder hatten recht, nichts, notierte Langensiepen, sei deprimierender als eine Bemerkung wie *sie haben nichts gewusst, aber sie bedienten sich.*

Folgt im Protokoll ein weiteres *S.H.W.* und die Notiz „ = kapital. Prinz.“, versehen mit einem „s. V.“, mit Langensiepens häufig verwendetem Zeichen für „sagt Vordenbäumen“.

An diesem Tag jedoch, so notiert er dann, an *Nora´s Day* sollten tatsächlich Flügel wachsen, Menschenrechtsflügel, ja, Langensiepen fühlte sich verzaubert von Elan und Energie der Elfe oder Fee oder *Idisi*, die offenbar auch den alten Hertz verzaubert hatte, er lief ins Bad, warf sich Kaltwasser übers Gesicht, öffnete in der Schlaf- und Schreibnische eine neue Flasche Aufbaunahrung, frei von Cholesterin, aber mit Kohlenhydraten, mit Sojaproteinen, Milchproteinen, Vitaminen und Mineralien, trank die Klinikkost und zog die rote Kladde aus dem Regal.

Und sah, dass er gestern spät nur noch Stichworte notiert hatte, wieder nur Verkürzungen. „Letzte T. d. J. En.“. Wer außer ihm könnte das je entziffern, letzte Tat des Juden Enoch. Allmählich, so sagte er sich, sollte auch er wieder Mut finden zu ganzen Wörtern, zu beflügelten, zu beflügelnden Wörtern und Sätzen. Wusste aber plötzlich nicht mehr, wozu noch dieses Protokollschreiben, waren denn inzwischen nicht alle Fragen beantwortet, die Zusammenhänge klar, Witz, Intelligenz, *Wind aus den Segeln, Sand ins Getriebe*, gegen die Gewaltwelt als Einmaleins das *Grundwissen* des *Lebensfreundlichen.* Kants gereimte Menschenrechrechtsregeln, die könne jedes Kind überall begreifen, auch ohne Glauben an Götter, schon der Rat „das füg auch keinem anderen zu“, dies und die *Unantastbarkeit DES Menschen* seien die *einzig sinnvollen Gebete*, hatte Hertz gesagt, dazu brauche man keine erhabene und enthebende Kirche und deswegen mache er morgen mit, der Achtzigjährige, der Altersweise, der Überlebende.

Streifte sich seine Handschuhe über die Hände, zog die Couverts aus der Sommerjacke, legte sich mit den Botschaften auf sein Nischenlager, zog mit den Handschuhhänden die Blätter aus den Umschlägen, zerriss die alten Umschläge, schob die zerfetzten in den Müll, hielt die Blätter in den Handschuhhänden über sich und las Satz für Satz und begeisterte sich aufs Neue. Ja, um diese Skandale war es gegangen in den letzten fünf Tagen, hier formulierten seine neuen Freunde ihre Absichten, die Idee der Nicht-Idee, der sinnvollen Menschenhilfe, präzisierten das am konkreten Fall Nordirland und schonten keine Seite, weder katholische Drogenschieber noch protestantische Waffenhändler, schonten die Bankräuber sämtlicher Konfessionen nicht, bezeichneten die Mörder beider Seiten als Mörder, nannten die Namen der nordirischen Mafias, entlarvten, appellierten, verdammten die Dummheit der Gewalt und zeigten Gegenwege. „Wir fahren die Queen jetzt ein bisschen spazieren."

Stand auf, steckte mit den behandschuhten Händen die *Hydra*-Botschaften in die neuen Umschläge, die ihm gestern Abend die Frau zugesteckt hatte in einem Plastiksack, der Ire hatte die besorgt, verschloss die Couverts und schob sie mit Handschuhhänden in den neuen größeren Umschlag, tat den großen in die leichte helle Sommerjacke, zog die Jacke an, trank Wasser, verriegelte das Südfrontfenster, verließ die Wohnung, verschloss die Tür.

Im Flur ein kurzer Blick schräg hinüber. Keine Veränderung. Die Jeansfrau war in der Nacht mit Mick heimgefahren, selbstverständlich, *klar*.

Über die Frankenstraße im Schnellschritt hinunter in Richtung Stadtwaldplatz, beschwingt, begeistert von dem, was in den Briefen zu lesen war, das rüttelte auf, das beflügelte, stiftete Empörung, dieser faktenreiche Zorn auf uralte Rechtlosigkeit mitten in der scheinbar aufgeklärten und zivilisierten westlichen Welt. Bog in den Wald, wollte bei der Mondscheinwiese wieder zur Ruhr hinab, aber hinter der Biegung ging der Hausmeister.

Ludger Ashoff im Sonntagsanzug. In beige, im sanften Karo, spazierengehender Herr am Sonntagvormittag, der *Hauswart*. Kam dicht heran, sehr nahe, blickte zurück und nach vorn, roch nach Stauder-Pils, war im Restaurant „Schloss Baldeney" gewesen und fragte leise: „Wie läuft´s da unten? Alles in Ordnung im Souterrain?"

„Alles."

„Waren nicht verärgert?"

„Worüber?“

„Dass Jessikas Wohnung bewohnt ist?“

„Wie du gesehen hast, haben sie mich kennengelernt. Und sind beruhigt.“

„Wieso saß da der Professor?“

„Wissenschaftliches Interesse.“

„So nennt man das jetzt? Rasend komisch. Und auch du? Wissenschaftlich interessiert? an der heißen Frau?“

„Wir sollten diese Filmleute vorerst in Ruhe lassen. Mindestens eine Woche lang kein Besuch da unten, keine Störung. Die müssen sich einarbeiten, das Gefühl kriegen, in dem Eckraum absolut sicher zu sein.“

„Okay. Lassen wir sie das Gefühl kriegen.“ Ashoff grinste. Seine tatschende Hand auf Langensiepens Schulter. Es näherten sich Spaziergänger, der Hausmeister ging weiter, auch Langensiepen eilte davon, weiter den Waldweg hinab in Richtung See. Und erschrak. Auf einer Buchenholzbank saß ein Sonntagsmensch, der las dort die regionale Zeitung und hielt die Frontseite so, als zeige er Langensiepen ein Warnschild, die erste Seite der WAZ bedeckte ein Großfoto der Königin, Hochfrisur mit Diadem, enges Lächeln, quer darüber die Schlagzeile: „Willkommen Queen Elizabeth!“

Kein Traum, sondern jetzt und hier Tatsache. Fakt und *Aktion*. Weiter zum Ufer hinunter, zum See. Den See wollte Langensiepen an diesem Tag umrunden, einundzwanzig Kilometer, die halbe Marathonstrecke, am späten Nachmittag wäre er dann pünktlich beim Hügelpark und käme über den Werdener Berg rechtzeitig zum Kurierdienst, rechtzeitig zum Sträßchen vor Tor II.

Ging nun hastig und fast überhastet
den lang gestreckten Ruhrsee entlang, den kilometerlangen Uferweg, asphaltierte Trasse der alten Ruhrtalbahn, wollte sich von Unruhe und Erregung befreien durch schwungvoll schnelles Gehen, durch rasche und sinnvolle Eile, hörte aus der Höhe das Düsendröhnen, das unentwegte Absinken in Richtung Düsseldorf, Geheul aus wolkenlosem Himmel, und mit ihm und gegen ihn bewegte sich die Menge der anderen, fast alle ähnlich emsig wie er, fast alle mit winkenden, mit rudernden, mit raumgreifenden Gesten voller Vorwärtsdrang, Mitmenschen im Schnellgang, einige auch auf Rädern, auf Rollschuhen, die meisten jedoch im schnellen Gehen oder mit großer Selbstgewissheit beim Dauerlauf, den sie neuerdings ‚Jogging' nannten, verschwitzte Eilige eiferten da, ächzten einzeln oder in Gruppen, in gedrängten, in trampelnden Rudeln, mit Verrenkungen, schiefen Haltungen, ungutem Ausdruck, selten elegant, viele mit sonntäglichen Wichtigkeitsgesichtern, andere mit humpelnder, mit leidender Anstrengung, fast alle aber mit unkoordinierter Gliederbewegung, mit einseitig linkischer oder rechtslastiger Mühsal, die fuchtelten mit den Armen, schlugen Schläge in die Luft, machten mit den Händen überschüssiges Gegreife in die Höhe, Zierliches traf da auf Trampelndes, Trippelndes auf Stampfendes, Schleichendes auf Springendes, fast all diese Menschen, sagte sich Langensiepen, flohen insgeheim vor ihrem Älterwerden, wollten schwitzend Fett wegschmelzen, die Gelenke wieder gelenkig machen, ihr Fleisch wieder fleischlich, jugendlich, muskulös, ignorierten aber hier wie dort den leibeigenen Extremitätenschwung, verdarben sich ihre Energien, zerfledderten die Vorwärtskraft, schoben und warfen ihr Gewicht Schritt für Schritt in unpassende Richtungen, kontraproduktiv, die Arme zu steil in die Höhe, die Hände, nicht selten zu Fäusten geballt, stießen sie über den Kopf hoch hinaus, links die Faust, rechts die Faust, als schwebe über ihnen etwas, das sie bekämpfen müßten, weghauen, mürbe boxen, andere dagegen klemmten die Arme eng gegen den Körper, wie im Krampf, nirgends schien hier ein elfengleich freies Spiel der Glieder zu gelingen, ein sinnvoll gleitendes Miteinander, das geriet hier immer wieder ins Schiefe, doch vor allem Männer kämpften das flugs weg, Männer inszenierten Zielgerichtetes, demonstrierten Ernst, zeigten grimmen und beherzten *Heldenstress.*

Frauen dagegen schoben ergeben die gewichtigeren Hüften, manche genierte das Wippen ihrer Brüste, das Wogen und Hüpfen drängten die mit

Entschlossenheit beiseite, auch hier dominierte Beherztheit, zeigte sich beharrlicher Wille, hier und jetzt rennen, keuchen und der Gesundheit dienen zu müssen, der Zukunft, der Fitneß, der Kraft, der Straffung und Festigung des Bindegewebes, ach, mit wieviel Verbissenheit wurde da gesprungen, geschlurft, gestolpert, der Boden nach hinten weggestoßen, um schlank, um strahlend, straff, jung, prall und zackig zu werden oder zu bleiben, dauerhaft fähig, fit und flott und naturnah und so bald nicht unterzukriegen, nämlich ewiger zu leben. – *Herr gib meinem Rücken Kraft, dass er es als erster schafft-*

Am Ufer des langen Ruhrsees Baldeney ruderten sie zu vielen hunderten hierhin wie dorthin, schnaufende und fauchende Sonntagsgemüter sprangen da und hüpften Langensiepen entgegen oder überholten ihn, wankten vor ihm herum oder ließen sich von ihm überholen, trabten, staksten und torkelten auf eckig gewordenen Waden, eilten am Ortsteil Heisingen vorbei bis an das östliche Ende des Sees, dort hinüber nach Kupferdreh, um am Gegenufer nach Westen zurückzuhetzen, abermals zehn Kilometer und mehr, bis zum Stauwehr bei Werden, im humpelnden, im hinkenden und hoppelnden Menschengeschiebe mit immer wieder neuen Leistungsgrimassen.

All diese Wanderer, Renner und Hüpfer, die konnten unmöglich ahnen, was noch an diesem sechzehnten Juni dort oben passieren würde, hinter dem Palast auf dem Hügel überm westlichen Ende des Sees, hinter der imposanten, der landschaftsbeherrschenden Residenz, grün glänzte dort in der Höhe das Kupferdach, in der Sonntagssonne schimmerte Krupps Palast und prunkte wie ein Zentralbahnhof aus Kaiserzeiten, noch an diesem heutigen Tag würden dort oben hinter dem mächtigen Gemäuer aus einem schlichten Glashaus heraus die allgemeinen Verhältnisse, Ansichten und *Methoden* der Politik von Grund auf in Frage gestellt, all diese energischen Ausdauermenschen hier unten am Marathonsee, die waren aber über dieses Grundbeben gar nicht informiert und konnten und durften jetzt auch unmöglich wissen, was noch an diesem Abend dort oben hinter den Mammutbäumen im tropisch heißen Treibhaus geschehen würde, ein fundamentales Ereignis, das, wenn man alles in allem gegeneinander abwägte, keine kriminelle Tat war, sondern eine überfällige Wendung des Großhirnwesens ins *Lebensfreundliche* im allerletzten Moment.

Im Gehen hörte Langensiepen wieder,
was spät nachts noch auf der Heimlichen Liebe die Studentin den Professor gefragt hatte, wie denn Hertz das Geschenk der Marianne verstehe, diese eigenartige Gravur und Prägung für einen Dichter, dieses Silberbild von der Harfe, die ein Herz durchbohrte, ob dieses *Zeichen und seine Bedeutung* nicht, allem Zierrat zum Trotz, eine Brutalität anzeige, eine Untat des Poeten, anklagend, anprangernd etwas Gewalttätiges, ja, eine Vergewaltigung.

Hertz hatte nur zögernd zustimmen wollen. Zwischen Marianne und seinem wahren Urgroßvater, zwischen seiner Urgroßmutter und dem Dichter Chamisso habe es auch nach 1822 noch Spuren eines sogenannten gutbürgerlichen Umgangs gegeben. Genaues sei freilich nicht mehr ermittelbar. Die verletzende Harfe allerdings, die erscheine auch ihm unheimlich, mehr noch rätsele er aber, warum der damals weltberühmte Poet der Apothekerfrau das Schloss gezeichnet hatte, diese abweisend hochgemauerte Burg, in der er zur Welt kam und Kind war, das sei, als ob der Adelsspross der schwangeren Bürgersfrau habe klarmachen wollen, aus welchen Höhen er zu ihr herabgestiegen sei, zur einfachen Frau, zur *Simplicissima*, wie ein ritterlicher Lohengrin *aus fernen Landen … unnahbar euren Schritten*, so heiße das bei Wagner, *unnahbar,* also unerreichbar für eine Frau aus den unteren, aus den kleinbürgerlichen Schichten, erst recht für eine jüdische Frau mit einem Bankert und mit dem nicht ganz perfekten Französisch, das in Napoleons Epoche jeder Gebildete, Bedeutende und Erfolgreiche habe beherrschen müssen.

Dieser allseits geachtete Herr von Chamisso, hatte Hertz gesagt, hätte für den Rest seines Lebens, so behaupteten die Dokumente, als Vater von sieben Kindern in einer „glücklichen Ehe" gelebt. Die Ehefrau aber des Mannes mit dem dreifachen „J" in den Vornamen, die Jüdin Marianne Hertz hatte seit 1822 mit einem „natürlichen Sohn" zu leben. Und mit einem damals überaus zweifelhaften Ruf. Offensichtlich auch mit dem, was man ein gebrochenes Herz nenne. Fortan sei Marianne leidend gewesen und kränkelnd. Einsam sei sie gestorben, in der französischen Schweiz.

Anfangs sei der Silberherz-Anhänger ein Präsent des Dichters gewesen, ein Geschenk an die geschwängerte Frau, ein Schuldbekenntnis, nur so begreife Hertz das Bildmotiv auf der winzigen Porzellanfläche, Jesus vor seinem irdischen Richter. Chamisso habe sich im Alter auffallend hergerichtet, nämlich so, wie die Nazarener damals den Jesus gemalt hätten, mit schulterlang welligem Haupthaar, „mit grauem altdeutschen Haar“, so sei Adelbert Chamisso vom Theologen David Friedrich Strauss geschildert worden. Dichterkollege Grillparzer habe Chamissos Langhaar „ekelhaft“ gefunden.

In dieses Silbergeschenk des Poeten ließ dann die Apothekerfrau die durchbohrende Harfe prägen und hat den Schmuck so, mit diesem anklagenden, mit diesem *zwickenden Zusatz*, dem Dichter zurückgeschenkt. Und bei der Geburt des gemeinsamen Sohnes Wilhelm Ludwig habe Marianne den Silberring hinzugefügt, ebenfalls mit herzverletzender Harfe. Nur so könne sich Hertz den Ablauf vorstellen, schließlich sei der Schmuck am Ende nicht in Mariannes, sondern in Chamissos Besitz gewesen, zuletzt im Besitz der Verlegerfrau, einer Schwiegertochter des Dichters, in der Bendlerstraße 13.

Da hatte die *Wing-Tsu*-Frau heftig genickt, dieser Ablauf, sagte sie, stütze ihre These von der Weltferne der Weltverbesserer, ihre Thesen von der damaligen wie der heutigen Selbstherrlichkeit der Generalisten und Romantiker, draußen vorm Gasthaus „Heimliche Liebe“ diskutierten sie in der schönen kühlen Nacht noch lange, da wusste die Studentin auswendig, was in Chamissos berühmter Schattengeschichte grundsätzlich über die Frauen mitgeteilt wurde. „Sie liebte wie ein Weib, nämlich ganz hin sich opfernd; unbekümmert, sollte sie selbst zugrunde gehen; das heißt, sie liebte wirklich.“

Solche Sätze seien freilich zeitgebunden, aber wenn sie zeitgebunden seien, dann sei das eine Zeit der Herren gewesen und insgesamt unfasslich, dann sei diese Selbstherrlichkeit der Herrschaften das, was Hertz gern *autistisch arrogant* nenne, ähnlich *arrogant* und menschenverachtend wie Schopenhauers Ansicht, dass die Frauen zum *Leiden geboren* seien. Wie bei Chamisso oder Schopenhauer Menschen definiert würden, das sei offenbar eine große Tradition und tief verwurzelt im Denken der Romkirche, der romantische Mann mit seinen Geistes-Mühen , der stehe am Ich-Altar jesusmäßig hoch über der mangelhaften Frau, die nur als Unterworfene sich verwirklichen könne, nur als glücklich Leidende, als Opfer. So redete die Studentin und nannte die Romantiker Menschenfresser und

Traumtänzer und verhängnisvoll deswegen, weil sie nicht nur individuell narzistisch geträumt hätten, was für eine antiquierte Vorstellung offenbar zum Wesen der dichterischen Existenz gehöre, sondern weil sie von privatistischen zu Nationalträumern geworden seien, zu Gurus und Welt-Erlösern von selbstherrlich egomanen Gnaden und mit fatalen Folgen.

Langensiepen hörte beim Gehen wieder ihre Stimme, hörte, wie sie ihn, Langensiepen, im Dunkeln berührt hatte mit der Bemerkung, allein sein 1848er erscheine da wie eine seltene Ausnahme, auch Leute wie Heine seien da ausgesperrt gewesen und unter den Traumtänzern habe 1848 nur scheitern können, und hörte auch, wie die Jeansfrau den Hügelgärtner um Erlaubnis bat, die Titelseite ihrer Arbeit über die parallelen Strategien der Dichter und der Täter zu schmücken mit dem Bild, das Marianne Hertz für die romantische Arroganz gefunden habe. Also mit dem Harfenbild, mit der einprägsamen Antwort der ohnmächtigen, der verletzten jüdischen Frau, mit der Gegengabe, die der Professor zu Recht *unheimlich* genannt habe. Auf der Rückseite ihrer Uni-Arbeit werde das Dichterhaupt zu sehen sein, der bedeutende Herr Adelbert von Chamisso, der Poet im nazarenischen Jesusformat *à la mode.*

Hertz hatte noch zu beschwichtigen versucht und noch mal von den Denkbeschränkungen jener Zeiten geredet, aber die, die sich Nora nannte, reagierte heftig, da half vor der „Heimlichen Liebe" kein Himmel im Sternengefunkel und kein Mondschein, die sich über die fahlen langen Siepen dort unten gelegt hatte, da half kein Buchenblätterrauschen, irgendwann müsse, rief sie, Schluss sein mit dem haltlosen Bewundern der großen Alten und sogenannten Edelsinnigen, auch Nora Barnacle sei eines Tages, als ihr James Joyce über die Hitlergangster komisch Bewunderndes gesagt habe, vom Tisch aufgesprungen und habe mit sofortiger Trennung gedroht, wenn er das nicht auf der Stelle zurücknähme. Und wenn er, Joyce, jetzt nicht endlich mit dem Saufen aufhöre, dann würde sie umgehend ihre gemeinsamen Kinder kirchlich taufen lassen. Das habe gewirkt. Joyce habe von jetzt auf gleich keinen Alkohol mehr getrunken. Ganze zwei oder knapp drei Wochen lang.

Langensiepen nahm sich Nüsse
aus seiner Seitentasche und kaute und studierte die Gesichter und Gestalten auf dem Uferweg. Hier die jungen, die gleitend federnden Figuren, die Schwingenden, dort das plumpsend Stolpernde, das ruckend Fallende. Und drüben, in dem Biergarten hinter der Ligusterhecke, diese schwarze Figur, war das Otto zur Linde? die lyrische Saufnase, der Thresen-Tristan? Langensiepen duckte sein Gesicht ein wenig zur Seite, eilte weiter und jedesmal, wenn er sich klarmachte, welche Unerhörtheit in wenigen Stunden dort oben hinter dem Palast geschehen würde, bissen ihn Schrecken ins Zwerchfell, bissen tief ins Sonnengeflecht. Um so lieber und lebhafter dachte er sich die andere Figur, die federnd Schwingende.

Im steilen nördlichen Ufer, im dunklen Buchenwaldhang leuchtete jetzt in der Sonne die Isenburg, erdfarbenes Mauerwerk dort, wo Hertzens Töchter *schreckliche Felsverstecke* gefunden hatten. Bei der Isenburg oder Eisenburg, wusste Vordenbäumen, hatte einst der Essener Stadtvogt, hatte das damalige Stadtoberhaupt einen deutschen Kanzler ermordet, und diesen Essener Bürgermeister und Kanzlermörder, den verfluchte dann der größte Lyriker des deutschen Mittelalters, den wünschte Walther von der Vogelweide mit einem martialischen Gesang in die tiefste Hölle. Auch die Dichterin Droste verfasste eine Ballade über die Essener Untat, die begann: „Es kocht die Ruhr – ". Und „Ruhr schreibt man wie Aufruhr", skandierten neuerdings Studenten in Bochum.

Beim Werdener Wehr
lag Langensiepen gut in der Zeit, erst siebzehn Uhr vierzig war's, rechtzeitig kam er zurück zur Isenburg-Seite, zum Villa-Hügel-Ufer. Vor Tor III unterm Bahnhof „Hügel" waren schon von weitem Uniformen zu sehen, grüne Mannschaftswagen, großes Polizeiaufgebot wartete und wachte vor dem Krupp- und Kaiser-Bahnhof.

Langensiepen ging dran vorbei, wollte sich jetzt unaufgeregt bewegen, ging auf der Freiherr-vom-Stein-Straße weiter flußab, zunächst in Richtung Werden, vor Werden aber dann nach rechts, über die Bundesstraße

224 nach Bredeney hinauf, über den viel befahrenen „Werdener Berg". Neben dem Fahrzeugstrom war er der einzige Fußgänger, fremder Vogel im Schwarm der heimkehrenden Sonntagsleute, die zurückwollten in ihre *Fünf-Millionen-Zwölf-Städte-Stadt*, neben Blechkrach und Giftqualm lief er die Serpentinen hinauf. Und erreichte kurz nach achtzehn Uhr den unscheinbaren Seitenweg, bog nach rechts in den Kruppwald hinein. Und näherte sich nun durch ein Nebensiepen, durch eines der Seitentälchen dem Tor II. Dem früheren Haupteingang in das Anwesen der Krupps.

An der Einmündung hatten keine Wachen gestanden, keine Mannschaftsfahrzeuge, unbeobachtet ging er unter den hohen Buchen dahin, zur Linken stieg der Waldhang wellig nach Bredeney weiter hinauf, rechts fiel das zum See hinab. Der Lärm der Bundesstraße blieb fern, unter den Buchen und zwischen den Ilexgebüschen wurde es fast still. Nur über den Wipfeln nicht. Die Metalldrachen.

Kam zum Waldsträßchen „Hügelweg", ebenfalls schmal, nur einspurig nutzbar, Langensiepen war zu früh hier. Er schlenderte, trottete. Diese Seitenstraßen wurden offenbar selten befahren. An den Rändern schimmerte Moos. Als Mittelspur Kümmergras. Zum See hinunter auch hier kleinere Siepen, „Tälchen", Zwischensiepen.

Dauerläufer gab es hier keine, um diese Zeit nicht, auch keine gemächlichen Spaziergänger, zweifellos hätten auch die unter diesen Baumriesen über Termingeschäfte geredet, über staatliche Vergünstigungen und profitable Geld- und Investmentgeschäfte, nein, niemand war hier und jetzt unterwegs. Allein Frührentner Langensiepen, mit heiklem Auftrag. In der Höhe das Röhren und Heulen der Drachen.

Seinen Herzschlag

spürte er. Nicht nur, weil er in den letzten Stunden viel und schnell gegangen war. Sondern weil er sich jetzt sehr genau vorstellen konnte, was unten im Glashaus in diesen Sekunden ablief. In Krupps „Pflanzenschauhaus" passierte jetzt Tolldreistes. Jetzt oder in den nächsten Augenblicken.

Dort unten, in dem gläsernen Stahlrasterhaus begann in diesen Momenten das, was die so oft und immer wieder erhoffte große und allgemeine Landschaftsveränderung endlich und nachhaltig in Gang setzen würde. Und das war in diesen Sekunden weder Traum noch Roman noch Oper, sondern Wirklichkeit. Jetzt, um achtzehn Uhr und sieben Minuten. Mit der Hand betastete Langensiepen seine Jacke, spürte das knisternde neue Sammelcouvert mit dem *Hydra*-Appell. Betastete den Umschlag. Spürte den Herzschlag.

Und näherte sich dem grün gestrichenen Gittertor. Tor II war eine hohe Sperre, doppelt mannshoch. Abgesichert mit Ketten, mit Stahlschlössern. Zu diesen Schlössern besaß der Chamisso-Urenkel und Botanikprofessor Hertz Schlüssel und Geheimcodes. Und die hatte er den drei jungen Leuten gegeben.

Langensiepen blieb stehen. Wenn der Staatsbesuch korrekt nach Drehbuch lief, dann müsste jetzt, seit gut zehn Minuten, unten im Park die Königin von Großbritannien das Orchideenhaus betreten haben. Und dann zeigte in diesen Augenblicken der Achtzigjährige dem Staatsgast im Treibhaus, in dreißig Grad Hitze, in fast hundert Prozent Luftfeuchtigkeit, das intelligente, das verführerische Blühen. Und bezeichnete das *verführende Geblühe* wahrscheinlich mit fachgerechten, mit korrekten lateinischen Namen, aber *bitte nicht allzu wissenschaftlich*.

Ende der königlichen Visite achtzehn Uhr dreißig. In knapp fünfzehn Minuten. Jetzt also, in diesen Sekunden des Rundgangs im Glashaus musste eine Täuschung gelingen, eine freundlich sinnvolle *Verführung*. Der philosophische Gärtner musste in diesen Sekunden die Monarchin einladen *ins Freie*, müsste sie jetzt neugierig machen mit Bemerkungen über die irische Orchidee, aufmerksam machen auf eine Pflanze mit dem eigenartigen Namen *Drehwurz*, auf ein unscheinbares Gewächs, das in den Farben der irischen Republik blühte, just jetzt, zum Tag des Staatsbesuchs in der Ruhrstadt, in Krupps Freigelände. Zum offiziellen Geburtstag der englischen Königin hatte bei Krupp die unscheinbare *Drehwurz* mit ihrer Dreifarbenblüte begonnen.

Achtzehn Uhr sechzehn. *Mach keine Fehler, rät dir Mick.*

Jetzt, in diesen Sekunden muss Heinrich Hertz die richtigen Worte sagen. Oder er müsste sie nun schon gesagt haben, mit sicherem, mit freundlichem Ton müsste er *nette* Bemerkungen gemacht haben über die Möglichkeit, hinaus ins Freie zu gehen, jetzt, in diesen Sekunden ging es dort unten im Glashaus um einleuchtend täuschende Gesten, um Darstellungskunst, *allein mit Kunst wird überlebt*, die kleine hintere Stahltür war nicht nur zu öffnen, sondern auch einige weitere Augenblicke lang deutlich offen zu halten, nicht nur die Königin war hinauszubitten, sondern auch die Geheimleute. Die waren jetzt, in diesen Momenten, mimisch und gestisch zu *informieren* über das, was sich als neue Situation an der stählernen Hintertür ergeben hatte, eine klar verständliche Pantomime musste das sein, ein Signal für die aufpassenden, für die verantwortlichen Beamten, die beim Haupteingang des Tropenhauses stehen geblieben waren, in knapp dreißig Metern Entfernung, auch die hatte Hertz einzuladen zum Gang *ins Freie*, am besten mit einem Wedeln der Tür, wahrscheinlich hatte er das Sicherheitspersonal inzwischen mit solchen Türbewegungen längst eingeladen, damit auch sie hinauskonnten, protokollgemäß.

Hörte Langensiepen ein Motorengeräusch aus dem Park?

Da kam niemand. Von fern nur das Rumoren der Bundesstraße.

Langensiepen wendete sich ab, entfernte sich wieder von Tor II, ging im langsamen, im spazierenden, im schlendernden Bummelschritt und zeigte nun offensichtliches Interesse an den imposanten Buchen, die den Buchstaben und den Büchern und der Stadt Bochum ihren Namen gegeben hatten. Langensiepen bewegte sich, so hatte das jetzt auszusehen, in großer Lässigkeit. Aber sein Herzschlag. Bis in den Hals hinauf.

Achtzehn Uhr achtzehn.

Schlenderte weiter, scheinbar in Gefasstheit. Vor ihm, anschwellend, der Lärm der Bundesstraße, der heimfahrenden Freizeitleute. Auf der Serpentinenstraße preschten Motorradhelden. Mit extremer Krachlust kurvten die jetzt über das hoch gelegene Bredeney nach Rüttenscheid hinunter und von dort weiter in den Norden hinab, zurück in die *gut geordneten Reviere* der *Fünf-Millionen-Zwölf-Städte-Stadt*.

Sah auf seiner Armbanduhr, dass die letzten zehn Minuten der Besuchszeit begonnen hatten. Ging wieder zurück, in zittriger Konzentration, zurück in Richtung Hügelpark und Tor II. Achtzehn Uhr einundzwanzig. Zweifellos hatte Hertz die verabredeten Worte inzwischen längst gesprochen, die Stichworte, gut hörbar für die drei jungen Gartenfreunde hinter der halb geöffneten Hintertür, nicht aber für die deutschen und englischen Wächter am Haupteingang des Pflanzenschauhauses.

Nach den entscheidenden Stichworten müsste der Achtzigjährige jetzt auch die einladenden Bewegungen längst ausgeführt haben, glaubwürdig für die Monarchin wie für die Wächter hinten an der Haupttür. Da ging es um einleuchtend täuschende Darstellungskunst, *allein mit Kunst* –

Gut dreißig Meter vor Tor II blieb Langensiepen stehen. Achtzehn Uhr achtundzwanzig.

Er schluckte. Versuchte, das Herzschlagen wegzuschlucken. Wollte mit betont tiefem Atmen die pochende Unruhe beseitigen, mit gleichmäßig tiefem Ein- und Ausatmen. Versuchte ruhig zu werden mit entspannendem, mit besänftigendem Luftholen. Blickte an den Buchenstämmen hinauf. Sah, wie da einige graue Säulen aus gemeinsamer Wurzel gewachsen waren und sich beim Wachsen umeinander gedreht hatten zu einem gemeinsamen Stamm, zu einer Buchendrehwurz sozusagen, um sich oben aber doch noch auseinander zu recken zu je eigenen Kronen.

Aber nun
näherte sich aus dem Park ein Fahrzeug. Tatsächlich ein Fahrzeug. Nun hielt hinter dem hohen grünen Gittertor wirklich ein großer silbriger Wagen, ein breitmäuliger, ein enormer Geländejeep, ein junger Mann sprang da heraus, ja, der irische Micheál war das, der verrichtete am Tor II schnelle Griffe, die Gitterflügel öffneten sich, die Torflügel gaben das Sträßchen frei und dieser irre Mick sprang schon wieder zurück in den silbernen Wagen.

Und dann fuhr das breite Benzinfresserblech auf Langensiepen los, der schwere, der silbergraue besondere *Rover* in der Extrafertigung *de Luxe* kam heran, und Expolizist Langensiepen reagierte sofort, ging wie selbstverständlich ein wenig zur Seite, ja, Rudolf Langensiepen hat auf der Stelle eine sehr alltägliche, eine fast fröhliche Gangart annehmen können, diese tarnende Haltung gelang ihm auf Anhieb, auf dem Rand des Sträßchens schlenderte er weiter, ohne das Gehen wirklich zu unterbrechen, ging nun aber eher gemächlich, geradezu respektvoll, war nun nur ein Berufskollege dieser Gartenleute, hatte seine Schrittfolge deutlich verlangsamt, trat jetzt sogar zurück, obwohl für das Fahrzeug auf dem Sträßchen genügend Platz gewesen wäre, trat auf den Waldboden zurück, um den Wagen vorbeizulassen mit einem freundlich grüßenden Hallo.

Die fuhren schnell und dicht an ihm vorüber, er hob ein bisschen den Arm, nein, dort drinnen war niemand vermummt, da saßen die Fahrgäste in vollkommen normalen Haltungen, aber kaum waren die vorbei, da hielt der Wagen, und aus dem Fenster hörte er die Stimme, die er kannte, „sieh bitte nach, ob hinten am Schild alles in Ordnung ist".

Er ging die wenigen Schritte und zog am hinteren Kennzeichenschild schwarze Klebebändchen vom Blech, aus dem DO entstand im Handumdrehen das DU, schwarzes Zeug presste er in seine Hand und rief „Alles klar!", schon fuhren die weiter, mit korrektem Kraftfahrzeugkennzeichen, mit einem Luxusjeep nicht aus Dortmund, sondern aus Duisburg.

Blickte denen hinterher, in der Hand das Klebeklümpchen, und konnte, was er gesehen und was er getan hatte, eigentlich gar nicht fassen.

Das war schnell gegangen, sekundenschnell. Hatte er erkannt, wer den Wagen steuerte, wer auf dem Beifahrersitz gesessen hatte, wer im Fond? Im Rückraum hatten zwei Frauen gesessen, zweifellos, eine von ihnen war hell gekleidet gewesen, hell und festlich, im Rückraum hatte ganz offensichtlich die Berühmte gesessen, die an diesem Wochenende auf allen Frontseiten der Zeitungen begrüßt worden war, aufrecht, so hatte er die hellen Umrisse der Frauengestalt noch jetzt auf der Netzhaut, in aufrechter Haltung, ja, das war sie gewesen, die weltberühmte Lady, die *imperiale Ikone*, tatsächlich, die *großbritannische Gesamtmama*. Und dann, beim Wegfahren, waren im Rückfenster Frauengesichter zu sehen gewesen, zwei Gesichter im Profil, einander zugewandt, im Gespräch – diese Elisabeth und diese sogenannte Nora –

– kein Zweifel, Elizabeth war das gewesen, Oberhaupt des britischen Königreichs, kerzengerade hatte die auf dem Rücksitz gethront, eine helle, eine aufrecht sitzende Gestalt, und wenn Langensiepen sich nicht getäuscht hatte in den wenigen Sekunden, in denen von der Seite her ein Blick in den Jeep möglich gewesen war, dann hielt die hell gekleidete Gestalt auch in diesen Augenblicken in ihren Händen das, worauf sie auch jetzt offenbar unmöglich verzichten konnte, dann hielt sie auch bei dieser Spazierfahrt durchs fremde Freigelände auf ihrem Schoß ein Handtäschchen, ein zweifellos geschmackvolles, ein teures, ein erlesenes Damenhandtäschchen, aufrecht und mit angewinkelten Armen umfasste die das mit ihren wahrscheinlich behandschuhten Händen, auch an diesem Staatsbesuchstag alles farblich passend zum hellen, zum cremefarbenen Kostüm in beige, mit Andacht umklammerte die Queen das zweifellos edle Stück, als sei das die Bibel oder die nächste Regierungserklärung der Premierministerin Thatcher.

Achtzehn Uhr zweiundvierzig. Der Geländewagen war beim „Hügelweg" verschwunden, war weggetaucht hinter Buchenstämmen und Ilexgebüsch. Mit der Zitterhand tastete Langensiepen unter seine Jacke, fühlte am hart schlagenden Herzen den Briefumschlag, die entscheidende Botschaft, und blickte im Schreck zurück zum Tor, das offen geblieben war, weit offen –

– und fürchtete nun, nein, war sich sicher, dass in den nächsten Sekunden von dort Verfolgungen heranrasen würden, schnelle und wendige Wagen aus Düsseldorf, Bonn oder London, allradgetrieben, zorngetrieben, obwohl alle Berechnungen dagegen gesprochen hatten, dass hinter dem großen Glashaus und hinter den prächtigen alten Krupp- und Kaiserbäumen und der stolzen Garten-Architektur eine Verfolgung überhaupt möglich war, trotzdem müsste nun aber doch irgendjemand nahen und müsste hier auftauchen, müssten doch nun der Welt beste Sicherheitsdienste allen Hindernissen zum Trotz irgendeinen Weg gefunden haben mit ihren tausendunddrei James-Bond-Möglichkeiten, die werden doch jetzt, im Namen der Krone und des großbritannischen Weltreichs, Bäume oder Mauern niedergemacht haben, in diesem wahrlich extremen

Notfall müssen die jetzt das ganze stahldurchrasterte Kruppsche Orchideen-Glashaus plattgemacht haben und mussten jetzt und hier ohne Zweifel heranstürzen, um als erstes ihn, den Waldgänger, den Exkommissar aufzugreifen, auszufragen, festzuhalten, zu verhaften, das Codewort *Elisa,* englisch gesprochen, würde ihm dann gar nichts helfen, sondern nur endgültig verdächtig machen.

Aber es kam niemand. Das Tor stand weit offen. Und niemand kam.

Und er hatte nun einen Auftrag. Exkommissar Rudolf Langensiepen spielte jetzt die entscheidende Rolle. Als Kurier hatte er vier Briefe weiterzuleiten, nämlich die bewegende Begründung für diese allerdings unerhörte Tat. Die *Hydra*-Erkenntnis musste nun rund um den Globus verbreitet und endlich begriffen werden, wenn die menschliche Spezies überleben, wenn sie nicht martialisch und marsisch zu Grunde gehen sollte, eine uralte Menschheitsweisheit hatten diese jungen Leute in vier erzählenden Texten eindrucksvoll verdeutlicht am Modellfall Nordirland, diesmal musste das endlich von Grund auf überall eingesehen und rund um den Erdball verstanden werden.

Langensiepen begann zu zittern. Schlagartig war ihm klar, jetzt hing alles weitere von ihm ab, nun kam alles nur noch auf ihn an, auf den latent kranken Mann, und diesmal musste das zünden, musste ein *Grundwissen* global zünden und begeistern als allgemeines Bewusstsein von *Würde* und *Lebendigsein*, Schutz jedes Lebendigen vor jeder Willkür, denn inzwischen drohten dem Globus Verhängnisse, die diesen einmaligen Wasserplaneten, die dieses einzigartige Leben der denkenden Tiere komplett zerrütten konnten im nuklearen Wahn, im Wahrheitswahn – „W.H.W“ notierte Langensiepen auch jetzt – jetzt oder nie musste die *Hydra*-Weisheit, musste diese unter allen ‚Wahrheiten' einzig menschenfreundliche Weisheit im allerletzten Moment der Menschengeschichte endlich verstanden werden, und nur deswegen, weil alles jetzt in jeder Weise so entsetzlich entscheidend war, nur deswegen hatten Hertz und die jungen Leute ihren flammenden Appell verbunden mit einer Sensation, nur deswegen mit einer beispiellosen *Aktion*, mit einer scheinbaren Untat, mit einer *wahrscheinlich illegalen, aber sehr gerechten* Tat, die alle Massenmedien noch an diesem 16. Juni 1980 rund um den Globus aufwühlen würde zu erhellendem Rotieren.

Nein, es kam keine Verfolgung.

Tor II blieb offen, blieb leer. Und auf seine Aufgabe war Langensiepen nun bestens vorbereitet. Für den *real deal* nahm er, der Ortskundige, eine Abkürzung, in Direktrichtung stieg er zwischen Stechpalmenbüschen quer durch Seitensiepen und Waldhänge hinauf zum Villenviertel Bredeney, durch Buchenwald und Buschwerk hastete er hoch in Richtung Frankenstraße, durch dunkelblättrig dorniges Gestrüpp des Ilex-Dschungels arbeitete er sich in einer *direttissima* nach oben hin durch, auch wenn er überm duftenden Laubboden für Augenblicke auf allen Vieren zu kriechen hatte.

Das schien alles tatsächlich zu funktionieren. Die Luxuskarosse hatte inzwischen einen beruhigenden Vorsprung. Ganz offensichtlich gelang sie, die verführerische Rundtour über die Ruhrhügel, o ja, das war eine überzeugend gute und sehr praktikable Idee für den ungemein nützlichen Schock gewesen, für diese scheinbare Untat, mit der heutzutage, mit er im Medienzeitalter allein weltweit Aufmerksamkeit erreicht werden konnte, und jetzt war planmäßig er, Langensiepen, an der Reihe, der staatlich *Untragbare*, der Alkoholsüchtige, der Frühpensionär.

Und der spielte jetzt konsequent seine Rolle, seinen Part als zufälliger Buchenwald- und Kruppwaldwanderer, für das Gedächtnis der Königin, wenn sie denn überhaupt eine Erinnerung bewahrte an die zufällige Nebenfigur am Straßenrand, ein Bekannter der jungen Gartenleute, ein grüßender Kollege oder Naturfreund. Ab jetzt war alles weitere in seiner, in Langensiepens Hand, jetzt war er es, der die Bekennerpost der Menschenfreunde in seiner Sommerjacke trug, war er zuständig für die unerlässlichen, für die notwendigen *Daten* - absolut unbemerkt mussten die jetzt an die Massenmedien, anonym und spurlos.

Keuchte durch Gestrüpp und Dickicht empor, stopfte das Knäuel aus schwarzen Klebebändchen in stachliges Ilexblätterwirrwarr und kam endlich ganz nach oben, gelangte durch ein letztes Gesträuch hinauf auf die Graf-Bernadotte-Straße, auf einen der stillen Bredeneyer Villenwege, diese hier hieß Bernadotte-Straße und hieß vormals, wusste Vordenbäumen, Admiral-Tirpitz-Straße, Großadmiral Tirpitz – *willkommen in der Waffenschmiede des Reiches* –

– und erschrak.

Denn er sah den *Range Rover.* Erblickte am Ende der Bernadotte-Straße das Fluchtfahrzeug. Das verschwand dort hinter einer Straßenbiegung, bog unter einer Baumreihe aus der vormaligen Tirpitzstraße in den nächsten Villenweg, in die Straße „Am Ruhrstein", und Langensiepen meinte, sofort zu verstehen, ja, dort wichen die *Verführer* geschickt aus, klug und konsequent mieden die alle potentiellen Verfolgungsstrecken, diese *Rover*-Leute waren seitwärts ausgewichen, waren abgebogen in dieses ruhige Seitenstraßenviertel, denn sämtliche Fahnder und Verfolger drängten ja jetzt, weil ihnen gar kein anderer Weg blieb, aus den Hauptausgängen des Hügelparks, stürzten aus Tor I und Tor III, die Staatsbesuchs-Schützer jagten jetzt entweder unten auf der Freiherr-vom-Stein-Straße oder begannen ihre Jagd hier oben, in der Höhe von Bredeney, auf der Frankenstraße, hetzten über die Frankenstraße zu den Nord-Süd-Achsen, stürmten auf der Nord-Süd-Bundesstraße 224 entweder hinunter in die Fünf-Millionen-Ruhrstadt und zu den drei Ost-West-Autobahnen oder sie hetzten nach Süden in Richtung Düsseldorf oder Wuppertal, waren in diesen Momenten auf sämtlichen Strecken unterwegs, die als Fluchtwege in Frage kamen – in diesen Sekunden wäre der *Rover* auf der Frankenstraße den Fahndern und Verfolgern geradewegs in die Fänge geraten.

Statt dessen praktizierten diese *lebensfreundlichen Verführer* auch jetzt Orchideenlist, der Räuber-*Rover* bewegte sich auf kleinwinkeligen Umwegen über Bredeneyer Wohnhügel, durch abseitiges Vorgarten- und Villengeschnörkel, diese jungen Leute ließen die Jagd auf den Ausfallstraßen sich erst einmal ausrasen, und wenn die Elisabeth-Karosse dann in zehn oder zwölf Minuten oberhalb des KONJA-Kiosks für wenige hundert Meter auf die Frankenstraße biegen musste zum Wohnpark Stadtwald, um dort nach kaum zweihundert Metern abzutauchen in die Tiefgarage hinterm Eingang F, dann war auf der Frankenstraße die Hatz längst vorüber, waren die waldumsäumten zweihundert Meter Frankenstraße zum Haus Nummer drei vier fünf längst im Normalzustand. Auch dieses verzögernde Verfahren, auch dieser Umweg durch die Seitenstraßen des Villenviertels zeugte von Ortskenntnis, von gutem Vorausdenken *Wind aus den Segeln, Sand ins Getriebe* –

Und zweifellos unterhielt sich jetzt die *Wing-Tsu*-Frau auf der Rückbank, führte mit der freundlich lächelnden Königin ablenkende Gespräche, diese listige sogenannte „Nora" lenkte inzwischen auch die Queen sehr wahrscheinlich mit Geschick ab, mit ihren brisanten Orchideen-Schlauheiten, irritierende Gespräche und Täuschungen waren ihre Stärke und das Englische hatte sie ja studiert, hatte das jahrelang vor Ort praktiziert, sprach das sicherlich nicht ohne irischen Akzent. Diese beiden Frauen, „Nora" und die Queen, die hatte Langensiepen im Rückfenster gesehen, schon bei Tor II hatten die sich einander zugewendet im hoch interessierten Gespräch.

Jedenfalls kamen die Jeepfahrer auf Nebenwegen vollkommen problemlos an ihr Ziel, nein, kein fernes Versteck war von diesen verführenden Entführern organisiert worden, keine zermürbend lange Tour mit der Königin als gefangene Pilzmücke, keine schwierige Flucht hinauf ins Sauerland, nicht nach Anröchte, Brüllense oder Wermelskirchen oder in ein Hochhaus in Düsseldorf, im *Senfdorf an der Düssel*, sondern gegen alle Erwartungen steuerten die auf winzigen Seitenstraßen überraschend zurück in Richtung Villa Hügel, an den Rand des Krupp-Terrains und dort, im Wohnpark Stadtwald, über Tiefgarage und Sackgassen-Seitengang in das Souterrain in den Nora-Barnacle-Raum, in das Orchideenkabinett *N.B.*

Nora's Day gelang.

Die überraschenden Manöver des *Rover* waren wie der Clinch beim Boxkampf, wenn der Gegner ausholte zu fürchterlichen Schwingern, dann klammerte der Bedrohte, dann warf der sich dem Gegner an die Brust, dann kamen die Schläge gar nicht an ihr Ziel, Umarmung des Gegners, das hatte was, sagte sich Langensiepen und klopfte sich Laubreste vom Hosenknie und eilte nun ebenfalls über die umgetaufte Vorortstraße hinab, über den Bernadotteweg hinüber zur Straße „Am Ruhrstein" und weiter über die nächsten Bredeneyer Nebenstraßen, folgte dem Fahrzeug mit der korrekten Duisburger Nummer, ging eifrig und unter schnellen Gedanken und Pulsschlägen und in großartiger Stimmung in Richtung Frankenstraße, tatsächlich, in diesen Augenblicken realisierte sich eine Vision, *je m'avise,* eine kühne, eine humane, eine tollkühne *Verrücktheit* verwirklichte sich, ein Turm, den in wenigen Stunden alle Erdenbewohner würden anstarren müssen, der Beginn der *Aktion* war gelungen, das Schwerste war getan und geschafft, die *Verführung*, nun mussten schnellstmöglich auch die *Daten* an die Medien, die Botschaft, die *Hydra*-Weisheit.

Still war es auf den Bredeneyer Nebenwegen, kein Polizeisirenengeheul war hier zu hören. Auch aus der Ferne nicht. Auch kein Hubschrauber. Langensiepen hätte jetzt rasch zum oberen Ende der Frankenstraße gelangen können, um von dort mit Stadtbahn und U-Bahn in die City hinunterzufahren, um in der City so schnell wie möglich die vier Hydra-Erklärungen zu den vier Adressen zu bringen, jetzt, umgehend, noch vor Redaktionsschluss musste das geschehen, besser aber und noch schneller mit einem Taxi. Doch Langensiepen wollte keinen Chauffeur als Zeugen. Mit der Stadtbahn würde er fahren, anonym. Unterirdisch in die Innenstadt hinab, unauffällig und unbeobachtet.

Zuvor jedoch

wünschte er sich eine letzte „pers. Inaug.n". Zur eigenen Sicherheit noch einmal eine persönliche Inaugenscheinnahme. Gewissheit brauchte er, zuvor war zu klären, ob nicht nur der Beginn der *Aktion*, sondern auch die Ankunft im Souterrain gelungen war, die kurze Passage über Frankenstraße und Tiefgarage, bitte auf keinen Fall jetzt eine Übereilung und nichts Unnötiges, *mach keinen Fehler*, weder einen grundsätzlichen noch einen praktischen.

Eilte also weiter in die Richtung, die der *Rover* genommen hatte, im Schnellschritt die stillen Straßen hinunter, ohne Aufenthalt, flink, aber auch nicht zu rasch in diesem Wohnrevier der Wohlhabenden, der kleinen *netten* Parks und Villen und großartigen Bäume, in diesem ansehnlichen Ambiente besser nicht hektisch, das wäre aufgefallen, hätte verdächtig gemacht, zum Glück war auf diesen abendlichen Vorortstraßen niemand unterwegs, folglich sah auch ihn hier niemand. Gemessenen, wenn auch forschen Schritts war hier zu gehen, auch die Gangart als Täuschung und Trick, Langensiepen empfand als sehr hilfreich, was Hertz ebenfalls noch gesagt hatte spät abends unter den Bäumen vor der Heimlichen Liebe, dass seine These, wonach Täuschung und List den Lebensbetrieb beherrschten, keineswegs eine neue These sei, sondern schon immer von allen einsichtigen Geistern gewusst wurde, und die Jeans-Frau hatte dazu den Romancier zitiert, den sie für den größten und witzigsten hielt, den Russen Vladimir Nabokov, der in *Laughter in the Dark* ausführlich die Überzeugung vertreten ließ, dass alles, was je auf dem Gebiet der Kunst, der Wissenschaft oder des Gefühls geschaffen worden sei, nur ein mehr oder weniger geschickter Trick gewesen sei, ein Selbsttäuschungstrick.

Auf der Frankenstraße hielt er bei Özkans „Trinkhalle KONJA“ diesmal nicht an, sondern winkte dem freundlichen Mann, dem Kemal Özkan nur kurz zu, eilte zielsicher durch das kurze Waldstück die alte Gedankenstrichstraße weiter hinab. Keinerlei Verfolgungssirenen hier, auch unter den Buchenbäumen schien die Frankenstraße im Spätlicht normal belebt, der Verkehr war wie immer, selbstverständlich lebhaft, aber nirgends Polizeilärm, keine Jagdszenen, keine Warnsignale. Die Jäger waren hier längst vorüber, mindestens seit zwölf Minuten. Ohne irgendeine Besonderheiten zu bemerken, näherte sich Langensiepen dem Wohnpark Stadtwald, Eingang F.

Auch vor Haus drei vier fünf nichts Ungewöhnliches, die schöne Verführung war ganz offenbar so reibungslos weiter gelaufen wie sie begonnen hatte, störungsfrei, weil sie gründlich vorbereitet und gut durchdacht war. Unauffällig war der Ausflug zu besonderen Orchidee ans Ziel gelangt, problemlos waren sie in die Garage gelangt und über den Sackgassenseitengang hinüber zum Raum *N.B.*, tatsächlich gewaltfrei, die monarchische Mücke hatte an den Pilz geglaubt, war illusionär reingefallen, war getäuscht und ausgetrickst worden zum Wohl der Allgemeinheit. Vor dem achtstöckigen Wohnhaus keinerlei Auflauf, alles friedlich wie immer. Ruhe an der Ruhr. Langensiepen betrat seinen gewohnten Eingang, zögerte auf der oberen Treppenstufe nur kurz, sprang dann weiter hinab, verlangsamte auf den unteren Stufen und blieb auf der untersten stehen. Und lauschte.

Der Seitenflur im Souterrain war leer. Auch der dunkle Gang zur Tiefgarage erschien so finster und still wie immer.

Ungestörte Stille. Warum nun auch nicht.

Tat einige Schritte über die Flurfliesen. Mit sehr leisen Tritten, fast lautlos tappte er vor. Erst mal bis zur Jessika-Tür. Hielt dort wieder an und lauschte.

Vollkommene Ruhe. Blickte zur anderen Tür schräg gegenüber, zur neuen Massivtür *N.B.*. Im rötlichgelben Abendlicht aus der Glasrasterwand zeigte sich an der neuen Polstertür keine Veränderung. Welche Änderung sollte da auch zu sehen sein. Aus welchem Grund denn.

Gab es hier Geräusche? Spuren? auf dem Fliesenboden Trittspuren? War irgendetwas Zierliches, Kostbares auf den Boden gefallen? bei einem Gerangel abgerissen?

Nichts dergleichen. Was denn auch könnte hier und jetzt anders aussehen als zuvor. Und was wohl könnte nun hier zu hören sein, diese Tür dort, die war nicht ohne Grund enorm verstärkt worden, mit doppeltem und mit massivem Holz, obendrein mit Polsterungen. Durch solch eine Tür drang kein einziger Ton.

Ging näher heran. Trat dicht vor den Eingang zu dem Raum, der seinen neuen Namen nach einer Nora Barnacle hatte, die keine Punkte und Kommas benötigte, keines der gebräuchlichen Ordnungszeichen.

Spähte auf das dunkle Metallplättchen über dem Schlüsselloch, auf die schwarze Augenklappe. Was denn hätte sich an dem Kläppchen ändern sollen.

Wenn jetzt
insgesamt vier Personen diese schalldichte Tür passiert hatten und wenn dahinter in diesen Augenblicken, wenn in dieser pinkfarbenen *Daten-*Höhle in eben diesen Sekunden die drei verführenden Entführer mit der Königin diskutierten und die berühmte Frau inzwischen ja nun doch zur Kenntnis nehmen musste, dass sie sich in einer außergewöhnlichen Lage befand, in einer Falle, freilich in einer symbolischen, in einer begrenzten Freiheitsberaubung als Ausgleich zur anderen, zur offenbar unbegrenzten Freiheitsberaubung vieler Hunderttausender ihrer Untertanen, was man ihr in diesen Momenten zweifellos zu erklären hatte, wieso sollte von den jetzt fälligen Debatten, Fragen und Einwänden irgendwas durch diese Massivholztür zu hören sein.

Das schwarze Kläppchen überm Schlüsselloch schob Langensiepen nicht beiseite. Hinterließ keine Fingerspuren, kein klapperndes Geräusch.

Auch das Ende der *Aktion* war gelungen. Nicht nur der Beginn im Glashaus.

Auch vor diesem Eingang zum *N.B.*-Raum werden die vorgeblichen Junggärtner der Majestät sehr wahrscheinlich den Vortritt gelassen haben. Freundlich und höflich hat man sie vorausgehen lassen, und ganz souverän wird sich Majestät, da sie seit je nichts anderes gewohnt war, den Vortritt auch hier genommen haben, und kaum hat sie beim Hineingehen die Blumen erblickt auf dem eleganten alten Kalamander-Tischchen, auch den „Stern von Betlehem" und neben der Scheußlichkeit mit der langen violetten Zunge auch die seltsame irische Orchidee in der bescheidenen blauen Vase, das blühende Weiß, Orange und Grün, da wird Queen Elizabeth sich lächelnd umgewendet und erstaunt gefragt haben, ob nicht die Rede gewesen sei von der irischen *Drehwurz* im Freigelände?

In diesem Moment dürfte die Polstertür ins Schloss gefallen sein. Und dann war nur noch zu hören, wie die schwere Massivtür verschlossen wurde. Unüberhörbar in dem schalldichten Raum das zweifache oder dreifache Geräusch aus dem Sicherheitsschloss. Einmal, zweimal Eisen auf Eisen. Und dann ist Frau Elisabeth plötzlich sehr allein gewesen und dürfte nun endgültig begriffen haben, dass die Botanikfreunde mehr im

Sinn hatten als Botanik. Und wird nun die engen Fenster wahrgenommen haben. Und überm Bett das Großfoto ihrer geliebten Nackthunde –

Und muss nun – eben jetzt, in diesen Sekunden? – zweifellos sehr um Fassung bemüht sein. Jetzt, während ich hier draußen vor ihrem Blumengefängnis stehe, wird sie das zu wahren versuchen, was als majestätische Haltung gilt. Hat sich höchstwahrscheinlich in dem blumigen Thronsessel niedergelassen, unter der goldfarbenen Lampenschirmglocke. Und wird erst jetzt, in diesen Momenten, davon ist auszugehen, wird erst jetzt die ganze eigenartige Einrichtung des Zimmers zur Kenntnis nehmen müssen, dieses übergroße Fernsehgerät, die vielen Videokassetten, die Bücher, diesen eigenartigen *Studierbunker*. Und auf dem feinen Tischchen neben der *Drehwurz* wahrscheinlich auch das englische Original der *Hydra*-Briefe. Der Text in der Weltsprache, in der *lingua franca* des derzeit herrschenden Imperiums.

Und falls sie diesen *Hydra*-Text in diesem Augenblick liest, wird sie sich von Grund auf empören müssen darüber, dass ihr jetzt und hier eine verquere Sage oder gar Kindergeschichte zugemutet wird, ein wunderliches altes Phantasy-Märchen vom Kampf des antiken Herkules mit der ekelhaften *Hydra*, in diesen Momenten verlangt sie höchstwahrscheinlich dringend zu wissen, woran sie hier und wo sie in diesem Augenblick eigentlich ist, wo ihre Begleitung bleibt, was man mit ihr vorhat.

Jetzt sind aber solche Fragen an niemanden zu richten. Sind Debatten in dem blumigen Verlies gar nicht mehr möglich. Sind die freundlichen jungen Gartenfreunde auf und davon.

Wohin?

Nicht umsonst hatte die Jeansfrau Langensiepen um den Schlüssel gebeten. Um ein Schlüsseldoppel zu seinem leeren Souterrain.

Mit lautlosen Tritten tappte Langensiepen auf den Flurfliesen zurück, zurück zu seiner „Jessika“-Tür und klopfte an. Klopfte bei sich selbst an. Pochte sanft gegen die dünne Tür, zaghaft machte er das, so leise wie möglich, heftiges Klopfen hätte die Freunde dort drinnen nur erschreckt, hätte sie fürchten lassen müssen, jetzt kämen sie also doch noch, die Verfolger, der Staatsschutz, die Hysteriker der Macht, bewaffnet und gnadenlos hirnlos. Klopfte ein weiteres Mal, wiederum vorsichtig.

Keine Antwort.

Er drückte die Klinke, die Tür war verschlossen. Er holte seinen Schlüssel aus der Jacke und öffnete. Und erblickte nichts Neues. Sah nichts weiter als den ihm sehr vertrauten kahlen Wohnraum. Jessikas verwohntes Eigentum, unansehnlich und fast leer, wie immer. Und mitten darin, im gut gebrauchten Teppich, die vier Eindrücke von den Bettpfosten, die Eindrücke von Jessikas Arbeitsplatz, wie immer.

Ging hinein, schloss hinter sich die Tür. Zog den Schlüssel ab. Ging zur Panoramascheibe und rollte die Terrassentür zur Seite. Bewegte sich in Unsicherheit langsam hinaus, in das Abendlicht. Stand dann auf der ebenerdigen Ziegelsteinterrasse und merkte, wie sehr er zitterte.

In der Ferne Kindergeschrei. In der Höhe Gedröhn der Metalldrachen. *Absinken in Richtung Düsseldorf.* Für wenige Momente wurde der Drachenlärm schwächer. Kindergeschrei. Nach anderthalb Minuten verstärkte sich das Dröhnen und wiederholte sich, *fett und gefräßig*. Wie immer.

Im dämmernden Park lärmte über und zwischen dem Kindergeschrei aus einer offenen Balkontür eine Sportreportage. All das war dem Exkommissar sehr vertraut, das war die übliche, das war die Wochenendstimmung, aus einem der oberen Stockwerke bellte die Stimme eines Fernsehreporters, das war die bekannte Wochenend-Fußball-Aufregung.

Langensiepen merkte, dass er immer noch den Wohnungsschlüssel in der Hand hielt, dass er das Eisen in seine Handfläche preßte. Warf das in die Jackentasche.

Ging einige weitere Schritte auf die Terrasse hinaus und sah nach links, zum Eckraum hinüber. In der späten Dämmerung, im Zwielicht des Buchenschattens waren die drei Sehschlitze deutlich zu erkennen. Die sahen nun schwarz aus, die Schießschartenlöcher. Eines der schmalen Fenster schien gekippt. Schimmerte da ein Licht?

Versuchte abermals, Geräusche zu unterscheiden, wartete, bis das Düsendröhnen nachließ, bis für Momente fast Ruhe war. Aber der Reporter dort oben blieb laut, der kommentierte in großer Erregung. In einem besonderen Sonntagsspiel ging es um den UrRuhrVerein Schalke. Vorsichtig, eher wie beiläufig ging Langensiepen nach links, bewegte sich an der Hauswand entlang. Näherte sich dem Raum *N.B.* nunmehr von der Außenseite. Tat das so unauffällig wie möglich, schlenderte dorthin, wo das Verlies lag, der Blumen-*Bunker*. Gelangte über den groben Kies bis unter die erste der drei Fensterklappen. Ja, die stand gekippt, die war offen.

Drangen aus der Öffnung Geräusche? Das Düsenfauchen ließ wieder nach, für Sekunden war annähernd Ruhe. War von dort oben irgendetwas zu hören? Aus der Öffnung dort mussten doch nun Geräusche dringen, eine Debatte, Klagen, Einsprüche, Vorwürfe. Oder eine Musik. Oder ein Videoton, eine Reportage aus Nordirland.

Hinter dem Kippfenster herrschte Stille. Da war nichts.

Blickte sich um. In diesem hinteren Parkwinkel, im dämmrigen Grüngelände bewegte sich kein Mensch. Auch von den Balkonen herab kam keine Frage, kein „was suchen Sie da?" Langensiepen schob sich wie im Trotz enger an die Hauswand heran, klammerte sich so dicht wie möglich, drückte jetzt sogar ein Ohr an den rissigen Verputz, an die Wand zum Raum *N.B.*. Als könnten durch den Beton Töne dringen, als müsste da doch nun irgendetwas herauszuhören sein, Stimmen aus dem Eckraum, erregte Gespräche in der Orchideenhöhle, da müsste ein Video- oder ein Fernsehton lärmen, mussten Einwände laut werden, zahlreiche Fragen wären da jetzt zu stellen gewesen und Auskünfte zu erteilen, Erklärungen,
Beschwerden oder Beschwichtigungen, irgendwas dergleichen müsste von dort doch nun zu hören sein, ja, auch Klagen – Hilferufe –

Da war aber nichts. Weder Stimmen noch Musik noch irgendwas anderes.

Nichts.

In der Höhe neues Blechdrachenfauchen. Und Fußballkrawall.

Absolut sicher
war sich Langensiepen, dass er den *Range Rover* gesehen hatte. Noch vor wenigen Minuten. Und dass in dem Fahrzeug *de Luxe* die weltberühmte Person gesessen hatte, nein, keine Halluzination war Elizabeth II. gewesen, sondern *Realität*. Und nicht nur am Tor II hatte er die Queen im Wagen der Entführer gesehen, sah diesen Wagen auch ein zweites mal, wenige Minuten später auf der Bernadotte-Straße, den silbergrauen Jeep *de Luxe* mit dem Duisburger Kennzeichen, der war kein Zerrbild gewesen im Totalsuff, sondern war *klar* und *real* zu beobachten gewesen, das war der verführerisch luxuriöse *Rover* mit Insassen, die er beim Vorbeifahren in Sekundenschnelle zweifelsfrei hatte identifizieren können, auf den Vordersitzen zwei Männer, als Beifahrer der irische Mick und am Steuer der andere, der Parka-Mann mit den wenigen langen Haaren, der mit strengem Schwäbisch gewettert hatte über *schweinefette Zuschauer in Europas Logen,* und hinter den Kerlen hatte die weltbekannte Frau gesessen, der hell gekleidete Staatsbesuch, nicht geträumt, sondern aus kürzester Distanz hatte er das alles gesehen, Frau Windsor oder Battenberg, eindeutig und unmissverständlich erkennbar, eine festlich gekleidete Staatslady mit hellem Handtäschchen, das *Empire*-Oberhaupt Liz oder Lilibeth, wie diejenigen sie nannten, die sie zu kennen vorgaben. Und neben ihr die andere, die junge Schöne, die *Wing-Tsu*-Frau mit der norddeutschen Stimme, die sogenannte Nora, kurz mal nachschauen solle Langensiepen, ob hinten am Schild alles in Ordnung –

Im Fond zweifelsfrei die Monarchin. Aufrecht thronend und keineswegs in irgendeiner Bestürzung oder Abwehr. Nicht wie eine Gefangene, nicht in Bedrängnis und hilfsbedürftig, nein, aufgerichtet und souverän wie immer hatte die königliche Frau da gesessen. Lächelnd. Wie immer. In ihrem festlichen hellen Staatsbesuchskostüm und in ihrem geliebten Geländefahrzeug, unterwegs zu einer irischen Orchidee. Keine Sinnestäuschung, sondern Fakt.

Aber die Stille hier.

Langensiepen sah, wie sich die Hauswand zur Seite neigen wollte. Hielt sich an den Rauhverputz. Krallte die Finger ins Rillige und Kratzige. Und musste sich zur Ordnung rufen. Was er in der letzten Stunde wahrgenommen hatte, das war weder Spuk gewesen noch Traum noch Antimaterie.

Die vorübergehende, die verführende Entführung hatte stattgefunden.

Wo aber war in diesem Moment der außergewöhnliche Fahrgast. Langensiepen durfte jetzt auf keinen Fall in Panik geraten und Fehler machen. Der *Rover* hatte im letzten Augenblick naturgemäß ausweichen und die vorgesehene Route ändern müssen, und der Fahrer hatte es verstanden, im richtigen Moment geschickt wegzubiegen, hatte mit genauer Ortskenntnis die richtigen Haken geschlagen, zusätzliche kleine Umwege waren plötzlich nötig geworden, außerplanmäßige Wendemanöver durch diese oder jene anderen Nebenstraßen im noblen Vorort Bredeney, von der Frankenstraße wahrscheinlich nunmehr nordwärts hinab in die „Graf-Spee-Straße", zur „Kirchmannstraße", durch „Hohe Buchen".

Aus dem ersten Stock des Wohnblocks frenetisches Gebrüll. Massenhafter Männerkrach. Das prasselte aus offenem Fenster, der Reporter schrie vom Schießen, vom Kämpfen, von einer tollen Abwehrschlacht, vom Durchhalten, vom totalen Einsatz für den knappen aber verdienten Sieg, um jeden Meter Boden werde in Gelsenkirchen gerungen in einer erfolgreichen, in einer verbissenen Verteidigung gegen drohenden Ausgleich, gegen bayerisches Powerplay, gegen die bekannte Professionalität der Münchner, offiziell sei dies die letzte Spielminute, aber man wisse ja, zugunsten der Bayern würden von eingeschüchterten Schiedsrichtern die 90-Minuten-Spiele immer wieder verlängert, werde auffallend oft mit beträchtlicher Verspätung abgepfiffen, im statistischen Mittel sei das gut nachweisbar, jetzt aber, nein, jetzt kam er dennoch, kam überraschend der Abpfiff, unerwartet pünktlich und korrekt, diesen Pfiff beantwortete abermals massenhafter Männerkrach aus Gelsenkirchen. Korrekt, so schrie der Reporter, wider Erwarten korrekt sei diesmal der erbitterte *fight* beendet worden, diesmal lasse man nicht so lange nachspielen, bis die Bayern den Ausgleich erzielt oder ein Tor zum Sieg geschossen hätten, diesmal bleibe es beim Triumph für den sympathischen, für den traditionsreichen Ruhrverein gegen den Millionärsclub aus München, und nun die neue Tabelle, vorletzter Spieltag, der Schalke-Club wahrte seine Chance auf den Meistertitel, erfolgreich leisteten die Knappen Widerstand gegen ihren härtesten Kontrahenten, gegen die immer wieder im letzten Moment siegenden Bayern. Folgte die Schlussmusik, kam das Zeitzeichen, zwanzig Uhr, es tönte die Nachrichtenfanfare für die Hauptnachrichten im Ersten Deutschen Fernsehprogramm.

Von der Hauswand ruckte Langensiepen sich weg und stolperte über Kies und Wiese rasch zur Terrasse zurück, dorthin, wo die Fernseh-Nachrichten besser zu verstehen waren, aber ja, um den Staatsbesuch drehten die sich, gleich zu Beginn ging es um die Queen und wie feierlich der Empfang gewesen sei in der Landeshauptstadt Düsseldorf und nunmehr, in eben diesen Minuten, auch in der Ruhrmetropole, in Düsseldorf wie in Essen herrschte Kaiserwetter, großartiges Ambiente, freundschaftliche Verbundenheit, wenn auch mit auffallend ökonomischem Schwerpunkt, ungestört herzliche Atmosphäre, auch schon bei der Ankunft der Queen in Düsseldorf, bei strahlendem Sonnenwetter auf der Königsallee, der prächtigen „Kö", die Königin im Panzerglasmercedes, im mehrfach gesicherten Vier-Komma-Fünf-Tonner der Stuttgarter Weltfirma, von Attentatsgefahr sei zuvor bekanntlich sehr viel geredet worden, konkrete Warnungen solle es gegeben haben, nun aber, wir schalten live hinüber zur Villa Hügel, nun das Spalier der begeisterten Zuschauer auch hier, vor der Residenz der Krupp-Dynastie, sommerlich glanzvoll die abendliche Kulisse, in wenigen Minuten beginnt auf Villa Hügel ein festlicher Empfang, ein Fünf-Gänge-Menu im alten Familiensitz der Stahlmagnaten, auch der Bundespräsident, auch Premierministerin Thatcher und Kanzler Schmidt sind anwesend, haben sich bereits versammelt, die Vertreter der Industrie, der Verbände, der Gewerkschaften, auch der Bischof von Essen, Ruhrbischof Franz Hengsbach und nicht zuletzt der Generalbevollmächtigte des großen alten deutschen Stahlkonzerns, viel Prominenz ist zu sehen, von dieser Begegnung verspricht man sich neue wirtschaftliche Belebungen, Wachstumsschübe, das deutsche Staatsoberhaupt wird der Queen die Sonderstufe des Großordens zum Verdienstkreuz der Bundesrepublik Deutschland –

Langensiepen merkte, dass er schwankte. Hielt sich fest am Rahmen der rollbaren Glasfront, drehte sich von der Terrasse in den Wohnraum zurück.

Kein Wort war da zu hören gewesen von Störung oder gar von Katastrophe, von Alarm, von Geiselnahme. Nur irgendein *Gerede* von Attentatsgefahr. Von überflüssigen *Warnungen*. In der Wirklichkeit das pure Gegenteil. *Glanzvolle* Kulisse. Ungetrübte Harmonie.

Bevor Kopfschmerz und Schwindel Langensiepen vollends niedergedreht hätten, schlich er sich von der Terrasse zurück in seine Klosterbruderzelle. Der verbrauchte graue Teppich schien zur Seite zu kippen, die Wände warfen Wellen, hinter der halben Nischenwand fiel Langensiepen auf sein Schlaflager, atmete im Liegen tief und schnell. Rang nach Luft, hektisch, als bekämpfe er einen Infarkt.

Zwang sich zu genauem, zu konzentriertem Denken. Was hatte er gehört? Hatten die Live-Momente im Fernsehen die Queen gezeigt?

Jedenfalls war keine Rede gewesen von irgendeinem Zwischenfall. Kein Wort von einer Unterbrechung, von einer Störung des Staatsprogramms.

Aber hatten die Szenen aus Essen die Queen gezeigt? Nein. Die Königin war auf Villa Hügel noch gar nicht eingetroffen.

Wenn er alles richtig registriert hatte, dann war die Queen auf Villa Hügel bis jetzt noch nicht erschienen. Die Herrschaften im Kruppschloss warteten. Rechneten dort dringend mit ihrer Ankunft. Die hohen Gäste hatten sich *versammelt*. Und erst *im Lauf des Abends*, so hatte es geheißen, werde der Königin ein Orden verliehen, erst später. Vom sensationellen Ereignis, von ihrem spurlosen Verschwinden, von der tollkühnen, von der *aufgeklärt aufklärenden Verrücktheit* hatten die Reporter in diesen Sekunden noch gar nichts wissen KÖNNEN.

Die *Aktion* war zu Umwegen gezwungen worden. War keineswegs missglückt. Hatte sich lediglich verzögert.

Oder?

Langensiepen zwang sich zu herzklopfender Ruhe. Überdachte mehrmals, was er gehört hatte. In wenigen Minuten, so war zu hören gewesen, beginne der Empfang, das Fünf-Gänge-Menu. Also war die Königin beim Staatsdinner noch überhaupt nicht anwesend, war noch nicht einmal in der Krupp-Residenz, war unterwegs, man *erwartete* sie.

Langensiepen wollte in seine Balance zurück,
wollte in eine neue aktive Begeisterung, streckte auf seinem Lager den Arm aus, schaltete das Radio ein. Eine Bach´sche Sonntagskantate, *Ewigkeit, du Donnerwort*. Auf der nächsten Sendefrequenz winselnd Weinerliches, „Latzh.ges." steht in Langensiepens Notizen, „Latzhosengesäusel"? Daneben abermals eine Sportreportage. Schließlich aber ein seriöser Sender, ein Wortsender mit sonorer Sprecherstimme. Respektvoll gedämpft, schmeichelnd, werbend. Live aus Villa Hügel –

„...unbestritten ein historischer Augenblick, diese wahrhaft herrschaftliche, um nicht zu sagen königlich-festliche Atmosphäre in diesen großartigen, in diesen schlossähnlichen Räumlichkeiten, kurz vor Beginn des feierlichen deutsch-britischen Staatsbanketts – welch eine Genugtuung aber auch, dass ausgerechnet diese Stadt, die zentrale Ruhrstadt, dass diese von Briten und Amerikanern am heftigsten bombardierte und nachträglich von den Siegermächten meistdemontierte Industrie- und Handelsstadt an diesem heutigen 16ten Juni 1980 Schauplatz wird eines derart festlichen, eines repräsentativen Staatsbesuchs aus Großbritannien, und welch denkwürdiger Moment, dass ausgerechnet derjenige deutsche Weltkonzern, der über Jahrzehnte hinweg mit seinen Kanonen und Panzern und Schlachtschiffen als Deutschlands Waffenschmiede zu gelten hatte, dass dieser Stahlkonzern seit 1945 tatsächlich nie wieder eine Waffe produziert hat und dass der grandiose Familiensitz dieses außerordentlichen Unternehmens, dass dieser ins Friedliche gewandelten Konzerns nunmehr geehrt wird durch einen britischen Staatsbesuch, wobei der oberste Verantwortliche dieses von Grund auf gewandelten Montan-Trusts, wobei der Generalbevollmächtigte des Hauses Krupp seit langem ganz und gar ungewöhnliches internationales Ansehen genießt, so sehr, dass er ausgezeichnet werden konnte als ‚Gerechter der Völker' im Staat der Juden –

– aha, soeben wird mir mitgeteilt, dass nun doch endlich die Königin im Palast der Krupp-Dynastie eingetroffen ist, nach dem offiziellen Plan erscheint sie also mit auffallender, mit ungewöhnlicher Verspätung, unterwegs, auf der Fahrt von Düsseldorf hierher, habe es unvorhergesehene Aufenthalte gegeben, die Rede ist von einem immer wieder neuen und begeisterten und unerwartet starkem Publikums-Andrang, überall auf der Strecke, und so wartet nun eine prominente Festrunde, wie gesagt, schon seit gut dreißig Minuten, hier ist man längst vollzählig versammelt und befindet sich begreiflicherweise in hoch gespannter Erwartung, auch der Bischof von Essen hat inzwischen Platz genommen, der Hausherr eines zwölfhundert Jahre alten romanischen Doms, jeden Moment, so wird mir signalisiert, werde nun auch die Queen zusammen mit Prinzgemahl Philipp den Festsaal betreten, es heißt, die Queen habe sich vor dem Betreten der Halle noch in das Goldene Buch der Stadt eintragen müssen, in Essen ist das ‚Goldene Buch' sinnigerweise ein ‚Stahlbuch', als ‚Stahlbuch' wird das in dieser Stadt ausdrücklich bezeichnet, das ist in der Tat aus rostfreiem Edelstahl, aus Kruppstahl, ganze zwölf Kilo schwer, mit Lederrücken und dreihundert Blatt handgeschöpftem Büttenpapier –

– in diesem Augenblick ist es tatsächlich so weit, die Gäste erheben sich, jetzt erscheint sie, den Saal betritt Ihre Majestät, Königin Elizabeth II., lächelnd, seit nunmehr 29 Jahren Herrscherin des vereinigten Königreichs, und neben ihr, andeutungsweise auch jetzt ein oder zwei Schritte hinter ihr, die hohe, die bekannte schlanke Gestalt, ergraut, lächelnd, Prinz Philipp – "

– den Aus-Hebel hat er niedergestoßen. Hat gesehen, wie das Bücherregal Schlieren bildete und schlingerte. Die Tischkante franste aus, die drehte Spiralen. Wo war jetzt das Fahrzeug *de Luxe*. Wo waren die Leute im *Rover*, die Kerle, die Frau – die *Aktion* ein Debakel – die Briefe, die Wende im Weltbewusstsein – wo blieb jetzt die *entscheidende Verrücktheit* – und die hinreißende Kämpferin –

– schnappte nach Luft, hatte heftig Atem zu pumpen, schlug in den grauen Heidschnuckenfellen den Kopf hin und her in hellem Jammer. Die *Aktion* total entgleist. Und höchste Gefahr jetzt, nichts wie weg hier, fliehen, aber wohin, der flammende Protest ganz und gar umsonst, sämtliche Skandale in Nordirland weiterhin ungestört, in Ulster und weltweit und überall – die Königin – eingetroffen im Krupp-Palast –

Und die *Hydra*-Briefe dürfen nun auf gar keinen Fall an die Medien, dürfen nun in überhaupt keine Hand, müssen verschwinden. Schleunigst und spurlos musste Langensiepen die politischen Texte vernichten, oder? diese wunderbaren Bekennerschreiben, dieses neue *Einmaleins* im Bewusstsein *DES* Menschen, das darf jetzt niemanden unnötig in Gefahr bringen, den Professor nicht, die Leute im *Rover* nicht, mich nicht –

Exkommissar Langensiepen hätte in diesem Moment, wäre er nicht seit Jahren perfekt eingeübt gewesen auf Verbunkerung und Abwehr, zur Flasche gegriffen. Zur perfekten Narkose, zu seinen absoluten Traumbildern und Schatten und *Projektionen*, doch er überstand den andrängenden Suchtschwall auch jetzt. Riss sich zusammen, kam auf die Knie, erhob sich vom Matratzenlager, klammerte sich an die Nischenwand, wartete, bis er meinte, ohne Sturz gehen zu können –

– ging dann aber nicht zur Glaswand, um die Fensterfront zu schließen, sondern blieb in der Nische, hielt sich für weitere Drehmomente an dem Tischchen fest, schwankte und hat dann, in Schreck und Verwirrung, hat in diesen Momenten wohl doch schon einiges in seiner roten Kladde notieren können, in rasender Eile, ungewöhnliche Fragmente, zum erstenmal wieder in ganzen Wörtern –

– oder schrieb diese ganzen Wörter erst nach der Rückkehr, erst spät in der Nacht, in die er nun hinausgestolpert ist, aus dem Wohnpark hinaus über die Frankenstraße, in den dunkelnden nördlichen Stadtwald hinunter, murmelte sich unter den Buchen hindurch und über die Schillerwiese, vorbei an Uhlenkrug und Eulenkrug und am Walpurgistal vorüber bis zu den Straßen mit den Frauennamen, bis zur Isabellastraße 24, zur Nachtbar AMOK-KOMA.

Später hieß es,
der Gast habe in seiner Theken-Ecke Unverständliches geredet, habe gelallt, zeitweise in einer anderen Sprache, in einer mediterranen, sehr seltsam, obwohl er auch jetzt nichts Alkoholisches trank, sondern nur wieder sein bitteres Zitrusprodukt, habe ab und zu aufbegehrt und gedroht und grollend rollende Laute ausgestoßen, „Schlachthauswelt“ wollte der Barmann verstanden haben und exotischen Klang, ja Fremdartiges, viele i-Vokale, portugiesisch? italienisch? erbittert und verbissen habe der ge-

redet, sekundenlang sehr erregt, Zornesworte, die er aber an niemanden richtete. Oder an alle.

Nach solchen Grollanfällen aber habe sein Gesicht sich jedesmal ins Freundliche geglättet und sei er längere Zeit still geblieben. So lange, bis neue Ausbrüche und Empörungen Kellner und Gäste erschreckt hätten und doch auch wieder gut unterhalten. In der Kladde dann das Fragment. Mit den ungekürzten Wörtern.

Zwischen immerzu Nichts und Nichts
Die arme Freiheit
Die Methoden *DES* Simpel-Idi
Münsters Menschenmangel
Bayreuths Brauerei
durchbohrende Harfensaiten
Denkkatastrophen
Denn der Tod ist ein Idiot
und immer nochmal aus Deutschland
Würde, ich aber würde
retten retten
und aus den Wiesen steiget
Idisi

DEPRESSIONISMUS

Am Montag danach erwachte Langensiepen spät und in zerrissen wankenden Wahrnehmungen. Auf dem Teppich neben seiner Matratze sah er den großen Umschlag mit den vier Couverts. Die Terrassentür stand offen, weit offen. Von draußen dröhnte das Stahldrachengeheul, niederträchtig. Röhrte zum Rhein hinunter, wie immer.

Erhob sich mit Mühe, verschloss die Panoramascheibe, schleppte sich in die Nische, wartete eine Weile vor dem Tisch. Schrieb nun oder las seine Notizenfetzen, die ganzen Wörter. Fiel zurück auf das Lager. Schaltete das Radio ein, die Mittagsnachrichten.

Staatsfeiertag. Siebzehnter Juni. Vor 24 Jahren Aufstand, Freiheitssehnsucht. Widerstand gegen den Staat. Haushaltsdefizit, Montankrise, Wachstumskrise. Strauss, Afghanistan. In Teheran US-Geiseln. Die Königin zurück in London, der Staatsbesuch in Deutschland zweifellos erfolgreich, jedenfalls harmonisch. Ein Christdemokrat nannte die neuen Grünen Panikmacher und unverantwortlich. Hatten über das Schuldenmachen gesagt, ab jetzt hafteten Kinder für ihre Eltern. In Palästina neuer Terror. Jerusalem seit tausenden Jahren Hauptstadt der einen, sagten die einen. Seit tausenden Jahren Hauptstadt der anderen, sagten die anderen. Siebzehn Tote.

Schaltete aus. Murmelte „Auge um Auge. *Bloody Sunday* um *Bloody Friday*". Und drückte sich empor und wankte und murmelte. Ging in die Dusche, nahm den Massagestrahl, Nervenruhe wenigstens an der Außenhaut. Kleidete sich an, umständlich, Fehler bei den einfachsten Griffen. Schob mit Handschuhen die Briefe zurück ins Sammelcouvert, steckte das in die Sommerjacke, warf die Jacke über und ging auf die Straße.

Zögerte. Tappte die Frankenstraße hinauf, noch immer im Schwindel, im schmerzenden Kopf.

Bei Kemal bat er um Tee, wollte nur Tee. Die Tische standen wieder da, mit frischen Stiefmütterchen. Marx im Colaglas. Gestern, sagte Kemal, habe er die Tische fortgestellt, weisungsgemäß, die Düsseldorfer seien Dummköpfe, wozu das nun gut gewesen sei. „Nirgends Attentat. Hier oben in Bredeney sind Menschen friedlich, wollen *nett* sitzen, sind lieb." Auch Langensiepen habe er gestern gesehen, ziemlich schnell sei der wieder unterwegs gewesen, rasch die Frankenstraße hinunter, auch er zur Villa Hügel?

Langensiepen schluckte Tee, redete fast nichts, wiederholte nur leise, was Kemal als erstes gesagt hatte. Wozu war das nun gut.

Trank, zahlte und wollte zurück zur Nummer 345. Kemal Özkan hielt ihn fest. „Hab sie zweimal gesehen."

„Wen?"

„Die Königin."

„Zweimal? Klar, bei der Ankunft. Dann bei der Abfahrt."

„Nein, Abfahrt kam erst nachts, in Villa Krupp hat die vier Stunden lang gegessen, geschwätzt, getrunken. Nein, als die wegfuhr, war es tief Nacht, war ich zuhause. Gleich am Anfang kam die zweimal hier vorbei. Zweimal in gleicher Richtung."

„Unmöglich."

„Zweimal Richtung Krupp. Um sechs und um sieben. Erstemal im Mercedes, zweitemal im Geländewagen."

„Versteh ich nicht."

„Ich auch nicht. Aber ich bin ja Deutscher, sagt Vordenbäumen, Deutsche sind einfache Leute und verstehen keine Herrschaftssachen. Sagt dein

Vordenbäumen. Erstemal kurz vor sechs, zweitemal kurz vor sieben. Saß kerzengerade, mit verschlucktem Besen, jedesmal Tasche auf dem Schoß, kapierst du?"

„Nein. Ich fürchte, seit die Düsseldorfer hier waren, hast du einen Queens-Tick."

„Was habe ich?"

„Bist krank."

„Bin gesund. Und bin Deutscher. Erstemal achtzehn weiße Mäuse, Blaulicht, Lalülala. Zweitenmal Ford oder *Rover*, dicker Jeep und ohne Lalülala. Dahinter kamst du, ziemlich schnell. Hast nicht gegrüßt."

„Hab gegrüßt."

„Bist aber weiter. Wolltest die schöne Frau treffen?"

Langensiepen nickte. Nickte bedächtig. Und sagte, von Stalin wisse man, der hatte Doppelgänger. Mindestens zehn. „Sahen alle aus wie Stalin. Vor und hinter Stalin kamen immer andere Stalins. Auch der fürchtete Attentate."

„Auch die Queen? Hat England zwei Queens?"

„Die zweite war nicht echt. Die im Geländewagen war Ersatz. Eine Schauspielerin. Die muss jedesmal mit. Soll aber keiner merken, darum fährt die im Jeep. Nur du hast das gemerkt, hast gut aufgepasst. Tschökes, Kemal, bis die Tage." Stand auf und ging. Und hörte hinter sich lachen.

„Hab gut aufgepasst. Elisabeth die erste. Elisabeth die zweite."

Beim Wohnpark ging Langensiepen im Eingang E zum Lift. Vor ihm stiegen mehrere Leute ein, darunter ein Alter mit Gipsarm und Halsmanschette. Im dritten Stock verließen mehrere Frauen den Lift, der Halsmanschettenmann drehte sich um und war der *Hügelgärtner*.

Heinrich Hertz. Der presste die Lippen. Stieg im siebten Stock aus, tappte vor Langensiepen her über den Flur, ging am Stock und in Gips und in Halsmanschette. Zog vor der Wohnungstür umständlich den Schlüssel, schloss auf. Öffnete die Tür aber nicht. Blickte den Flur entlang. „Das war's, Langensiepen."

Schlappte vor Langensiepen in die Wohnung und sank beim Kamin in den Sessel. Verzog sein Gesicht, in Schmerzen, hielt sich die Schulter. Schien aber lachen zu wollen. „Willkommen im Depressionismus."

Langensiepen war stehen geblieben.

Ob der Grimmelshausenleser in der Lage sei, Tee zu machen, russischen Rauchtee. Den habe er von einer liebenswürdigen Studentin. Langensiepen ging in die Küche, tat Suchgriffe und Fehlgriffe, es entstand Rauchtee.

Saßen sich dann gegenüber, beim Tee. Hertz rührte Zucker und trank. Der rechte Arm schien unbeschädigt.

„Was ist passiert."

„Milch wäre gut." Langensiepen holte Milch. Hertz rührte Milch in den Tee.

„Erzählen Sie. Bitte."

„Begegnen sich in einem der drei Millionen Weltalle zwei Himmelskörper. Schweben ein bisschen parallel. So ungefähr zweihunderttausend Jahre. – Na? Wie geht es? – Nicht gut. Hab *Homo sapiens*. – Macht nichts. Geht schnell vorbei. Schau mal nach. Ist wahrscheinlich schon weg."

Hertz hielt sich die rechte Hand vor die Augen. Tat die Hand beiseite, blickte Langensiepen an. „Ja. So ist es. Wir denken zu kurz. Zu eng. Wird alles allzu eng gedacht und gemacht. Und wird einfach an den lieben Gott geglaubt. Statt die Ewigkeiten und Horizonte zu sehen, in denen wir gar nicht vorkommen. Wenn wir uns abgeschafft haben, wird es uns nie gegeben haben."

Wenn das komische Trauergemurmel des Heinrich Hertz einigermaßen zu verstehen war, dann sagte der, jahrhundertelang hätten in Europa aufgeklärte und hochbegabte Intellektuelle die Menge der sogenannten einfachen Leute den Kirchen überlassen. Den Kirchen und anderen Illusionsakrobaten und Dominanzlüstlingen. Auf diese Weise seien fast immer nur Untertanen entstanden, Fellachen, Gläubige, Hörige, Ruhiggestellte.

Langensiepen schreibt hier in seinen Notizen, dass er den Achtzigjährigen verehre, ja bewundere, auch für solche Bemerkungen, jetzt aber sei es auch ihm, Langensiepen, um eng begrenzte Dinge zu tun gewesen, um sehr konkrete Fragen. „Was ist passiert. Wieso der Gips."

„Wir sollten uns du sagen."

„Sofort, wenn du sagst, was passiert ist. Was ging schief."

„Gar nichts. Es lief fehlerlos. Fast fehlerlos." Pünktlich sei die Königin vor dem Glashaus erschienen. Zwei Minuten nach achtzehn Uhr, korrekt nach Drehbuch. „Huldvoll wie immer, *nett* und routiniert. Und lächelnd. Im hellen festlichen Kostüm, mit passenden Handschuhen, passendem Handtäschchen. Und mit ihrer undurchsichtig guten Laune. Englands optimale Mama." Zuckte die Achseln und schwieg. Schien nichts weiter sagen zu wollen.

„Und dann?"

„Wie geplant. Volles Programm. Durfte ihr all mein unanständiges Blühen zeigen, die Lippen, die Vorderlippen, die Behaarungen, die Sporne, Schäfte und Zungen. Frau Königin nickte und schmunzelte. Sphinxisches Queensgesicht. Und stell dir vor, wenn ich eines meiner pornographischen Prachtstücke beim englischen Populärnamen nannte, dann murmelte sie den lateinischen. Drei- oder viermal den lateinischen. Jedesmal den richtigen. Auch die irische *Drehwurz* kannte sie. *Spiránthes romanzoffiana*. Die Blüten in spiraligen Reihen, grün, weiß und cremefarbig. Wie ihr Kostüm an diesem Tag. Hell cremefarbig. *Drehwurz* blüht wie die Trikolore des freien Irland. In den Lehrbüchern allerdings wächst das Blümchen *an der Westseite der britischen Inseln*. Damit meinen die Gelehrten diese lästige Insel. Diese Insel vor Englands Westküste."

„Warum dein Gips? Wieso diese Halsmanschette!"

„Oberarm. Fraktur. Die Türkante ist aus Kruppstahl." Gleich gestern Abend noch seien Arm und Schulter in der Uni-Klinik gerichtet worden. Und noch während der Vergipsung hätten ihn seine neuen Spezialfreunde besucht. Der Sicherheitsboss des königlichen *M I Five*-Clubs. Und der Kollege aus der deutschen Parallelfirma. „Die fanden mein Röntgenbild eindrucksvoll. Liegt auf der Anrichte."

„Brauchst du ein Kissen?"

„Nein. Aber die Kekse drüben. Wär schön, du holtest Ladyfingers."

Langensiepen setzte den Keksteller auf das Tischchen.

Noch heute abend starte sein Atlantikflug. Nach Denver. Nun versprühe auch er, Hertz, eine Tonne Gift. Für alle. Die Töchter hätten wieder angerufen, sehr ärgerlich, weil er zu seinem Achtzigsten nicht pünktlich käme. „Die finden mich unbegreiflich. Und alles nur wegen dieser langweiligen Londoner Tante?"

„Ging sie wirklich mit raus ins Freigelände? Freiwillig? Bitte erzähl!"

„Gestern abend haben die Geheimräte genauso gefragt. Erzählen sollte ich. O ja, Liz wollte sehr gern ins Freie. War sogar äußerst dankbar, als ich das vorschlug. Und nahm draußen begeistert den Wagen. Lächelte und zeigte sich erfreut."

„Und dann?"

„Ging ich zu Boden, programmgemäß. Kruppstahl. Dass Madame tatsächlich mitgefahren ist, hörte ich erst von den Sicherheitsbossen."

Verfiel dann wieder in seinen melancholisch komischen Alterston. Vollkommen im Recht sei, wer die kommende Jahrtausendwende eine Epoche des *Depressionismus* nenne. Selten sei ein Zeitalter so klar markiert gewesen. „Letzte deutliche Epoche war der Expressionismus. Vor 1914. Nun der *Depressionismus*. Unterm Wachstumswahn. Unterm weltweit reaktivierten vorhistorischen Glaubens- und Gewaltwahn." Zerbiss einen Ladyfinger. „Ja, Langensiepen, es lief alles nach Plan. Und es wird auch alles, was passiert ist, vollkommen geheim bleiben. Als Madame die *Drehwurz* lateinisch nannte und mir mitteilte, diese Iren-Orchidee wachse witzigerweise auch in ihren Parks hinter *Buckingham Palace* und hinter *Windsor Castle*, blühen aber werde die Wurz dort sicherlich erst in ein oder zwei Wochen und immer wieder, wie humoristisch, in den Farben der Dubliner Trikolore, da ergriff ich mit dieser meiner nun vergipsten Linken die Klinke der hinteren Tür, drückte den eisernen Griff unserer Orchideenliefertür, schob diese verdammt schwere Kruppstahlplatte ein wenig auf und sagte das Verabredete. Nicht allzu leise, damit es hinter der Tür gut gehört werden konnte, aber auch nicht allzu laut, damit drüben am Haupteingang nichts verstanden wurde. Und in der Tat, die Wächter blieben beim Haupteingang erst einmal stehen, und ich durfte der Frau Battenberg ungestört erklären, dass im Freigelände in frischer Luft die naseweise Wurz schon jetzt in Blüte sei. So konnte sie ihr entzückendes *Oh really?* flöten und beglückt hinausschreiten. Wollte sich offenbar keinesfalls nachsagen lassen, sie hätte irgendetwas gegen das Irische."

Die Hintertür habe er dann mit der linken Hand deutlich und für jedermann weithin sichtbar offengehalten und mit Vergnügen beobachtet, wie der Staatsbesuch lächelnd um die Ecke des Glashauses herumschritt und dort begrüßt wurde und weitergeleitet von der liebenswerten *gardening*-Freundin Nora und dass die beiden Frauen auf Anhieb *nett* miteinander zu plaudern begannen. „Im schmunzeligen Porzellangesicht der Königin glühte Treibhaushitze. Und über allem ihre unbeirrbare Nettigkeit." Er dagegen sei stehen geblieben und habe zurückgeblickt zum Haupteingang, habe den Fachleuten der Sicherheit mit den Türbewegungen die nötige *Information* geschickt, während draußen die cremefarbene Lady sich von der Studentin beim Einsteigen schon mal *nett* habe helfen lassen.

Hertz balancierte seine Tasse. „Hielt die verdammte Tür auch dann noch, als die Frau im Jeep war und er mich niederdonnerte, der Stahl. Ein halber Zentner, geschmettert von Micheál. Flach lag ich am Boden, quer vor der Tür. Oberarm mit glattem Bruch. Von dieser verdammt scharfen Kante. Und Schulter und Nackenwirbel ausrangiert."

In seiner Abwesenheitswolke sei es dann um ihn her sehr laut geworden, Schreie habe er über sich und neben sich gehört, nicht nur nach Arzt und Krankenwagen sei gerufen worden, sondern man habe auch heftig geflucht, weil die kleine dicke starke Hintertür nicht mehr habe aufgehen wollen und weil die Gorillas nun durch das Treibhausglas hinausgewollt hätten, was aber nicht gelingen konnte, weil die Glashauswand von solidem Kruppstahlraster zusammengehalten werde. „Oh doch, unsere *Aktion* begann fehlerfrei, startete erfolgreich, und die Queen fuhr, so erzählten mir meine Geheimherren, tatsächlich davon, mit Dortmunder Nummer, und niemand konnte hinter ihr her. Seit sechzig Jahren gibt es im Krupp-Park die allgemeinen Ausgänge und Eingänge nur oben an der Frankenstraße und unten beim Kaiser-Bahnhof ‚Hügel'. Nur Tor I und Tor III lassen Staatsbesuche und Polizeiwagen raus oder rein. Der Orchideenweg dagegen ist einzig von der Rückseite des Pflanzenschauhauses befahrbar. Ausschließlich für Freunde des *aufdringlichen Geblühes*."

Runzelreiches Schmerzlächeln. „Die Fahrzeuge der Verfolgungsmänner standen allesamt auf der falschen Seite. Mein Glashaus stand ihnen im Weg. Obendrein prächtig stämmige Kaiserbäume. Und raumgreifendes neues Gartengemäuer, prae- wie postmodern. Zwischen Gesindestraße und Herrenstraße gab halt nie irgendeine Verbindung. Du siehst, es lief alles nach Plan und sehr sinnvoll. *Irre Parabel.* Nur steckte im Plan denn doch ein Fehler, ein winziger."

„Welcher?"

„Hast du die Briefe eingeworfen?"

„Nein."

„Genial. Warum nicht?"

„Wollte sicher gehen, ob alles funktioniert. Der *Rover* fuhr dicht an mir vorbei und hielt dann kurz an. Hab das Nummernschild korrigiert."

„Hast sie also gesehen?"

„Auf der Rückbank. Wirkte gelassen, ganz unaufgeregt."

„Wo?"

„Hinter Tor II. Soviel in den drei Sekunden Vorbeifahrt zu erkennen war, schien sie seelenruhig. Saß kerzengerade."

„Im *de Luxe* durchquert sie seit je ihre Hasenparks, ihre Fasanenreviere. Der Schwabe hatte den besorgt."

„Auf ihrem Schoß hielt sie ihre Handtasche. Unbeirrt."

„Cremefarbig."

„Meine Mutter hätte *beige* gesagt."

„Dann hast du den winzigen Fehler bemerkt."

„Welchen Fehler?"

„‚Gott ist ja selbst nicht fehlerfrei', schrieb vor hundertfünfzig Jahren der Vatikanbeamte Giacomo Gioacchino Belli. Der notierte das in wunderbaren Sonetten, die ein Mann aus Oberhausen jetzt übersetzt hat ins proletarische Deutsch, aber in korrekter Sonettform, 157 Silben, keine mehr, keine weniger. Bemerkt hast du unseren Fehler auf dem Schoß der Queen. Die edle Handtasche. Seit *Coleraine* 1976 kommt bei jedem ihrer Ausflüge ein Sender ins Täschchen. Im Falle eines Falles meldet das Gerät ihre Position. Reagiert auf Knopfdruck. Falls Räuber kommen oder Entführer oder sonst andersdenkende Menschen, braucht Frau Elisabeth nur eine bestimmte Stelle im Täschchen zu drücken. Das hat sie gestern getan. An der richtigen Stelle. Und rechtzeitig und unauffällig. Meine Sicherheitsfreunde zeigten sich ungemein zufrieden. Regelrecht stolz waren sie auf ihre Chefin. Aufrecht, sagst du, hat sie gesessen?"

„Kerzengerade. In ihren behandschuhten Händen das Täschchen."

„Als müsste sie einen bestimmten Täschchenpunkt drücken. Den Sender aktivieren. Spätestens bei Tor II wird ihr gedämmert haben, dass der Ausflug mehr war als eine Rundtour über Orchideenhügel. Der königliche Geheimchef freute sich sehr, Majestät habe ihre Lektion begriffen, habe bestens reagiert, *oh yee, she did it. Royalty´s standard equipment* habe sich zum erstenmal in der Praxis bewährt. Ja.“

Hertz knabberte Ladyfinger.

„Der Handtäschchensender meldete aber nicht nur ihre Position. Der übertrug auch die Gespräche. Über Shakespeare sei debattiert worden. Wegen ihres irischen Akzents hielt mein *M I Five*-Boss unsere Freundin für eine Irin und er fand es einigermaßen empörend, dass eine irische Gärtnerin sich erdreistet hatte, der britischen Monarchin mit Shakespeare zu kommen. Da konnte ich nicht anders und musste ihm sagen, dass vor vierhundert Jahren der ersten Elisabeth ebenfalls eine irische Räuberin frech gekommen sei, nicht mit Shakespeare, sondern mit Latein. Eine irisch-keltische Häuptlingsfrau sei das gewesen, die wilde Grace O'Malley. Die hatte mehrere Männer geheiratet und mit den jeweiligen Männern auch deren Besitztümer übernommen. Diese Räuberhauptfrau, als sie der britischen Irlandkontrolle zu lästig wurde, holte man nach London und dort redete die auf Elisa Nummer eins mit Latein ein, denn das Gälische oder Keltische hat Elisabeth Eins kein bisschen verstanden, aber Latein konnte auch sie und hörte nun ekelhafte lateinische Fragen nach römischem Güterrecht, nach Freiheitsrechten und Besitzrechten. Bei Frauen aus Irland, hab ich mir zu sagen erlaubt, müsse man immer mit Unmöglichem rechnen. Und war dann am Ende doch sehr erleichtert, als ich mitbekam, dass der *Rover* rechtzeitig gestoppt worden ist. Im optimalen Moment. Nicht erst vor Nummer drei vier fünf oder gar vor Eingang F oder erst in der Tiefgarage.“

„Gestoppt wurden sie unterhalb der Trinkhalle, im kurzen Waldstück. Kemal Özkan sagt, er habe die Queen zweimal gesehen, zweimal in derselben Richtung. Zunächst im Staats-Mercedes mit großer Eskorte, das zweite Mal eine Stunde später im Geländewagen, der Jeep fuhr also beim Imbiss noch unbehindert vorüber. Und inzwischen ist Kemal überzeugt, gegen Attentate nutzt man auch in England Doppelgängerinnen. Verfügt man über eine zweite Elizabeth die zweite.“

Hertz schien amüsiert, ächzte und litt Schulterschmerzen. Und sagte, schon wenige Minuten nach den ersten Signalen aus dem Sender sei der

Alarm abgepfiffen worden. „Noch bevor ein großes Jagen überhaupt hat starten müssen."

„Abgepfiffen?"

„Der Sender im Täschchen wollte sich gar nicht entfernen. Anfangs war die Queen zwei Kilometer weg. Dann nur noch anderthalb, schließlich noch weniger – die Entführte kam wieder zurück zur Villa. Die Shakespeare-Debatte näherte sich der Villa Hügel, über kleinere Wohnwege und dann über die Frankenstraße." Auf dieser antiken Heer- und Handelsroute habe man das Problem dann rasch bereinigen können, auf der uralten Verbindung zwischen Antike und Mittelalter. „Nachbarin, euer Täschchen." Hertz ließ ein Kichern hören und sagte, das Sendertäschchen sollten sie jetzt nicht nur verwünschen. Nur weil die Queen rasch und richtig geschaltet und nur weil das Gerät fehlerfrei funktioniert habe, säßen sie jetzt unbehelligt in diesen Sesseln und könnten in die Ladyfingers beißen. „Zwei Minuten später, und die Gorillas wären hier gewesen, in deiner *Simplicius*-Abseite."

„Auf der Frankenstraße war keine Spur von Verfolgung oder Gerangel."

„Noras Wunsch. Falls was schiefläuft, keine Gegenwehr. Darüber hatte es Streit gegeben. Mit dem Mann aus Schwaben. Mit dem *Rover*-Beschaffer." Hertz hielt sich die Schulter. „Heute Abend im Flughafen werden sie mich als ersten an Bord lassen. Immer zuerst die Behinderten. Und nun wissen wir auch, warum Premier Thatcher gleichfalls nie ohne Täschchen geht."

„Und was ist nun? – mit Nora? mit Mick?"

Bis jetzt schien Hertz beherrscht. Nach der Nora-Frage schien ihm sein Pfiffigkeitston zu vergehen, musste er sich ein wenig zur Seite wenden. Und hob die Hand vor die Augen. Und sagte schließlich, zwar sei er doppelt so alt wie Langensiepen, mit dieser Feststellung habe es ja mal zwischen ihnen begonnen, oben auf der Heimlichen Liebe. „Doppelt so alt, aber von dieser Frau wohl ähnlich hingerissen. Unsere Doktorandin steckt jetzt im Knast. Und Mick, der einen vorzüglichen Text über die

Ruhrsprache fast fertig hatte, den haben sie abgeschoben. Nach Nordirland."

„Und der Schwabe?"

„Stand seit drei Jahren auf Fahndungslisten." Hertz behielt die Hand vor den Augen.

Langensiepen kaute Keksfinger. „Wie kommst du zum Flughafen?"

„Seniorenservice. Die Koffer sind gepackt. Langensiepen, bewach sie mir gut, meine Chamisso-Schätze. Irgendwann wird irgendein Schlaumeier, wird irgendein besonders Ehrgeiziger aus Bonn, München oder Düsseldorf über den sechzehnten Juni 1980 Genaueres wissen wollen. Und von Staatsschützern ist derzeit wenig zu hoffen, alles zu fürchten. Bewach sie mir gut, diese Schatten. Schatten einer *übergriffigen* Affäre, wie unsere Freundin die Sache genannt hat. Die Geschichte meiner armen Urgroßmutter und meines dichtenden Urgroßvaters. Der so ahnungsvoll von der Schadhaftigkeit *DES* Menschen erzählte. Bewach mir die Dokumente ihres gemeinsamen Kindes. Des verlegenen Verlegers. Ich weiß nicht, ob ich das auf der Heimlichen Liebe deutlich genug gesagt habe. Die Sachen im Silberkoffer berichten von einer Rettung. Vor Zyklon B. Im allerletzten Augenblick." Seine Augen hielt er bedeckt.

Blieb dann stumm.

Und schwieg ungewöhnlich lange. Irgendwann bruddelte er dann etwas, das sich Langensiepen später rekonstruieren musste. Was hatte Hertz gesagt? Um mit Mozart zu reden? Ja. „Um mit Mozart zu reden: ‚O ich heinrichhafter Esel'."

Das war akustisch nur so zu verstehen gewesen. Und war also unverständlich. Langensiepen beschloss, sich genauer um Mozart zu kümmern.

Eine Standuhr schlug viermal. Langensiepen betrachtete das dunkel gebeizte Holz und meinte, in den Wänden der alten Uhr englische Zeichen zu erkennen. Umrisse von Kronen, von Wappen, von gotischen Kathedralen.

Im Sockel des antiken Stücks war auch der Rettungskasten, das märchenhafte Versteck für das pfiffigste unter den sieben Geißlein. Das sich dort unten hatte verstecken und retten können. Als der Wolf kam. Unten.

Dachte dann wieder an Hertzens Zug der Geister über den Broadway, ertrug schließlich das Schweigen nicht länger und fragte, wieso Hertz in seinem Traum von der Heldenbeseitigung auch den Nietzschekopf habe erblicken können, den Kriegs-Philosophen.

Der habe nicht nur die Menschenverachtung der Nazis vorausgedacht, sondern auch das Gegenteil. Habe einen der frühesten und stärksten Texte in Sachen Gewaltfreiheit geschrieben. – Hertz nahm die Hand nicht von den Augen, sprach sehr konzentriert, fast ohne Ton. – „‚Und es kommt vielleicht ein Tag, an welchem ein Volk freiwillig ausruft: Wir zerbrechen das Schwert! – und an welchem es sein Heer bis in die letzten Fundamente zertrümmert. Sich wehrlos machen – das ist das Mittel zum wirklichen Frieden.'" Und, nach einer Pause: „Auch das liest man bei ihm. In ‚Der Wanderer und sein Schatten'."

Und flüsterte und zischelte dann weiter, und soviel Langensiepen verstehen konnte, ging es wieder um *Depressionismus* und *Expressionismus*. Zum *Expressionismus* rechnete er auch Nietzsches Texte, dessen Tiraden gehörten nun mal zur Lust *DES* Menschen an *Projektionen* und Selbstermächtigungen. Zu seinen tollen Antworten aufs Unsagbare ermächtige *DER* Mensch sich durchs Hinaufziehen am eigenen Hirn, ins Höhere, ins Wahre. Offenbar sei sie lebensnotwendig, die Selbsttäuschungslust.

Seit Hertz den Genitiv *des Menschen* in der deutschen Verfassung gepriesen hatte als einzigartige Leistung, notierte Langensiepen, wann immer von *DEM* Menschen mit bestimmtem Artikel die Rede war, diesen Artikel nur noch in Großbuchstaben. Tat so, als zitiere er da immer nochmal diesen einzigartigen Augenblick der Erkenntnis. *DES Menschen.*

„Und jetzt wüsste ich gerne, was du denkst, hinter deiner Hand."

Jetzt, nach dem Scheitern der *Aktion*, denke er, Hertz, an eine Einsicht, die er beim Philosophen Horkheimer gelesen habe. Vernunft könne nur dadurch mehr sein als Natur, dass sie sich ihrer „Natürlichkeit" bewusst werde. Und ihre Natürlichkeit bestehe darin, dass auch Vernunft zum Herrschen hinwolle. Zur Egomanie. Zur *autistisch-arroganten.*

Schwieg dann wieder hinter seiner Hand. Aß keine Ladyfinger mehr. Nur die Uhr ging ihren schleppenden Gang. Und dann sagte der Achtzigjährige, er vergleiche gern. Neulich habe in der klugen Zopfzeitung gestanden, mit Hitler sei nichts zu vergleichen. Er dagegen werde mit Hitler alles vergleichen. Und es würge ihn, dass er abermals Freunde verliere. Nicht in Mordfabriken, aber wiederum ohne Anklage. Ohne Prozess. Jenseits der Rechte *DES* Menschen.

Die beiden Sicherheitsherren hätten ihm gestern versichert, es sei Geheimhaltung vereinbart worden. Mit den deutschen wie mit den britischen Verantwortlichen. Über den Vorfall am Sonntag sei absolute Geheimhaltung verabredet worden. Aber allzu gern wüsste er jetzt, ob nicht doch irgendeinem Journalisten was aufgefallen sei. Leider erscheine an diesem Staatsfeiertag Siebzehnter Juni keine Zeitung. „Zu gern läse ich jetzt die beiden Frankfurter Zeitungen, die Allgemeine wie die Rundschau. Deutsches Feuilleton. *Depressionismus.* Bin mir sicher, die *Aktion* blieb unbemerkt. Resultat all unserer Mühen ist Null. Total Null. Nichts."

Er schnaufte, dieser Schnaufer hatte offenbar ein Lacher werden sollen. – „Und was hatten wir gewollt? Am Beispiel Nordirland ein Turm. Ein weltweites Fanal. *Grundwissen* von Gewalt. Gewalt als Hirnriss und *Hydra.* Würde *DES* Menschen gegen jede Sorte Gottesstaat. Gegen neuen Religionsfaschismus. Und was kam heraus? Nichts. Total nichts." Lachte sein schmerzliches altes Lachen. Und schwieg wieder. Die eine Hand an der Schulter, die andere vor den Augen.

Da holte Langensiepen mehr Luft als sonst und zog den Umschlag mit den vier Texten aus seiner Jacke. Und klopfte auf das Sammelcouvert. „Verbrennen?"

Hertz schien zu nicken.

„Den ersten Satz", sagte Langensiepen, „weiß ich inzwischen auswendig. ‚Rings ist die Welt ein Tollhaus und stirbt. In Nordirland aber erschlagen sich Menschen, weil sich im Jahr 1690 Menschen erschlagen haben.' Druckt niemand mehr einen Schrei über die Dummheit von Ruhe und Gewalt?"

„Das Gedruckte gerät immer weiter auseinander. Hier Glückskitsch. Dort *Melancholismus*." Griff dann aber mit seinem gesunden Arm nach den Papieren, zögerte zwei Sekunden und begann, die Blätter aus dem Couvert zu ziehen und durchzureißen, sie sorgfältig durchzureißen in Hälften, die er dann zerknäuelte und in den Kamin warf.

Langensiepen half ihm, und schließlich zündelten sie und sahen ihn in Flammen aufgehen, den flammenden Protest. Und Hertz nickte und flüsterte. „'Eh den Bau der wirren Welt Philosophie zusammenhält, erhält sie ihre Getriebe durch Hunger und durch Liebe'. Das reimte der, den uns unsere Deutschlehrer als Idealisten verkauften. Schiller."

Half dem Feuer hier und dort mit einem Eisen nach, wo Beschriftung erkennbar blieb, wendete er das Verbrannte und stocherte. Rührte die Appelle zu Asche. „*Top secret*," murmelte er. „ *Nora's Day* hat nicht stattgefunden."

1974 sei Elizabeths Tochter Anne, 24jährig, nachts spät heimgekommen, vor *Buckingham Palace* habe ein Kerl ihr Auto gestoppt, ein Erpresser, ebenfalls 24jährig. „Der wollte zwei Millionen. Als die Prinzessin darüber schallend gelacht hat, wurde der Kerl gewalttätig, wollte Anne entführen. Die Sache wurde nie publik. Gestern Abend erzählte mir das mein neuer Londoner Geheimfreund. Elisabeths Tochter habe dem Räuber dermaßen eine geknallt, dass der kampfunfähig war. Gehörsturz. Hirnkatastrophe. Der musste in eine Klinik. Premier Wilson habe das Protokoll unterschrieben mit der Bemerkung: ‚Tolle Geschichte. Zu schade, dass sie geheim bleiben muss'."

„Wir können nichts tun für Nora? für Mick? Und für diesen Schwaben?"

„In den *Empire*-Beton dringt nichts. In Sachen Nordirland ist zivilisiertes Recht nirgends in Sicht. Obwohl im Volk hier wie dort die immer mehr

Menschlichkeit zu beobachten ist. Aber die Militärs und die Richter. Und wenn wir uns da einmischten, wäre das guter Stil? Wenn gegen Englands Justiz Leute opponierten aus dem Land, das mit der eigenen Justiz nie ins Gericht ging? Weder mit der Nazijustiz noch mit den Nazidiplomaten noch mit den Nazi-Ärzten noch mit Nazi-Krankenversicherungen noch mit Nazi-Apothekern noch – noch – " – Hertz wollte trinken. Ließ aber die Tasse stehen, musste mit der Hand über die Augen wischen. „Weder Schaf sein noch Hirte? Ich bin sicher, das muss der arme Planet verschieben. Auf eine der über- und übernächsten Generationen."

„Heißt sie tatsächlich Nora?"

Im Schmerzgesicht wieder ein Lächeln. „No RA gegen IRA? Zu schön. Aber Nora heißt sie wirklich. Nora Behrendt. Die Eltern in Kiel leben getrennt. Im Lesesaal der Essener Uni-Bibliothek sah ich eines Tages eine junge Frau mit Chamisso-Sachen. *Frauenliebe und Leben*. Die musste ich ansprechen. So wie ich dann den Ex-Hauptkommissar ansprach, der vor sich hingeschimpft hatte ‚Wozu dieser Beton'."

Die Standuhr schlug einen Einzelton. Und Hertz meinte, jetzt sollten sie Abschied nehmen. „Ende August bin ich zurück. Dann bin ich wieder in der *Eschenstadt*. Und dann reden wir über alles, und endlich mal ohne Störung und ausführlich. Über *Denkkatastrophen*. Und über den einzig glaubwürdigen *Weltglauben*. Die Idee der Nicht-Idee. Falls wir bis dahin immer noch nicht geschnappt wurden." Er holte tief Luft. „Verabreden wir uns schon jetzt. Nehmen wir den 28. August. Um zehn Uhr am 28. August kommst zu mir hier herauf. Und dann wandern wir hinunter in den Hügelpark, und ich zeige dir in meinem Glashaus diese verdammte stählerne Hintertür. Und all den aufdringlichen, den fleischfarbenen *Kitsch*. Pflanzen als Schmetterlingsgaukler. Als Mückenverführer."

Griff zum Stock, stand auf und tappte vor Langensiepen her zur Tür. Der 28. August sei der Geburtstag des großen Heiden aus Weimar. Der habe gewollt, dass sein Sohn in Heidelberg die frühesten Formulierungen des *Grundrechts* studieren solle. – Vor der Wohnungstür blieb Hertz stehen. „Frankreichs *Code civil* sollte er studieren, der August Goethe. Die erste gründliche Verfassung eines allgemeinen Menschenrechts. Eines gleichen Rechts für Jeden. Zum erstenmal ausdrücklich auch für Juden. Diese Arbeit entstand unter dem bösen Napoleon. Den unsere romantischen deutschen Freiheitskrieger so erbittert bekämpft haben, und mit ihnen unsere Dichter und Denker. So tapfer, so blutig, so teutonisch. So dass am Ende auch dein 1848 unmöglich hat gelingen können. Und auch 1918 nicht."

Tat die Hand auf die Klinke der Wohnungstür. Öffnete sie aber nicht, sondern legte den gesunden Arm um Langensiepen. Umarmte den Expolizisten. „Leser Langensiepen, entschuldige, dass wir dich reinziehen mussten." Und fragte dann noch, ob er sich erinnere, worüber sie bei ihrem ersten Treffen geredet hätten, oben, auf Essens höchstem Punkt.

„Offenbar über Gewalt. Ohne dass ich viel verstanden habe. Und ob da oben ein Turm sinnvoll wäre. Ob ein Turm auf der Heimlichen Liebe einen *Überblick* liefern könnte über die *Fünf-Millionen-Zwölf-Städte-Stadt*."

„Und? Haben wir ihn jetzt? den *Überblick*? Ach, wie rede ich nun mit meinen amerikanischen Kindern. *God, less America* – "

In der schließenden Tür sein schmerzliches Lächeln.

Im Souterrain rollte Langensiepen

die Panoramascheibe zur Seite. Blieb in der Öffnung stehen, atmete eine Weile die Abendluft.

Und richtete sich dann aus den Heidschnuckenfellen ein Lager. Machte sich eine Schlafstelle, vor der großen Fenster-Öffnung, zwischen den Kisten. Und als er alle Felle beisammen hatte, legte er sich flach auf den Fellteppich am Boden. Lag nun vor der offenen Terrassenglaswand in einem gut gepolsterten Nest, lag im Offenen und blieb lange unbewegt. Und wollte eigentlich schlafen.

Hatte aber die Augen weit geöffnet. Weit und angstvoll. Ohne Kopfbewegung blickte er in den Dämmerhimmel. In die Buchenschwärze – *so tapfer, so blutig, so teutonisch – falls wir bis dahin immer noch nicht geschnappt wurden –*

Und merkte, dass er wieder zitterte. Still und flach lag er zwischen den Kisten, lag im offenen Raum und zitterte.

Und war sich sicher, dass in den nächsten Sekunden Uniformierte heranstürzen mussten, dass vom Flur her die Tür aufgestoßen wurde und Vollzugskräfte hereinbrachen und über ihn herfielen, über ihn, den *Angstgelähmten*, sechs maskierte Riesen durch die Wohnungstür, sechs andere über die Terrasse, an diesem Staatsfeiertag Siebzehnter Juni, da warfen sich Staatskämpfer mit besonderem Grimm ins Terroristennest, zwölf gepanzerte, geschiente, bewaffnete und hysterisch brüllende staatliche Gewaltmänner stürzten sich über ihn mit Geschrei „Auf den Bauch!", „Arme hoch!" und „Beine auseinander!", zwei knieten auf seinen Armen, zwei andere auf seinen Beinen, einer auf seinem Rücken, ein sechster vor seinem Kopf, und der am Kopf, der drückte ein Eisen gegen die Schläfe: „Keine Bewegung!"

Gegen Terroristen war alles erlaubt, war alles notwendig. Vordenbäumen sagte, im postfaschistischen Staat sei gegen Staatsfeinde das *Grundrecht* selbstverständlich außer Kraft. Jeder *Code civil*, jedes ‚Recht auf Lebendigkeit'. Die zwölf Verpanzerten hätten jetzt endlich eine gute Gelegenheit, hätten einen wie Langensiepen sowieso schon immer liebend gern ausgeschaltet, und solches Ausschalten, wusste Vordenbäumen, praktizierten die mit allen, die sie für Politkriminelle hielten, seit je radikal und ungestört, bei Terrorverdächtigen galt das als Notwehr, war das von vorneherein reine Notwehr, auch noch im Nachhinein, denn so ein Durchgreifen schützte in jedem Fall die Verfassung, das sicherte auch und erst recht mit Gangster-Methoden die Verfassung, und da war vom Staatsschutz in der Tat *wenig zu hoffen, alles zu fürchten*, staatlich geförderte Männerbünde demonstrierten das in Privat-Armeen, zeigten glorios ihre Einsatzkraft, diese Bünde und Banden funktionierten kameradschaftlich und reibungslos, prächtige Kollegen waren das, prima Kumpels standen da füreinander ein, einer für den anderen, die deckten sich, *gern was Gedecktes*, „Her mit den Briefen! Wo ist eure verfassungsfeindliche Scheiße, wo hast du die, mach's Maul auf!", „Verbrannt", „Wo!", „Auf der Isenburg", „Wo soll die sein!", verschworene Freunde kooperierten da, machten Langensiepen fertig, den kriminellen Mitmacher und Miesmacher, den stadtbekannten Versager, der gegen kommunistischen Terror unfähig gewesen war, der mit seinem Versagen den Ruf der Ordnungs- und Sicherheitskräfte beschädigt hatte, dieses versoffene Weich-Ei, das konnten sie nun endlich greifen und erledigen, Hände auf den Rücken, Handschellen, Augen und Mund verklebt, weg mit dem, abschaffen.

Langensiepen zitterte.

Der Professor dort oben, der ist jetzt auf und davon, der ist zum Flughafen, ist rechtzeitig ab nach Amerika, hat ja auch mit dem Ganzen offensichtlich gar nichts zu tun, nur einen zerschlagenen Arm und einen zerstauchten Nacken, *Roentgenbild liegt auf der Anrichte.*

Langensiepen zitterte und lauschte in die Nachtschwärze. Aber die Schwärze blieb still.

Es kam keiner. Niemand überfiel.

Dauerte lange, bis er es riskierte, aufzustehen. Wankte rasch in die Nische, trank hastig die Klinikkost, legte sich dann wieder nieder, flach zurück auf die Felle am Boden. Und beim Hinlegen war es ihm, als sollte er sich erst gar nicht auf den Rücken legen, sondern gleich freiwillig und in *Angstlähmung* auf den Bauch, aus freien Stücken wehrlos, keine Bewegung, kein Widerstand.

Aber es kam niemand.

Lag auf dem Rücken und blinzelte ins Zwielicht.

Und das Zittern ließ endlich nach. Die Klinikkost.

In den kleinen Pausen zwischen den heulenden Sinkflügen, in den kurzen Momenten der Stille hörte er vom Schattenturm der Buche ein flüsterndes Geräusch. Hörte in der Schwärze das Rauschen der roten Blätter.

Im Schwarz schwebten die gelb und rot blinkenden Lichter schräg nach rechts, sanken hinter den Horizont. Die Flugriesen.
Sieh mal nach, ob hinten am Schild alles in Ordnung ist.

War dies das Letzte, was er von der Romantik-Forscherin je zu hören bekam? von der *Idisi,* der schönen Klugen, der tatsächlichen Nora?

War dann in Gedanken
wieder unterwegs im vergangenen November, wanderte mit Otto Vordenbäumen an dem Eifelflüsschen entlang. Vordenbäumen musste in jedem November in der Eifel unterwegs sein, in den Ardennen, dort, wo seine Kriegsverletzung passiert war, dort wanderte der jeden November, und im letzten November hatte Langensiepen ihn begleitet, in einem vollkommen normalen Novembernebel, drei Tage lang am Flüsschen Rur.

Und sah ihn nun wieder neben sich, den hinkenden Freund, den Kriegsversehrten, zwischen Nideggen und Hürtgenwald wanderten sie durch drei Nebeltage, und Langensiepen hörte wieder all die Wörter aus den Lehrbüchern, die Wörter *Schlacht* und *Sieg* und das Wort „Ardennenoffensive". Aber Otto Vordenbäumen, der kriegsversehrte Rentner aus dem Essener Norden, der redete in dem dicken Novembernebel anders, der redete von „Allerseelenschlachterei".

An Allerseelen nämlich, Anfang November 1944, da sei dort der Nebel noch dicker gewesen und die Gewalt so sinnlos wie die Gewalt jedesmal, im November 1944 aber NOCH sinnloser, denn da sei Gewalt nicht einmal militärstrategisch von irgendeiner Bedeutung gewesen, sondern da war nur noch ein zigtausendfaches Erschießen und Erstechen im Eifel-Nebel, denn jeder auf beiden Seiten hatte die Orientierung verloren, militärstrategisch ging es zehntausenden sehr jungen Menschen aus Deutschland und den zehntausenden sehr jungen Menschen aus den USA darum, zwischen Hürtgenwald und Nideggen im Nebel den Fluss zu finden und zu überqueren, die Rur, den Rur-Fluss ohne h, aber keiner wusste, wo diese Rur ohne h im Nebel zu finden gewesen wäre, und so haben sie sich im Allerseelennebel einzeln und *konkret* getroffen, sind sich an Allerseelen 1944 nach und nach achtunddreißigtausend amerikanische sehr junge Männer und achtzehntausend deutsche sehr junge Männer begegnet, haben einander Mann für Mann gefunden und getroffen und durchlöchert und erstochen und zerfetzt und zerstückelt, so dass in dem großen Nebel sechsundfünfzigtausendmal militärischer Erfolg zu registrieren war, und da wurde sechsundfünfzigtausend mal verstümmelt und verreckt und obendrein massenhaft und Mann für Mann verkrüppelt im orientierungslosen Eifelnebel bei Nideggen, sagte Vordenbäumen über seine Kriegsverletzung.

Ardennenoffensive, sagten die Lehrbücher.

Hätte jetzt gern seine Trotztrauermusik gehört. Die depressiven Freiheitstöne vom *traurig und alt gewordenen Mozart.* Aber Langensiepen startete die Kassette nicht. Nie dann, wenn im Souterrain die Südseite offenstand. Dann war unterm Düsenfauchen und Düsseldorflärm musikalische Musik nicht mehr vernehmbar. *Dezente* Musik, musikalische nie mehr.

Allerseelenschlachterei. Und sagte sich langsam den ersten Satz aus den vier Briefen vor, den flammenden Anfangssatz.

Am 28. August, wenn er sich mit Hertz treffen würde, dann musste der ihm auch den Nietzsche-Satz noch einmal sagen. Langensiepen wusste nur noch: … *und es kommt vielleicht ein Tag …*

War solch ein Satz nur ein *Expressionismus*-Satz? Nichts als ein großartig starker Ausdruck? Nora hatte von *Projektionen* geredet, von den *Illusionen*, den Rettungskünsten am eigenen Schopf hinauf ins Höhere, dem allgemeinen Lebens-Trick, betäubend überall und in jedem. In ihrer Universitätsarbeit waren Nation, Religion und Gott am Ende nichts weiter als faszinierend starke Ausdrücke. Eindrucksvolle Vorwände. *Projektionen.*

Auch Liebe?

Auch Jesus? – ein schönes Selbstporträt *DES* Menschen?

Am Ende ein Selbstporträt des genialen Leonardo. Allein an solche Künste *DES* Menschen glaube er, sagte Hertz.

LOS! NACH DROGHEDA!

Erwachte am nächsten Tag erst sehr spät und wusste, dass er im Traum an einem Fallschirm in die Tiefe gesprungen war, der Schirm jedoch hatte sich verhakt an den hinteren Flugzeugflügeln, an einem Flügel hing er fest, Langensiepen wusste im Traum nicht weiter, wachte auf im Schock und bedachte die Gewitztheit der Traumwörter, im Traum waren die Tragflächen Flügel gewesen.

Lag nun noch immer in der breiten Fensterwand, die weit offen stand. Niemand war hereingestürmt, keiner hatte überfallen. Mit Mühe richtete er sich auf und ging, schwankend, in die Nische, trank von der Aufbaunahrung, schrieb eine Weile in der Kladde und legte sich wieder zurück. Flach auf den Boden. Als nehme er Deckung.

Und bedachte die Frage des Hügelgärtners, ob sie jetzt hätten, was man *Überblick* nenne. Für Vordenbäumen war *Überblick* im höheren und besseren Süden der Stadt unmöglich, nur im Norden, nur unten an Kanal, bei Industrie, Hafen und Emscher überblicke man die Ruhrstadt, die *Fünfmillionenzwölfstädtestadt*, zum Beispiel auf der riesenhaften Schlackenhalde Schurenbach, wo auf schwarzer Aschenhochfläche alles so aussah wie auf dem Mond und seit langem auf dem Mars.

Richtete sich wieder auf, schleppte sich durch den leeren Raum, ging von Wand zu Wand und zwischen den vier Pfosten-Spuren hin und her und legte sich zurück ins sommerliche Panoramafenster, zwischen die Kisten und zitterte nicht mehr.

Nahm schließlich Fontanes „Stechlin" und begann zu lesen. Gelangte in hilfreiche Strömungen, Wörterwellen hoben und trugen ihn. Jeden Satz genoss er, jedes Wort.

Und fand nach mehreren Stunden „Stechlin" Kraft, mit diesem Tag, einem Dienstag, doch noch *reale* Dinge zu beginnen, er duschte, aß, und ging hinaus auf die Frankenstraße, aber nicht hinauf nach Bredeney, nicht zum KONJA-Kiosk, mied Kemals freundliche Vergnügtheit, hätte Kemals gute Laune kaum ertragen können, sondern lief zum Stadtwaldplatz hinunter und kaufte die Frankfurter Zeitungen, die Allgemeine und die Rundschau. Fand dann hinter den Käfigen der alten Vogelwarte die Bank, von der es vormals den freien Blick gab über die Schillerwiese, jetzt stand die Bank zwischen Gestrüpp, hier war ungestört zu lesen.

Die Berichte über den Staatsbesuch an *Nora´s Day* waren gut platziert, fanden wohlwollende Kommentare, Premier Thatcher und Kanzler Schmidt hätten sich „einhellig westlich" positioniert, nämlich „ausdrücklich amerikaverbunden", freilich erschien der Staatsbesuch „ökonomielastig", „praktisch war das ein Treffen von Wirtschaftsführern", doch das erschien sympathisch und „realistisch".

Von heiklen Sicherheitsmomenten nichts. Nur zwei Bemerkungen über hohen Polizei-Aufwand, über Nervosität. Typisch sei ein falscher Alarm gewesen, kurz vor Beginn des Dinners.

Mehr nicht.

Dann aber doch noch was. Etwas Lustiges im Feuilleton der Allgemeinen, auch dort ging es um die eingeflogenen Köche und Kellner aus München und um die Verspätung beim Dinner. Die Köche seien in heller Aufregung gewesen, das Menu für die 68 Gäste war in akuter Gefahr, der Fisch, die Seezunge habe zu „zerfallen" gedroht, die knackig gerösteten Croutons weichten auf. Und dann ging es mal wieder um das „altfränkische Erscheinungsbild" der Queen, um ihren „mit Fixativ zementierten Frisurturm", das Blatt erteilte eine Rüge an die Hofdamen und gab den Rat, doch „endlich für ein Ende des sozusagen Haarsträubenden" zu sorgen. „Zweifellos sind das *petitessen*, aber Repräsentation ist seit Potiphar und Cleopatra Petitessenzauber und sollte mittlerweile beherrscht werden. Beim deutsch-britischen Staatsempfang im Kruppschloss misslang das auf deprimierende Weise, fast drei Stunden lang wirkte jedes Lächeln der Herrschaften hier und der Herrschaften dort wie eine hämische Reaktion auf ein ganz und gar missglücktes Arrangement, legendär sind im

Hügelpalast die vom Konzerngründer Alfred Krupp eigenhändig entworfenen Toiletten, da warten Marmorprunk, grandiose Spiegel, erhabene Thronsitze und freier Blick von hohen Sesseln und Schüsseln herab durchs Fenster hinaus auf Park und See, den Londoner Höflingen hätten die großzügigsten Lokalitäten zur Verfügung gestanden und obendrein reichlich Zeit, zumal Majestät nach dem Minutenplan, der an die Presse verteilt worden war, um mehr als eine halbe Stunde zu spät zum Dinner erschien, Pünktlichkeit, heißt es, sei eine Tugend der Könige, doch bei dieser festlichen Begegnung hatten die Eliten beider Seiten zu warten. Um alsdann nicht ignorieren zu können, wie die Monarchin auftrat, nämlich mit einem gut drei Stunden Aufmerksamkeit heischenden Derangement unterm Diadem, peinlich für die vollzählig versammelten deutsch-britischen Führungsschichten, für diesen Feldherrnhügel des Europa-Kapitals. Fairness bitte auch für Königinnen. – Lore Jäger."

Am Stadtwaldplatz
klatschte Langensiepen die Zeitungen in einen Container und sah zu, dass er wieder in seinen leeren Keller kam, zurückkriechen konnte in die Felle zwischen den Kisten. Wühlte Leib und Gesicht in den haarigen Schafsduft, in den Noraduft, eine Seite der Rundschau hatte er sich herausgerissen, die hatte er noch lesen wollen, die lag nun vor seinen Augen, die graue, die textschwere Seite hob und senkte sich, die schob sich mit seinen Atembewegungen an einem der Heidschnuckenfellstücke hinauf und hinunter und hielt ihm ihr fahles Druckfeld entgegen, eine Weile verlor sich sein Blick im Bleigrauen und Ungenauen, so lange, bis er die Blickschärfe verbesserte und entziffern konnte, was da vor seinen Augen von einem Klaus K. gedruckt worden war und aufstieg und abstieg. „Alle sind am Ende ihrer Wachstumsweisheit, aber niemand schießt sich eine Kugel in den Kopf."

Was war nun gewesen? Und was blieb? *Verdüsseldorfung* hatte Hertz gesagt. Ein Todeszug der Lemminge, den man *nett* mitgestalten durfte. Mit angemessener Frisierkunst. *Laughter in the dark.*

Nora war weggesperrt. Der schöne, der intelligente, der makellose, der Orchideen-Leib. Fortbetoniert bei Lebzeiten. Und mit Nora die *Idisi*-Botschaft, die *Hydra*-Weisheit. Vertan ins *total nichts*.

Statt dessen Hochrüstung Wachstumswahn Sicherheitsdünkel? Und die Angst-Hysterie offenbar auch in mir? – *mais je pleure* –

Bewach sie mir gut, meine Chamisso-Schätze.

Fast dunkel war es geworden. Was denn hatte nun eigentlich stattgefunden. In den Annalen des britischen Königshauses, hatte Hertz gesagt, werde es eine Entführung von Queen Elizabeth niemals gegeben haben. Was weder aktenkundig sei noch medienkundig, existiere bekanntlich nicht. Im Hofprotokoll höchstens als Verspätung. Beginn des Dinners knapp vierzig Minuten später. *Die Croutons wurden weich.* Weder könne bewiesen werden, dass beim britischen Staatsbesuch 1980 in Westdeutschland eine Entführung stattfand, noch werde man je beweisen können, dass sie nicht stattfand.

Langensiepen trank vom Essener „Burgwallbronn". Lag lange flach auf dem Rücken, bewegungslos. Die Wirklichkeit der letzten fünf Tage ist gefressen worden. Vom Hauptbetriebstrick der *Natur*. Vom *gefräßigsten aller Ungeheuer*.

Die Taten von fünf Leuten an fünf Tagen hat es nie gegeben. Und warum auch sollte es diesen Tagen anders ergehen als allen anderen Tagen. Stürzen allesamt ab in endgültiges Vorbei. Und weltweit haben Künste und Religionen abzulenken vom unaufhörlichen Totalverlust.

Und erinnerte sich, dass einer der schönsten Romane, die er in der letzten Zeit gelesen hatte, mit einer eigenartigen Wendung aufgehört hatte. Die er erst jetzt zu begreifen begann. Der Roman endete mit der Frage der Hauptfigur. „Funktioniert der Projektor?"

Lag eine Weile still und grübelte. Las dann wieder im „Stechlin" und hat geschlafen. Und wachte erst auf, als es fast finster war. Quer über dem Himmel standen bleiche Wolkenstreifen. Parallel schwebten die neben dem schwarzen Buchenhaupt, die hellen Wolkenbänder schimmerten im matten Schein der Stadt wie Riesenrippen.

Und bedachte die Zeit der Marianne Hertz, auch deren Zeit war radikal verschollen und gefressen, aber gegen jede Wahrscheinlichkeit und unter den absurdesten Umständen rückten die Augenblicke dieser Einsamen zurück in die Augenblicke der Nachlebenden. Und retteten Leben.

Die unglückliche Marianne Hertz hat gerettet, mit ihren silbernen Harfenbildern.

Ob auch Nora Behrends Verführungsentführung, ob auch der Fanaltag *Nora's Day* irgendwann ans Licht kommen wird?

Durch mein dürftiges Protokoll? meine hilflosen Notizen?

Meine rote Kladde sollte ich verbrennen.

Schlief aber
wieder ein und erwachte erst mitten in der Nacht. Sah, dass er weiterhin flach auf den Fellen zwischen den Kisten lag, im Offenen, vor der schwarzen offenen Sommernacht.

Und merkte, dass jemand im Raum war.

Hinten in seiner Schlaf- und Schreibnische schimmerte das Tischlicht. Dort saß jemand und schrieb.

Im Lichtschein wippte ihr aufgestecktes Haar.

Nora.

Er hatte sich aufgerichtet, rief leise ihren Namen.

Die Frau zerknüllte ein Papier und löschte das Licht. Kam in der Finsternis auf ihn zu, umarmte ihn, drückte ihn auf die Felle und legte sich über ihn.

Er stammelte Fragen, woher sie jetzt komme, was passiert sei. Sie schob den „Stechlin“ zur Seite, legte sich noch dichter auf seinen Leib. Lagen dann eine Weile schweigend übereinander, umarmend, küssend.

Jetzt war sie es, die zu zittern schien. Und plötzlich flüsterte sie los, tuschelte und lispelte, ihr Mund dicht an seinem Ohr, in großer Schnelligkeit zischelte sie, fast rasend, fast zu rasch und zu leise, Langensiepen notierte später, sie sei wahrscheinlich auf einer Reise gewesen, „mit Dr?“, mit Drogen?, auf verwirrende Weise beschleunigt. „Woher ich jetzt komme? *Jetzt*?“ Fast drei Uhr sei es *jetzt*, nur zehn Minuten Zeit habe sie, höchstens fünfzehn, auf der Frankenstraße warte ein guter Junge, der werde in seinem alten Ford in einer Viertelstunde mit ihr zur Nordsee fahren, noch in dieser Nacht nach Holland, nach Rotterdam, in spätestens zehn Minuten oder in fünfzehn, einen kurzen Gruß habe sie dem schlafenden Langensiepen schreiben wollen, einen schnellen Bericht für die Assel, aber in bloß zehn Minuten sei das unmöglich, eigentlich müsste sie ihm *jetzt* fünfzig Seiten in die Ohren zischen, ein halbes hundert Seiten nach Art der Molly Bloom, der verkappten Nora Barnacle auf den berühmten letzten fünfzig Seiten des Riesenromans „Ulysses“.

Über ihm, im Dunkel, ihre Stimme, ihr Atem, ihr Vibrieren, passgerecht lag sie und in enormer Anspannung. „Was *jetzt* los ist, das fragst du eine Leuchtturm-Idiotin, die *jetzt* rauslassen müsste, was in der Literaturwissenschaft als Bewusstseinsstrom gilt, obwohl im Redegemüse der Molly Bloom oder Nora Barnacle nirgends Bewusstheit ist, weder Rationalität noch irgendein Fragezeichen oder Schlusspunkt oder Analyse, aber MollyNora hat immerhin nicht mehr geheult so wie Heinrichs arme Urgroßmutter Marianne, und darum sollten auch wir endlich Fortschritte machen, sollten keine Monarchinnen mehr aus dem Verkehr ziehen, sondern Waffenhändler, Frauenhändler, Kinderhändler, Beschneidungspriester, Bescheidwisser, Religionsfaschisten und Staatschefs, die glauben, mit Bomben – “

„Wieso bist du *jetzt* nicht im Knast – was ist passiert – “

Sie rollte sich zur Seite. Lag nun neben ihm auf dem Rücken, flach auf dem Boden, auf dem zertretenen grauen Auslegeteppich und atmete rasch und zog sich, wenn er die Schatten richtig durchschaute, den Kamm aus dem Haar. „Passiert ist, dass sekundenschnell alles passé war, dass es dem Micheál *jetzt* von Grund auf dreckig geht, dem halten sie die Kehle zu, mit Steinzeitmethoden, einen Anwalt braucht der, seine Eltern, seine Geschwister, seine Freunde. Statt zu merken, wie 1976 reagiert wurde auf die Containerbombe in *Coleraine*, waren wir es, die in eine Falle tappten."

„Hertz hat gesagt, anfangs lief alles perfekt."

„Phantastisch lief es, dankbar war Frau Battenberg, glücklich, aus der Tropenhitze rauszukommen *ins Freie*, im Luxus-*Rover* ins Orchideengelände, in teutonisches *gardening*, mit interessanten Studenten. Was wir denn studierten, Botanik? Englisch? So eine Lady weiß schließlich, wie man Studenten *nette* Fragen stellt, und als sie hörte, dass ich Englisch studiere und als ich sie fragte, ob sie schon gehört hätte, dass nach neuesten Forschungen Shakespeares Werke gar nicht von Shakespeare seien, sondern von einem sehr gebildeten englischen Adligen, der sich geniert habe, als Schriftsteller aufzutreten, weil das Fabulieren seit je als Gaukelei galt, als Narrheit und *Verrücktheit*, da wusste sie das noch gar nicht, da hat sie das sehr amüsiert, dass der Größte der Poeten ein kluger Phantastischer war aus der eigenen Adelsmischpoke, der sich zur Tarnung den Namen eines Schauspielers ausgeliehen hat, da wollte sie Genaueres wissen und ich hab sie informiert wie ein Berufsberater, wie ein Examenstrainer und hab gesagt, nur aus diesen Gründen gebe es vom Dichter aller Dichter fast keine Abbildungen, in England bleibe offenbar sehr vieles vollkommen geheim, interessiert hörte sie zu, irgendwann aber, wahrscheinlich schon bei Tor II, wird sie ihr verdammtes Täschchen an einem bestimmten Punkt beknetet haben, hat an einem elenden Gerät in ihrem Täschchen die Geheimtaste gedrückt, einen Sender aktiviert, Hertz-Frequenzen, ein Navigationssystem, hat aber mit Pokerface weiter debattiert über Shakespeare oder Nicht-Shakespeare, diese majestätische Sorte Selbstbeherrschung, die bewundere ich, die *coolness DES Menschen* Elisabeth, nicht wir hatten sie am Wickel, sondern sie uns, die Staatsorchidee, die Ikone, die großbritannische Gesamtmama. Hertz hat recht, Schatten, Täuschen und Verführen regieren den Betrieb." Sie beugte sich über ihn zu neuen Küssen. „Und schon deswegen ist jeder verpflichtet, sich so früh wie möglich von seiner tiefsten Betäubung zu trennen, von seinem wichtigsten Schatten, von Mami.“ Kroch wieder auf ihn, schob sich über seinen Körper, robbte weit nach vorn, durch ihren dunklen Haardschungel trafen ihn Küsse auf Stirn, Augen und Mund.

„Auf der Frankenstraße oberhalb Nummer drei vier fünf sah ich Lady Lilly zum letzten Mal, sah, wie sie mit verrutschter Staatsbesuchsfrisur ihr Handtäschchen geöffnet hatte und einen Zivilbullen in ihr Täschchen blicken ließ, ihr Puppenmuttergesicht grinste, als zeige sie dem Gorilla wer weiß was – seit *Coleraine* 76 kommt ins jeweilige Handgebaumele ein Gerät mit Geheimfrequenzen, seit 76 nie ohne Täschchen, das hätte uns auffallen dürfen.“

Langensiepen streckte den rechten Arm über den Boden, erreichte das Feuerzeug, zündete die Kerze im Teelicht, zog das Licht näher heran und sah nun über sich ihr Augenfunkeln, ihr grimmig belustigtes Reden.

„Auf der kurzen Frankenstraßenstrecke rauschte uns Blaulicht entgegen, zischte erst mal vorbei, die konzentrierten sich auf eine DO-Nummer, wir freuten uns schon, hinter uns aber merkten die den Irrtum, Reifenquietschen, Umkehr, Halt und Stopp, obwohl ich die Bullen anschrie, die Queen müsse jetzt schnellstmöglich ins Krupp-Schloss zum Staatsbankett – “

Im Kerzenlicht ihre Augen-Manegen. Rund ums Schwarz filigran durchsichtiges Silber, zerspringendes Gefunkel –

„Das Haftprüfungskreuzverhör heute früh hättest du beobachten sollen, diese Clownsnummern vorm Untersuchungsrichter, staatstragende Herren um mich herum, versuchten anzubändeln, zu verhandeln, vorsichtig, als sei ich die dreizehnte Fee und operiere mit Gift, obwohl ich fast alles rausgelassen hatte, Telefonnummern, Adressen, auch vom Doktorvater Schütz die Telefonnummer. Der Richter, ziemlich jung, hatte der Versammlung verlesen, ich sei Doktorandin der Philosophie und hätte nachweisbare Wohnsitze in Kiel und Essen und einen Vater in regierender Position in Kiel, das war es wohl, was sie zum Taktiertheater reizte, der Staatsanwalt aber tat souverän, wollte zeigen, wie überlegen er alles beherrschte, dass er sogar den Essener Uni-Kanzler kannte, stellte das

Telefon laut, doch der Kanzler kanzelte ihn ab, in zwei Minuten müsse er zum Flughafen, freilich kenne er den Professor Schütz, der sei sogar eine Kapazität, ungern erlaube er sich Urteile über Literaten, Schütz aber mische sich erfolgreich ein ins historische Gewerbe, wer bei dem promoviere, der müsse was auf dem Kasten haben, guten Morgen, draußen warte sein Taxi.

Da wählten sie endlich die Nummer, die ich genannt hatte, die Prof-Nummer, und nun knisterte auch Schützens Stimmchen durchs Verhörzimmer, o doch, er kenne mich gut, vielversprechend sei mein Projekt, Polittäter mit Poeten zu parallelisieren im Quadrupelsystem, die irischen mit den deutschen Polittätern und Poeten. Und nun hatten sie zu grübeln, die Wahrheitsakrobaten, hatten noch immer keinen ordnungsgemäßen Anfangstatverdacht, schon gar keinen terroristischen."

Rollte wieder von seinem Leib und blickte zur Decke hinauf, ins schwache Kerzenflackerlicht. „Anfangs sei noch Ungemütliches zu hören gewesen, grober Unfug, Ordnungswidrigkeit mit Staatssicherheitsrelevanz. Doch die Herren hätten sich nicht einigen können, zumal die Verdächtige beteuerte, was auch Micheál getan haben dürfte, dass sie auf der Frankenstraße auf dem Rückweg gewesen seien zum Haupteingang Tor I, nichts weiter als eine kleine naturbesessene Rundtour sei das gewesen und dass Frau Königin freiwillig, ja geradezu begeistert in den Geländewagen eingestiegen sei und sich im Extra-*Rover* wie zuhause gefühlt habe. „Diesen *Rover*, sagte ich ihnen, den kannte sie so gut wie ihre Pferdeboxen und Hundeställe, in denen sie ihre Köter mit Lammfilet füttert oder mit Marmeladenbrot. Oder mit Liebesknochen."

Nein, die Waldfahrt in frischer Luft habe die Queen sehr genossen, keinen einzigen blauen Flecken werde man an ihrem Leibe finden, nur ihre Frisur sei ein bisschen verrutscht, aber daran sei sie selber schuld, weil sie nicht rasch genug habe aussteigen können, als das Blaulicht den *Rover* gestoppt habe, hochgeschossen sei sie von ihrem Rücksitz und in der Tür mit dem Frisurturm gegen das Wagendach gestoßen. „Am Ende der Vernehmung wusste keiner mehr so richtig, was eigentlich strafrechtlich gegen mich vorlag, so eine Tür aus schwerem Kruppstahl und mit harter Kante kann in einer Westwindbö massiv ins Schloss fallen, kann einem Achtzigjährigen ganz schön den Arm knicken, *wough*, und so ein spontanes Spazierenfahren mit einer ausländischen Monarchin, das war auf deutschem Boden einfach noch nie vorgekommen, da existierten in den Strafgesetzen schlicht keine Vorschriften, klafften in den Bestimmungen entsetzliche Lücken, solche Sorte Herzlichkeit der simplen Leute war hierzulande ganz ungewöhnlich und hatte mit Menschenraub offensichtlich gar nichts zu tun, war weder unethisch noch seelisch grausam, weder kriminell noch volksverhetzend. Die Tonbänder, so referierte die Staatsgewalt, meldeten Dialoge über den Tarnnamen Shakespeare, ein genialer Adliger hätte sich den Namen eines genialen Gauklers ausgeliehen, gerade so wie diese drei Studenten sich unternehmungslustig den tollen *Rover*-Jeep geliehen hätten, freilich habe Frau Nora unterwegs gegenüber der Queen mit Bezug auf *The Merchant of Venice* Zweifel formuliert am Rechtswesen in Nordirland, delikat und riskant, aber höflich. War die Zweiflerin deswegen zu verurteilen?"

Langensiepen schob ihr die Wasserflasche zu, sie trank. „Plötzlich erschienen im Verhörzimmer zwei graue Eminenzen, eine englische, eine deutsche, ich musste den Raum verlassen, später hat mir mein Fordfahrer und Jura-Praktikant erzählt, was jetzt ablief. Die englische Eminenz gab den Versammelten detailliert Ratschläge, die von der deutschen Parallel-Eminenz aus dem Stand in bedeutende Prosa übertragen wurden, und die Ratschläge verlangten, dass jegliches Verfahren gegen das hierorts vorgeladene Fräulein Nora tunlichst zu unterlassen sei, weil die mysteriöse Begebenheit, die sich am Rande des Staatsbesuchs ereignet habe, an keinerlei Öffentlichkeit gelangen dürfe, nicht nur, weil solcherlei Übermuts- und Leichtsinnstaten erfahrungsgemäß Nachahmungstäter animierten, sondern weil in den Angelegenheiten staatlicher wie königlicher Souveränität jede öffentliche Debatte von Grund auf unwillkommen sei. Kontraproduktiv. Im Sinne der neuen europäischen Völkervernunft empfahl der Geheimlord, das, was auf der königlichen Rundfahrt durch ein vorgebliches Orchideengelände passiert sei, sorgfältig zu ignorieren, selbst dann und erst recht für den Fall, dass sich ein Anfangsverdacht im Sinne eines politischen Terrorismus erhärten sollte. Absolute Geheimhaltung sei erforderlich, da der Vorgang am Sonntag nicht nur unvereinbar sei mit dem Ansehen der Monarchie und mit der persönlichen Würde Ihrer Majestät Elizabeth, sondern weil hier das äußerst labile Gebilde der Staats-Autorität selbst in akute Gefahr gerate, in die Gefahr der Lächerlichkeit, wehe über Europas Kommerzpresse, in London jedenfalls sei der Journaille immer weniger klar, was in wertbewussten Kreisen nach wie vor noch gesellschaftliche Verantwortung heiße, auch die seriöseste Rechtsfindung verkomme zum Sensationsspektakel, ‚auf das Ekelhafteste'."

Nora hob ein wenig die Hände, eine Handbreit nur, und wiederholte *„most disgusting"*. „Die Würde Ihrer Majestät, so erklärte er, das sei etwas, mit dem nicht einmal im Scherz Schindluder getrieben werden dürfe. Das traf, das ergriff jedes rechtschaffene Herz. Vor allem der junge Untersuchungsrichter, so erzählte mein Praktikant, habe nun allerhand zu schlucken gehabt, nicht nur der Staatsanwalt flüsterte ihm viel Verantwortliches ins Ohr, so viel und so dick, dass der Richter schließlich die Frage in den Raum stellte, ob es nicht möglich sei, diese außergewöhnliche Kruppwaldtour dreier studentischer Heißsporne einzuordnen unter eine geistreiche Sorte Heidelberger Spaßromantik, literaturbegeisterte junge Leute hätten mit dem verehrten Gast eine phantasievolle kleine Spazierfahrt unternommen durch die überraschend schöne Südregion des Ruhrgebiets, das erscheine ihm weder staatsgefährdend noch in irgendeiner Weise gemeingefährlich, vielleicht könne eine freundliche Verwarnung zu ein wenig mehr Respekt vor den Würdenträgern befreundeter Nationen hilfreich sein und das Fräulein Behrendt zu mehr Umsicht anleiten, freilich ein Verweis nur, weit unterhalb der Grenzen von Strafbarkeit und Kriminalität. Dieser Vorschlag, sagte mein Praktikant, habe allgemein beglückt, seit dem Auftritt der beiden Geheimchefs war man entschlossen, nur noch sympathisch zu finden, was wir an *Nora's Day* getrieben hatten, und der Staatsanwalt erklärte, der Herr Richter habe mit seinem Vorschlag den ‚Tatbestandsknackpunkt' getroffen, ein Coup, ein Knüller, ein kurioses Ding sei dieser Trip gewesen, der volkstümlichsten Monarchin des Planeten, der Repräsentantin des *Commonwealth* hätten wir die interessantesten historischen Facetten deutscher Industriekultur zeigen wollen und gesprächsweise wohl auch diese und jene rechtliche Misslichkeit andeuten, geschickt die botanischen wie die literarischen Interessen der Regentin ausnutzend, ihr Vergnügen an jeder Art *wild life,* speziell an einer seltenen und köstlichen irischen Orchidee, das Ganze sei diesmal halt ein wenig mehr gewesen als das übliche Händeschütteln der Glücklichen in der ersten Reihe, mehr als ein Bad in der rauhen aber herzlichen Menge des Kohlenpotts, dieser Heidelbergspaß sei getragen gewesen von einer tiefen friedenspolitischen Europa- und Englandsorge und zeuge von einer rührenden Elisabethverehrung. Während sich diese Rede des Staatsvertreters zu hohem Rechts-Empfinden steigerte, da, so erzählte mein Praktikant, habe jemand dem Untersuchungsrichter einen Zettel vorgelegt, der las den und nickte und teilte dann mit, auch der Luxus-*Rover* sei nicht etwa gestohlen worden, sondern korrekt gemietet, freilich nicht in Dortmund, sondern in Duisburg, wieder mal sei in der Aufregung ein DO statt eines DU entziffert worden, wieder mal habe man die beiden starken Städte an den Rändern der Ruhrregion miteinander verwechselt, wann endlich werde Klarheit geschaffen im Zeichenwirrwarr.

Jedenfalls debattierte sich die Herrenrunde erfolgreich aus der Verlegenheit herraus, ein Verfahren in Sachen Queen eröffnen und die Tochter eines Politikers einlochen zu müssen, nun wurde bewährter Rechtsrhabarber gemurmelt, Geringfügigkeit, gütliche Einigung, Leichtsinn und Studentenspaß, und am Schluss der sogenannten Beweisaufnahme durfte ich wieder in den Verhörraum und zogen sich gleichzeitig die Herren der Gerechtigkeit zur Beratung zurück, um schon nach zehn Minuten zu verkünden, dass die philosophische Doktorandin der Universität Essen, Fräulein cand. phil. Nora Behrendt, über den Vorfall beim britischen Staatsbesuch im Respekt vor einer befreundeten Macht und im Sinne der europäischen Verständigung absolut Stillschweigen zu wahren habe. Wenn dies der Fall sei, werde sich auch die Obrigkeit so schweigsam wie generös verhalten, die britische wie die deutsche, und werde von Anzeige und Strafverfolgung abgesehen. – Das war's. Ich konnte gehen. Schriftlich wollten sie mir ihren Bescheid nicht geben, leider. Von *Nora´s Day* nichts in den Akten. Nichts in den Medien."

Sie trank die Wasserflasche leer. „Nur weil wir im optimalen Moment erwischt wurden, fünfzig Meter oberhalb von drei vier fünf, nur deswegen blieb unsere Mär von der botanischen Rundreise im Zeichen des Trikolorepflänzchens glaubwürdig. Beim Abschied wünschten sie mir bestmögliche Studienabschlüsse, die Wichte. Zwei Freunde haben sie mir eingelocht. Micks Examen ist ruiniert. Und nun bohrt und plagt und nervt mich mal wieder die verdammte alte Frage, ob also doch nur Gewalt Landschaften ändert. Ach Langensiepen. Selbst wenn Fünfhunderttausend in Bonn friedlich gegen das Planetenvergiften und den Atomwahnsinn demonstrieren, auch dann ändert das nichts am Staatsbeton. Immer nochmal zwingen sie uns zum Zwang."

Sicherheitshalber sei sie nicht mehr in ihre Wohnung zurück, nicht mal mehr zu ihrem Fiat, Deutschland sei Weltmeister im Abhören und Überwachen. Auch das Telefonieren mit der Mutter habe sie dem praktikablen Praktikanten überlassen, der warte *jetzt* draußen dringend auf ihre Rückkehr, und hoffentlich verstehe Langensiepen, was *jetzt* nötig sei. „Beistand für Micheál. Über den sogenannten Flughafen Düsseldorf haben sie den abgeschoben. Weggeschafft. In die Kolonie Nordirland. Verbunkert im *Maze* oder im *Long Kesh,* in den Haupt-Tatorten englischer Grundrechtsschändungen. Und *jetzt* – hilf auch du uns."

Robbte sich wieder über ihn hin. „In deinem eigenen Interesse inspizierst du drüben den *Geräteraum*. Der zum Nora-Barnacle-Raum hatte werden sollen, zum Ort fürs Aufrütteln verstockter Gemüter. Der vermeintliche Pornobunker ist inzwischen fast leer. Mein Praktikant ist ein guter Junge, der liebt mich und tat und tut alles, aber nun hilf auch du. Auf deinem Tischchen liegt der *N.B.*-Schlüssel, den gibst du deinem Hausmeister erst dann, wenn drüben jede Spur gelöscht ist, professionell gelöscht. Sag dem Ashoff, die Filmemacher hätten sich nicht mehr gar so sicher gefühlt, wie das nötig sei bei authentisch femininem Sex. Sag *authentisch feminin*, das versteht er, der Fachmann. Und – " – ihr Flüstermund kuschelte sich unter seinem Kinn hindurch, an seinem Hals hinauf zu Schläfe und Ohr – „ – räum drüben alles weg, freu dich an den Fellen, die sind irisch, die sind naturbelassen Nora, wirst mich herausschnuppern, du hinterhältiger, du nachhaltiger *Simplicius*. Ich wünsche dir jetzt herzhafte Erlösungen aus deinem Trauerleben, lass dir von keiner Dame je wieder das Hirn aus dem Schädel blasen. Und denk beim nächsten Venushügel oder Jessikagipfel an mich, denn glaub mir, Gedanken an mich liefern Beben in *Golden-Gate*-Stärke. Außerdem stimmt, was der unromantische Heiner Müller wusste: ‚Es ist gut, eine Frau zu sein und kein Sieger'."

„Und jetzt?"

„*Und jetzt?* Schon wieder *jetzt*, ich spüre deutlich, was du *jetzt* willst, du Absonderling, *und jetzt? Jetzt* gibt es an der Nordsee, gibt es im gigantischen Europahafen Rotterdam eine Anlegestelle mit der Stellplatznummer F dreitausendzweihundertzwölf, dort setzt mich *jetzt* in knapp drei Stunden mein praktikabler Fordfahrer ab, denn vom Punkt F 3212 legt morgen früh um sieben Uhr Schulfreund Sven aus Kiel ab, seit elf Monaten Kapitän zur See, von F 3212 in Rotterdams riesigem Europahafen fährt der früh um sieben los mit einem Riesenpott, legt ab mit einem hundertzwanzig Meter langen Containerfrachter nach Irland, eigenartigerweise unter zypriotischer Flagge, griechisch-zypriotisch. Sven hat mich oft eingeladen, und morgen früh fahr ich endlich mit, von Rotterdam nach Drogheda."

„Drogheda?"

„Ein Hafen nördlich Dublin, in der Mündung des Boyne, wo 1690 der sogenannte Sieg des Protestantismus ersäbelt wurde. In Drogheda hält der Intercity von Dublin nach Belfast. Käptn Sven freut sich schon sehr, ich bekomme eine Kabine mit Außenfenster. *Und jetzt*? *Jetzt* steckt Mick *real* im Beton, für die nächsten zehn Jahre oder noch länger, im Prinzip für immer, ohne Prozeß. Also menschenrechtswidrig. Im *Maze* wie im *Long Kesh* werden Politgefangene *jetzt* und immer wieder *jetzt* um ihre Rechte gebracht, zum Beispiel wollten die ihre Zivilklamotten behalten, aber die Brits verpassten ihnen Anstaltskluft, die Kluft der Kriminellen, machten sie zu Dieben und Mördern, das konterten sie mit ‚Bettwäscherebellion', wickelten sich in die Laken, trugen tagelang nur Laken, *suffering in so many different forms of torture, very shortly a number of us will face the agonies of hunger strike,* das meldet ihr jüngster Knastkassiber, Hungerstreik, Alarmstufe rot, o ja, *very shortly* gibt es *jetzt*, allen Depressionisten zum Trotz, in Ulster enorm zu tun – *jetzt*? – *jetzt* ist Ärmelkanal fällig und Irische See und verbesserter gewaltfreier Widerstand in Nordirland."

Im Kerzenlicht die silbergrauen Augen, dicht über ihm. „Vor allem die Ohnmächtigen und die Pflanzen, die gewaltlos Mutigen, das hat uns der Professor demonstriert an seinen geduldigen Schlauheiten im Naziterror, gerade die Ohnmächtigen finden Gegenwege, entlarven die Dummheit der Macht, weil sie als Ohnmächtige sowieso nichts anderes können als Machtfreies, ergo Intelligentes. Darum nutzen wir *jetzt* verbesserte Orchideentechniken, versöhnende, brückenbauende, öffnende, informierende *Methoden*, ja, nach jedem Fehlversuch perfektionieren *Idisi* ihre *Methoden*, ihr *lezidun* gegen Macht und Militär, schon im ältesten je überlieferten Deutsch stoppten *Idisi* die Soldateska, du selbst hast es auf den Punkt gebracht, *Nie ohne radikale Aufklärung*, sehr gut, reitet den Herrn, Halleluja, und welchen Herrn als nächsten? Am besten einen dieser machthabenden und betäubenden Gottesstaatler, und den lassen wir erst dann frei, wenn er Lessings Ringparabel auswendig aufsagen kann und wenn alle seine Fernsehkanäle sein Aufsagen dreimal gesendet haben. Oder umarmen wir einen der Millionenverdiener in den Bankentürmen und Konzernspitzen, lassen den vier Wochen lang mit der Arbeitslosenstütze des letzten Ruhrbergmanns gesundschrumpfen – oder holen wir uns einen von denen, die nie was hervorbringen oder herstellen, weil sie allein mit Geld Geld verdienen, holen wir so einen Windbeutel erst dann aus Afrika wieder nachhause, wenn er in der Dürre-Zone eigenhändig drei Brunnen gegraben hat – oder kapern wir uns einen dieser SPDemütigen Hochrüster und zerknirschen den zu acht Wochen Heinrich-Heine-Lektüre, vielleicht ahnen dann er und sein Kanzler Schmidt, was sie eigentlich hätten tun sollen – oder schnappen wir uns den Londoner *SUN*-Chef, täglich zehnmillionen Leser, die mutigste deutsche Zeitung nannte *SUN* eine ‚bedruckte Schlachtbank', damit sollte gesagt sein, *SUN* ist so blutig wie schleimig, auch *SUN* ist das, was du Menschenverachtungsblatt genannt hast – gönnen wir dem *SUN*-Boss freundliche Tage der Bewusstseins-Erhellung, der *Hydra*-Erleuchtung – "

– da überschlugen sich
nun ihre Ideen und Pläne, schien es in ihren silbergrauen Zirkus-Augen zu blitzen, immens gebe es *jetzt* zu tun, *jetzt* sei vor allem einer unserer Unterhaltungssender abzuschalten, einer in Nordirland und einer in Westdeutschland, und dann müsse es hier wie dort gelingen, wenigstens mal dreißig Minuten lang statt Unterhaltung Enthüllung zu senden, Enthüllung und Aufregung, ja, dringend sei *jetzt* zu *retten*, wenigstens dreißig Minuten lang sei zu helfen, zu irritieren, zu versöhnen, zu kommunizieren, Panzerfabrikanten seien ebenso zu knacken wie die Panzer in den Köpfen, *Wotan weich und Wotan hart*, tausend Gespräche und Verwirrungen seien *jetzt* fällig am Modell Nordirland, Verstörungen der Macht, neue Offenheiten, Brücken, Dialoge, weltweit Kenntnisse und Künste und Koexistenzen, neue politische Verfahren, *Methoden* der klugen Frauen, was denn sonst hätten schon die Großmütter in den hessischen Märchenwäldern den Grimms und den Kindern sagen wollen mit dem Knö-

chelchen, das Gretel im Knast der kurzsichtigen Macht entgegengehalten habe, ein Knöchelchen und nicht etwa den wirklichen Finger des dummen Hänsel, *Täuschung, Tricks, Witz, Spiel* seien *jetzt* lebensnotwendig, gründliche Blamage und Entlarvung –

– küsste den Mann und raunte *keine Verrücktheit, die ich nicht liebte.* „Oh Mann Langensiepen, lass dir gesagt sein, du warst nur am Anfang ein Horror, danach ein freundlicher Schrecken, am Ende mehr und mehr süß, in deiner Abseitigkeit sogar unwiderstehlich. Was *jetzt*, hast du mich gefragt – *jetzt* muss ich los, denn *jetzt,* mein Lieber, auch in diesen *jetzigen* Sekunden gibt es massenhaft Blutbäder, weil es immer noch zu viele und immer neue Jenseitsversteher gibt, Himmelspfadfinder, Gott-Erklärer, immer wieder neue Angst-Ausnützer und aufgeblasene Herren und Völker, die sich für Herrenvölker halten und für auserwählt und die deshalb zu Völkermördern werden, los also! legaler Widerstand gegen jeden Wahrheitswahn! fürs Überleben *DES*!" Sie rollte sich zur Seite. „Hast du die Briefe verbrannt?"

„Habe ich. Aber – "

„Aber?"

„Auch ich hier unter dir, in der Aufregung, verbrenne ebenfalls – "

„*Ebenfalls* sagt Leser Langensiepen. *Aufregung* nennt er seine Männerwünsche, ja, *dezent* redet dies Mondmonster und Beamtensöhnchen. *Liebevoll* hat sie dich genannt? Sie könnte recht gehabt haben. Wie geht es Heinrich?"

„Flog ab nach Denver, verrenkt und ausgekugelt. Halswirbel und Schulter in Manschette, linker Oberarm zerbrochen, an der Kruppstahlkante."

„Wie Mick zuschlägt, das ist immer wieder fürchterlich, von Haus aus ist er ein *Bogside*-Barbar aus Derrys Sumpfseite. Chamissos Urenkel dermaßen niederzuschmettern, einen achtzigjährigen wunderbaren Überlebenden von Himmler-Hitlers Reichsmörderbehörde. Ausgerechnet Hertz, der sie von Grund auf durchschaut hat, die Fress- und Mischprinzipien der *Realität*, die *Kunst* als Überlebenszauber. Wenn Heinrich zurückkommt, dann sagst du ihm, dass ich ihn verehre, dass ich ihn liebe. Sag ihm, dass ich ihm meine Arbeit widme, meinen Vergleich der irischen mit den deutschen Romantikern, *Terror* als Autismus. Auf die Titelseite kommt das durchbohrte Herz, und auf die Rückseite Urgroßvater Adelbert im Jesushaar *a là mode*. Halsmanschette trägt Hertz?“

„Und den linken Arm in Gips.“

„Wenn er zurückkommt, küsst du ihn, küsst ihn von mir, richtig auf den Mund. Versprich mir das.“

„Wir treffen uns am 28. August, dann will er mir seine klügsten Orchideen zeigen, diejenigen, die sich verwandeln können. In Schmetterlinge oder in Pilze.“

„Grüß auch deinen betrogenen 1848er, sag ihm, irgendwann wird trotz allem seine spätmozartliche Oper gegen Selbstmordterror auf eine Bühne kommen im bühnenreichsten Land des Opernplaneten, sein Lehrstück in Gewalt- und Freiheitssachen, seine europäische ‚Regina‘ oder ‚Queen‘ mit schwarzrotgoldenem Walzerfinale – du siehst, ich hab mir alles gemerkt – grüß und küss auch ihn überall hin, denn ich spür, du bist mit ihm in Kontakt.“

„Bin ich. Mach ich. Aber danach mache ich anderes.“

„Was?“

Er zögerte. Und flüsterte dann, seit er nachts beobachtet habe, wie sie mit Hertz die Grube aushob für den Silberschatz, habe er versucht, alles festzuhalten, in einem Protokoll. Diese Notizen vernichte er jetzt.

„Weil du Spuren beseitigen willst.“

Polizeiberichte, murmelte er, sollen Fakten liefern. Wer aber das Faktenfesthalten vergleiche mit den Fakten, begreife, wie lächerlich das sei. Kläglich finde er zum Beispiel seine Notizen über die *Wing-Tsu*-Bestie – im Vergleich zur *realen* Bestie Nora –

Aus seiner Armbeuge, aus den Hüllen seines Hemdes summte sie, seine Notizen solle er trotzdem aufheben. „Für mich." Über seine Rippenwellen stöberten ihre Lippen, auch ihre Hüftlast schien sich zu verstärken und ihr Schenkeldruck, als begännen neue *subkutane* Ereignisse.

Doch mit „Schluss jetzt!" tauchte sie auf zum Liegestütz. „Wenn unser Orchideenphilosoph zurück ist – hörst du mir zu? – dann küsst du ihn – und sagst ihm, ich liebe ihn. Denn Hertz ist, ich sag es dir romantisch, der ist als Philosoph ein Meteoretiker. Wobei Meteore bekanntlich nur kurz aufglühen. Um ins Leere zu stürzen."

„So philosophieren wir alle. Auch die ganz unten. Sogar Anita."

„Anita?"

„Auch die war, wie sagst du?, Meteoretikerin. Philosophierte über das Schöne als Ruhigstellung. ‚Dat Bumßen is fürrem Menschen, wat fürren Aabeiter sein Lohn is. Schweigegeld. Wat Echtet kriegen tuter nie. Abba weitamachen tuter doch.'"

„Sagt sie?"

„Hat sie gesagt. Und wenn Hertz zurück ist, bin ich nicht mehr hier."

Sie stützte sich höher, nahm Abstand. „Wo bist du dann?"

„Unten. In der Innenstadt."

„Warum? Als was?"

„Als Detektiv. Als *Rauskrieger*."

„Unmöglich. Du bist Hans im Glück, du hast Fliegenaugen. Zum Glück mit den Perspektiven von unten. Auch unten in der City wirst du nur sinnieren und dich absondern mit deiner musikalischen Musik, mit deinen *realen* Romanen, auch da unten wirst du alles zergrübeln und krummdenken, und dein Vordenbäumen wird dir dabei helfen und sagen, die Habgier kommt über uns als Eiszeit oder als Hitzezeit und werde den

Wasserplaneten einfrieren oder vertrocknen und verbrennen, so dass Erde tatsächlich zu Mars wird. Wie im *Muspilli,* in der Weltvernichtung im Feuer, von der schon die *Idisi* wussten. Einer wie du, das seh ich schon, wird sich in der City auf ein Hochhausdach verkriechen, auf ein Flachdach überm zwanzigsten Stock und wird auch von oben her alles zerzweifeln, glaub mir das. Glaub das einer Romantikforscherin."

„Vordenbäumen sagt es anders."

„Wie?"

„Wo derzeit die Alpen sind, war einst Tiefsee. Und selbstverständlich geht die Erdgeschichte weiter. Und ist irgendwann dort, wo jetzt Rom ist oder Schanghai oder New York oder Paris, ein Himalaja. Oder Tiefsee. Oder Wüste. Am Ende, sagt die Wissenschaft, gähnt die Sonne und verschlingt alle Planeten und wird sie alle gnadenlos und *real* atomisieren. Und dann endlich auch den Wahrheitswahn."

„Ja, so grübelst du dann. Aber mit neuem Urknall, sagt die Wissenschaft, beginnt alles wieder von vorn, in neuen Universen. Von Ewigkeit zu Ewigkeit." Ihr langer Kuss. „Und da hilft nur eines – wie sagt das Heinrich, unser ‚tiefreligiöser Ungläubiger'? – da hilft nur *Respekt vorm Unsäglichen*. Und Mut."

„Mut?"

„Mut zu Heines *Weltglauben*. Zu akzeptieren, dass der Himmel leer ist. *Unsäglich* wunderbar, aber leer. So schaurig wie kränkend leer. Da hilft nur der Mut *DES* Menschen."

Beugte sich zur Seite, hob ihren dunklen Kamm vom Teppich. „Schluss *jetzt*. Ich muss nach Drogheda." Und löschte mit zwei Fingern das Kerzenfeuer.

Im letzten Kerzenlicht meinte er Tränen gesehen zu haben. Aufgesprungen sei sie, notiert er, sei mit Schwung hinaus, als schwarzer Schatten durch die offene Südseite. Untergetaucht in die Nacht, unter den gestirnten Himmel. Nach Nordirland. Ins *Reale*. Zu neuen, zu verbesserten

Verfahren. „Weil d. Abs. n. bej., s. gest. w. m.". Was nach Langensiepens sonstigen Notizen heißen müsste: Weil das Absinken nicht bejammert, sondern gestoppt werden muss.

Der zwielichtige Lichtblick Nora. Die Liebevolle. – Das notiert er ungekürzt.

Auf den Fellen ist er liegen geblieben, neben „Stechlin". Und hat alles bedenken müssen. *Mut*, hat er sich gesagt. Hat das laut in den leeren Raum gesprochen.

Ja, *Mut*.

Respekt vorm Unsäglichen.

Ja.

INHALT

HEIMLICHE LIEBE (11. UND 12. JUNI) 7

HARFEN (NACHT ZUM 13. JUNI) 64

ORCHIDEEN (13. JUNI) 75

VERFÜHRUNG (14. JUNI) 107

CHAMISSOS SCHATTEN. HYDRA (15. JUNI) 149

NORA´S DAY (16. JUNI) 210

DEPRESSIONISMUS (17. JUNI) 246

LOS! NACH DROGHEDA! (18. JUNI) 267